U0038704

畫外之意

邢義田——著

——漢代孔子見老子畫像研究

歷史 天空

三民書局

國家圖書館出版品預行編目資料

畫外之意：漢代孔子見老子畫像研究 / 邢義田著. －－
初版一刷. －－臺北市: 三民, 2018
面；　公分. －－(歷史天空)

ISBN 978－957－14－6363－6　(平裝)

1. 儒家 2. 圖像學 3. 漢代

121.2　　　　　　　　　　　　　　　　　106022717

© 　畫外之意——
漢代孔子見老子畫像研究

著　作　人	邢義田
責任編輯	洪翊婷
美術設計	林易儒
發　行　人	劉振強
發　行　所	三民書局股份有限公司
	地址　臺北市復興北路386號
	電話　(02)25006600
	郵撥帳號　0009998－5
門　市　部	(復北店) 臺北市復興北路386號
	(重南店) 臺北市重慶南路一段61號
出版日期	初版一刷　2018年1月
編　　號	S 620710

行政院新聞局登記證局版臺業字第○二○○號

有著作權·不准侵害

ISBN　978－957－14－6363－6　(平裝)

http://www.sanmin.com.tw　三民網路書店

序

這本書原是一篇篇深埋抽屜，沒打算發表的舊稿。今年1月三民書局忽來電話，告知劉振強先生不幸仙逝的消息。我立刻警覺這一輩子欠劉先生的都來不及償還了。電話中，除了述說內心最深的歉疚，表示必會參加劉先生的告別式之外，也同時表達了在《秦漢史》來不及寫出前，設法略作補救的心願。因而有了出版這本書的念頭——將一本醞釀足足二十七年的書獻給劉先生在天之靈。

2013年三民書局六十周年大慶前夕，我曾有緣在紀念集中回顧和三民書局劉先生結緣的經過。1980年夏我返國，回到政大歷史系教書。從秋天開始，先後教授中國通史、秦漢史和西洋古代史等等課程。當時住在離政大不遠，木柵秀明路二段的一幢小小的公寓裡，薪水每月不過數千元，須要負擔購屋貸款和迎接即將到來的第一個小孩，日子過得捉襟見肘。依稀記得就在那年秋或第二年春，系主任王壽南先生接受三民書局委託，邀約一批教授寫一套中國斷代史教科書。印象中受邀的都是國內各領域知名前輩。

猜想王主任大概知道我的處境，就推薦正在教秦漢史的我去寫這一部分。我一想稿費可以濟燃眉之急，沒用大腦就答應了。那時在專業研究上尚無成績可言，每天忙於備課、寫講稿。自以為正在寫講稿，一年課上完，書稿也就差不多。回想當年的冒失和大膽，只能用初生之犢不畏虎來形容。

初步同意寫書後的某一天，劉振強先生忽然親自到訪。三民書局是臺灣著名的書局，出版各種教科書。學生時代曾讀過很多三民出版的名著。萬萬沒有想到一位知名書局的大老闆會提著禮盒來到自己的家門前。更令我印象深刻的是正值盛年、事業有成的劉老闆，完全沒有看輕後輩，和藹可親地談起他早年如何因戰亂流離，失去求學的機會、如何來到臺灣，在艱難困苦中走上出版的道路，並準備為出版文化事業奉獻一生。說著說著，劉先生拿出合約和一個內有十萬元的信封。我沒用什麼心思，就簽字收下了。將近四十年前和劉先生見面的一刻，至今不能忘懷。

慚愧的是十萬元到手，隨即花用一空，書稿卻沒出來。一連數年，在春節前後，劉先生總是親自帶著禮物，登門拜訪。慚愧的我除了空言快了快了別無他法，對不起劉先生的心情也就與日俱增。年事稍長，知道真要寫一部秦漢史談何容易，我那些教書用的講稿不過抄纂成說，既無體系，也乏見解，用來搪塞劉先生，越來越覺得太對不起他的盛情。

　　如此過了好多年，心想或許可以暫用其他的稿子報償劉先生的厚意於萬一。大概在 1986 年左右，劉先生又來訪，我即提議將這些年累積的一些論文交給三民，不取分文，但求稍減自己的愧疚。萬萬沒想到劉先生說：論文集他樂於出版，稿費照給，不過希望我仍能同意寫那部拖延六年的秦漢史。像劉先生這樣的出版人，說實在迄今沒有再遇到第二位。感激之餘，將手頭十餘篇不成熟的文稿四十餘萬字奉交三民，1987 年出版了《秦漢史論稿》。稍感安慰的是這部論文集隔年僥倖獲得教育部學術獎，沒給劉先生丟人。

　　如今在三民出版這本小書，並無法表示我已清償債務，而是希望在劉先生過世周年前夕，能對劉先生說：我沒忘記我未了的承諾。

邢義田序於南港
2017 年 12 月

畫外之意

——漢代孔子見老子畫像研究

附錄

上編

畫像構成與意義

一　前　言

　　孔子見老子和孔子以七歲的項橐（項託）為師是兩個大家熟知的故事。這兩個故事分見於先秦到兩漢的典籍，如《莊子》、《戰國策》、《呂氏春秋》、《禮記》、《韓詩外傳》、《淮南子》、《史記》、《新序》、《論衡》等。這麼多的記載，反映出其受歡迎的程度。

　　在流傳中，故事出現不少有趣的增添變化，其中孔子和項橐的故事似乎更受歡迎。成書於漢末至魏晉間的《列子》曾載孔子東遊，遇兩小兒辯日始出或日中去人近，以問孔子，孔子不能決而為小兒所笑。❶唐代魏萬酬答李白詩有「宣父敬項託，林宗重黃生」之句，❷敦煌變文裡還

---

❶　楊伯峻，《列子集釋》（臺北：明倫出版社，1970）卷五〈湯問〉，頁 105–106。《列子》長期被視為偽書，今天看來其中所記多有所本。參《列子集釋》附錄三〈辨偽文字輯略〉，頁 185–243。

❷　王屋山人魏萬〈金陵酧〔酬李〕翰林謫仙子〉附載《李太白文集》（臺北：臺灣學生書局影宋刊本，1967）卷十四〈送

出現很多加油添醋而成《孔子項託相問書》之類的抄本。目前可考抄本達十七種，是敦煌通俗文學類抄本數量最多的，甚至曾有吐蕃時期的藏文譯本三種！❸

自從宋代童蒙讀本《三字經》納入「昔仲尼，師項橐」一事，孔子和項橐的故事更普遍流傳。據王重民等先生研究，這個故事後來又見於明本《歷朝故事統宗》卷九〈小兒論〉和明本《東園雜字》。❹清代流傳自不待言。到了民國，北京打磨廠的寶文堂和學古堂等書鋪還在印行販售各種《小兒難孔子》（圖 i）或《新編小兒難孔子》。朱介凡先生曾在臺灣見過學古堂刊印的《小兒難孔子》，並指出民國二、三十年代臺灣曾有書局印行《孔子小兒答歌》和《孔子項橐論歌》，可見這一故事版本之多，流傳之廣。❺日

王屋山人魏萬還王屋（并序）〉後，頁 3 下。

❸ 曾德明、林純瑜，〈西藏文化中的孔子形象〉收入黃俊傑編，《東亞視域中孔子的形象與思想》（臺北：國立臺灣大學出版中心，2015），頁 167–212。

❹ 王重民等編，《敦煌變文集》（北京：人民文學出版社，1957），頁 236；張鴻勛，〈敦煌本《孔子項託相問書》研究〉，《敦煌學輯刊》2 (1985)，頁 99–110；張鴻勛，〈《孔子項託相問書》故事傳承研究〉，《敦煌學輯刊》1 (1986)，頁 28–40 或同一作者，〈孔子與項託故事的傳承研究〉，《天水師專學報》1 (1986)，頁 1–10。

❺ 日本早稻田大學圖書館藏有北京打磨廠學古堂《小兒難孔子》印本（圖 i）。另參朱介凡，《中國諺俗論叢》（臺北：

本、韓國和越南自十一、二世紀以後的民間文學中都有〈小兒論〉傳本（圖 ii）。❻在歐洲，則有德國博物學家和漢學家孟哲 (Christian Mentzel, 1622–1701) 於 1696 年出版〈小兒論〉德譯本（圖 iii）。❼更有趣的是項橐在唐代或最遲在明代曾變成了小兒之神，甚至有專門供奉的祠廟（圖 iv）。❽

聯經出版公司，1984），頁 313。

❻ 近人金文京蒐集中外孔子項橐故事資料最全。參金文京，〈孔子的傳說——《孔子項託相問書》考〉，載中央研究院歷史語言研究所傅斯年圖書館，《俗文學學術研討會會議論文集》（臺北：中央研究院歷史語言研究所，2006），頁 3–22；〈項橐考——孔子的傳說〉，《中國文學學報》第 1 期 (2010)，頁 1–19。唯其文有若干論點須要商榷。

❼ Christian Mentzel, *Kurtze Chinesische Chronologia* (Berlin: Rüdiger, 1696). 參范克萊 (Edwin J. van Kley) 原著，邢義田譯，〈中國對十七、八世紀歐洲人寫作世界史的影響〉，《食貨月刊》復刊十一卷 7 期 (1981)，頁 30；或邢義田譯著，《西洋古代史參考資料(一)》（臺北：聯經出版公司，1987），頁 448。

❽ 唐代孔子項橐相問七言詩中已提到項橐受祭於州縣廟堂。確實情況如何，不得而知。可是明成化年間知縣黃瑜在所著《雙槐歲鈔》卷六提到河北保定滿城縣，「縣之南門有先聖大王祠，神姓項氏名託」。「時人尸而祝之，號小兒神」。類似的記載又見萬曆年間陳耀文所編類書《天中記》引《圖

經》。詳見顏之推著，王利器集解，《顏氏家訓集解》（臺北：明文書局，1982）卷五〈歸心〉「項橐、顏回之短折」句（注五）引，頁356；黃暉，《論衡校釋》（附劉盼遂《集解》）（北京：中華書局，1990）卷二十六〈實知篇〉，「云項託七歲，是必十歲」句劉盼遂注引，頁1080。又金文京文提到《明一統志》卷二十一和《清一統志》卷一零六都著錄山西汾州府有項橐祠。可見最少在明代確實存在項橐祠。康熙五十四年楊士雄監修《日照縣志・形勝》頁17上下，謂日照縣城西南八十里有小兒山，傳為難孔子之小兒故里，山下有小兒廟。光緒十一年陳懋的《續修日照縣志・疆域志》頁6下「山水」條則謂小兒山一名聖公山，有項橐廟。是知小兒應指項橐（圖iv）。近人在今河北和江蘇句容等地仍採集到類似故事的口頭流傳，參前引張鴻勛《《孔子項託相問書》故事傳承研究》，頁38–40或〈孔子與項託故事的傳承研究〉，頁8–9。2013年我因參加史語所和北京大學主辦的歷史研習營赴山西晉城，有緣到太行山中的澤州縣晉廟鋪鎮一小山村（名曰攔車村）一遊。據云當年孔子至此欲入城，為項橐所難，為之迴車，繞城而去。如今攔車村城樓旁有重修的項橐攔車碑（圖v）。《水經注》卷九〈沁水〉「又東過野王縣北」條曾提到在太行嶺南有孔子廟，「蓋往時迴轅處也。」唯酈道元明確指出「仲尼臨河而嘆曰丘之不濟，命也夫，是非太行迴轅之言也。」楊守敬纂疏引明代陳棐《孔子迴車廟解》，也證孔子不曾濟河，未詣太行之下，其巔豈能有孔子迴車之轍！其事實妄。（陳橋驛《水經注疏》復校本，南京：江蘇古籍出版社，1989），頁831–832。

圖 i　北京打磨廠學古堂印《小兒難孔子》

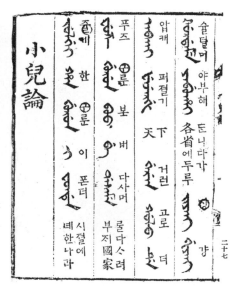

圖 ii　乾隆三十九年 (1774) 滿韓文對照〈小兒論〉

圖 iii　孟哲《中華簡史》1696 年版書影封面注明有〈小兒學〉或〈小兒論〉(SIAO UL HIO oder LUN) 譯文

圖 iv　山東日照聖公山　聖公廟（小兒廟）

圖 v　山西澤州縣晉廟鋪鎮攔車村入口重修的「項橐攔車處」碑

　　除了以上流傳不絕的文獻，漢墓的壁畫、畫像石和畫像磚上也出現很多以孔子見老子、項橐，甚至周公、晏子或左丘明為題材的畫像。在東晉或朝鮮的三國時代，位於今朝鮮平安南道大安市德興里的高句麗幽州刺史墓裡，則曾出現「周公相地，孔子擇日，武王選時」這樣的墨書題記（圖 vi）。❾過去我們對孔子的印象主要來自儒家經典、經學家的章句、傳記和注疏。除了前文提到的民間文學和祠廟，這些圖像和墓葬裡的材料呈現出一位和儒經裡頗不一樣的孔子，可以幫助我們從不同的角度去認識孔子的形象和變化。

---

❾　見高句麗文化展實行委員會編，《高句麗文化展：麗しの古

圖 vi　德興里高句麗幽州刺史墓的墨書題記及「周公相地，孔子擇日，武王選時」局部

　　在形象和實質上孔子無疑都是儒家的代表，老子則是道家和道教的代表。從儒、道並存的戰國到儒學日盛的漢代，為什麼人們津津樂道於孔、老相見，或孔子問禮於老子，或孔子以老子為師的故事？孔子以七歲小童項橐為師，甚至被他刁難，又代表什麼意義？兩個故事在漢代畫像中經常合而為一，為什麼會如此？一連串的疑惑引起我追根問底的興趣，並促使我在 1990 年寫了〈漢代孔子見老子畫像的構成及其在社會、思想史上的意義〉一文，試圖找出一些答案。

代美》（東京：高句麗文化展實行委員會，1985）；題記完整釋文參池田溫，〈中國歷代墓券略考〉，《創立四十周年記念論文集 I》（東京：東京大學東洋史文化研究所，1981），頁263。

文稿雖成，二十幾年來不敢發表。因為內心的疑惑與不安並不曾稍解。當年所能掌握的資料僅限於已經出版的資料。那時出版物附載的原石或拓片圖版有些尚依稀可辨，但有很多卻模糊難識。1990 年夏有緣到中國大陸旅行一個月，發現尚未發表的資料多到超乎想像。原來自以為得意的答案，只好暫時擱下，等待機會作進一步的考察和蒐集。

1992 年 8 月 1 日至 10 月 27 日，終於有機會到日本京都、東京、天理和中國山東、江蘇、河南各地走訪漢代畫像石和畫像磚。這次訪察特別注意以孔子見老子為主題的畫像。由於得到許多朋友的幫助，收穫意外豐富。許多過去看不清或被我忽略的畫像，這次見到了，因而發現孔子見老子畫像的結構類型比過去想像得要複雜很多。較為遺憾的是 1992 年到濟南，適值山東省博物館遷館，有些孔子見老子畫像已裝箱待運，未能見到。此外，徐州賈汪區清山泉鎮白集出土一方孔子見老子祠堂畫像，我因時間不及，沒能到白集一睹廬山真面目。

1993 年 7 月趁赴西安開會之便，再訪碑林博物館，看見不少米脂和綏德出土的畫像石，尤其高興於 7 月 21 日見到綏德出土的孔子見老子畫像原石。1995 年 8 月到成都和重慶等地，在成都市博物館見到有孔子、老子畫像的新津石函，在重慶博物館見到大量精美的畫像磚。1997 年 6 至 7 月間，走訪歐洲，在法國巴黎奇美博物館 (Musée national des arts asiatiques-Guimet) 見到那張有「周公」、「顏淵」、「子

露（路）」等榜題的孔子見老子畫像拓片，卻始終打聽不出曾經著錄，原存德國柏林的一方孔子見老子畫像原石。❿ 1998 年 9 月再訪山東、徐州等地。9 月 10 日終於在徐州白集漢墓博物館見到祠堂壁上的孔子畫像原石。2001 年由榆林地區文管所康蘭英女士陪同遍訪榆林、神木、綏德、米脂等陝北地區的畫像石，第一次見到石面帶彩的鳳鳥畫像，印象深刻。2003 年初承山東省博物館好友鄭岩協助，無意間發現三方山東省博物館所藏的孔子見老子和晏子畫像斷石，原本應為一石。

　　2004、2010 和 2011 年三度率學生走訪陝西、河南和山東等地，因所用照相機性能提升，攝得較多較好的照片。1992 至 1998 年，我使用傳統膠捲相機，所攝照片有彩色，也有黑白，品質遠不能和日後越來越強大的數位相機相比，也不能和許多專業攝影相比。本書附圖雖然有不少是 1992 及以後幾年內所拍，但也有很多借重好友、學棣以及我自己後來所攝較好的照片。另有些則由博物館提供，特此聲明並表示由衷地感謝。

---

❿　詳見本書下編〈畫像石過眼錄〉（以下簡稱〈過眼錄〉）頁 377–382，〈過眼錄〉26。

二 孔子見老子畫像的構成

1. 一個不容再忽視的課題

　　先漢及漢代典籍孔子曾見老子，問禮於老子，或者說曾以老子為師的記載很多，以此為主題的畫像見於漢代墓室或祠堂的也不少。後世金石、藝術或一般漢史研究者，在討論漢代藝術或孔子時，也喜歡提及畫像中的孔子見老子圖。不過，至今專就此圖作畫像藝術分析，或考查它在漢代社會或思想史上意義的中外著作不過十餘種，可以說遠遠少於極富玄想空間的西王母研究。❶ 近半個世紀以來，

---

❶ 金春峰在《漢代思想史》(北京：中國社會科學出版社，1987) 利用武氏祠的孔子見老子畫像，略論漢末崇尚老子的風尚。長広敏雄曾對武梁祠畫像作圖像學的解說，參所著《漢代畫象の研究》(東京：中央公論美術出版，1965)，頁 61–95；晚近對武氏祠及畫像曾作有系統且深入研究的當屬巫鴻 (Wu Hung) 的 *The Wu Liang Shrine:The Ideology of Early Chinese Pictorial Art* (Stanford:Stanford University

Press,1989)；中譯本見柳揚、岑河譯，《武梁祠——中國古代畫像藝術的思想性》(北京：生活・讀書・新知三聯書店，2006)。此書深入探討武梁祠畫像的思想意義，但孔子見老子圖是在前石室，或一般認為的武榮祠，此書及長広敏雄書都未處理。佐原康夫〈漢代祠堂畫像考〉(《東方學報》第六十三冊（1991））一文提到孔子見老子畫像，他將此圖與其他列女孝子圖合觀，以證明畫像的教訓作用，未對孔子見老子圖本身作進一步分析。對這一圖像作較多分析解釋的要數 Audrey Spiro 所寫的 *Contemplating the Ancients:Aesthetic and Social Issues in Early Chinese Portraiture* (Berkeley and Los Angeles:University of California Press, 1990)。此書第二章 ”Virtue Triumphant” 頗為詳細地討論了孔子見老子圖的意義。其他研究可參吳國柱，〈孔子見老子畫像石評介〉，《濟寧師專學報》3(1989)；蔣英炬，〈晏子與孔子見老子同在的畫像石〉，《中國文物報》，1998 年 10 月 14 日，第 3 版；劉培桂，〈試談漢畫像石中的孔子〉，《中國文化月刊》，189 (1995)，頁 82–110，後收入專書《孟子與孟子故里》(北京：中國文史出版社，2001)；赤銀中，〈老子會見孔子漢畫像的文化意蘊〉，《中國道教》4 (2002)，頁 14–16；解華英、傅吉峰，〈淺談嘉祥縣出土孔子、老子、晏子同在的漢畫像石〉、鄭建芳，〈論漢畫像石中的孔子見老子〉，收入顧森、邵澤水主編《大漢雄風——中國漢畫學會第十一屆年會論文集》(北京：高等教育出版社，2008)；李強，〈漢畫像石《孔子見老子圖》考述〉，《華夏考古》2 (2009)，頁 125–129；姜生〈漢畫孔子見老子與漢代道教儀式〉，《文史哲》2

戰國秦漢墓、漢代西北邊塞與孔子及弟子相關的簡帛典籍不斷出土，2015 年江西南昌海昏侯墓發現繪有孔子及弟子圖文的銅鏡漆框背板和上千儒家典籍簡牘，形形色色的新資料大量增加。舊的出土文獻或圖像資料也不斷在較好的條件下彙集出版。如何藉此優勢，並在學界重燃研究儒學興趣的當今，進一步結合文獻與圖像，調整視角，走出爭議老子、孔子孰先孰後，二人是否曾相見的窠臼，重新評估孔子在漢代的地位和形象，這應該是一個有意義且不容再忽視的課題。

　　過去有不少學者認為自從漢武帝罷黜百家，獨尊儒術，儒家在漢代即取得了勝利 (the victory of Han Confucianism)，進而稱漢代以降的中國為儒教中國 (Confucian China)，或者認為中國的思想或哲學自此即由

(2011)，頁 46–58；繆哲，〈孔子師老子〉，收入巫鴻、鄭岩主編，《古代墓葬美術研究》第一輯（北京：文物出版社，2011），頁 65–120；王元林，〈試析漢墓壁畫孔子問禮圖〉，《考古與文物》2 (2012)，頁 73–78；姜生、种法義，〈漢畫像石所見的子路與西王母組合模式〉，《考古》2 (2014)，頁 95–102；姜生，〈鬼聖項橐考〉，《敦煌學輯刊》2 (2015)，頁 86–93；陳東，〈漢畫像石“孔子見老子”其實是孔子助葬圖〉，《孔子研究》3 (2016)，頁 50–61。相較之下，研究西王母的中外著作無論專書或論文數量都遠遠超過。研究西王母的著作略見本編注 162。

「子學時代」進入了「經學時代」。❷他們依據傳世文獻立論，幾乎不用文字以外的材料。如果他們曾利用漢墓繽紛的畫像磚、石和壁畫，稍窺漢世儒生和地方官員的內心世界，即不難發現他們內心的圖景其實十分複雜，遠不是「儒教的勝利」或「經學時代」簡單一句話可以概括。漢人的思想精神面貌現在已走到值得重新評估的時刻。

　　圖像和文字資料一樣，都在傳達古人的心聲。圖像甚至是一扇更可通達古人內心世界的窗，過去沒有充分利用，十分可惜。可惜，可從兩方面說。大而言之，古人的思想、心理固然因文字留下痕跡，也透過文字以外的視覺形式而傳達。視覺性的雕刻或繪畫在反映自然或人為環境、生活片段、人物形象、故事和社會集體心態上，往往更為全面、生動而具體。漢世墓葬中的孔子見老子壁畫和石刻就是一個很好的例證。小而言之，因漢代社會重視喪葬，不惜工

---

❷　討論這個問題的中外學者太多，僅舉一二為代表。H. H. Dubs,"The victory of Han Confucianism", *Journal of the American Oriental Society*, LVIII (1938), pp. 435–449; H.G. Creel, *Confucius, the Man and the Myth*, New York: John Day, 1949；重印更名為 Confucius and the Chinese Way, New York: Harper, 1960. 馮友蘭早年名著《中國哲學史》即以漢世儒家獨尊作為哲學史發展的主要分界，其前為子學時代，其後為經學時代。後來他依從馬克思主義，寫《中國哲學史新編》是另外一回事，此處不論。

本裝飾墓葬而留下極為豐富的視覺性資料，其中一大類別是歷史人物故事畫像。這類畫像或有或無榜題，有榜題者，內容多可確認無疑；無之，則言人人殊，較難定論。孔子見老子圖是漢代畫像中有明確榜題，可以確認內容，數量又多至七十餘件，有條件作畫像個案分析的少數題材之一。**⓭**

　　分析這一類圖像結構，自其同，可以找出畫像的共性和格套，認識畫像藝術在結構上的延續性；自其異，則可

⓭　目前收錄較備的要數王培永編《孔子漢畫像集》(杭州：西泠印社，2014)，此書集中收錄拓本達七十餘件，包括不少民間收藏品。但這不包括流散於海外以及例如傅惜華編《漢代畫象全集》(北京：巴黎大學北京漢學研究所，1950-1951 年) 曾收錄，如今已下落不明者。所謂民間收藏品缺乏基本出土資料，真偽難定。又所收有些從特徵看，是否宜歸入孔子見老子圖一類，也有待商量。當然還有些我認為明確屬這一類或可視為這一類的，王書並未收錄。另外須要指出的是《孔子漢畫像集》僅收畫像石，可是這半個多世紀以來在內蒙古和林格爾、陝西靖邊、定邊等地出土不少和孔子見老子相關的墓葬壁畫，2015 年在江西南昌海昏侯墓中甚至出現了孔子與弟子畫像的銅鏡漆框背板，王書不曾或不及收錄。參江西省文物考古研究所、首都博物館編，《五色炫曜——南昌漢代海昏侯國考古成果》(南昌：江西人民出版社，2016)，頁 194-196；王意樂等，〈海昏侯劉賀墓出土孔子衣鏡〉，《南方文物》3 (2016)，頁 50、61-70。

見格套的變化性，表現手法會因時、地、流行風氣和作坊工匠而自具特色。因為孔子見老子圖的數量不少，這一主題畫像的地域性分布和意義也值得探討。如果畫像的時代可考，自然又可將這一主題的流行和興衰過程找出來，進一步追問其中的時代意義。自社會、思想史言，墓葬畫像的主題和格套都述說著當時和墓葬相關人群的共同記憶和集體心態。漢人心目中的孔子是何形象？具有何種地位？他們為何以孔子見老子的故事或另外加上項橐為題材，裝點墓室或祠堂？這一題材主要出現在哪些地域和社會階層？是什麼心態下的產物？曾發生怎樣的思想文化影響？和當時的墓主個人或政治環境有何關係？都是十分有趣的問題。為探討這些問題，本編的第二和第三部分，分論孔子見老子畫像在漢代畫像藝術和社會思想史上的意義。

　　在討論之前，必須先聲明「孔子見老子畫像」僅僅是一個概稱，其所涉人物和內涵都比這個概稱要複雜。使用這個概稱一則因為簡便，二則因絕大多數研究者已習慣稱之為孔子見老子或孔子問禮老子圖或畫像。本文從俗，不作名稱上的改變。又漢人習稱周、孔，周公被排在孔子之前，周公的地位和形象極為重要，要理解漢代的老子和孔子，不能不同時談到周公。本書標題僅為方便，不及周公，實際上隨論說之需，尤其在論及這些畫像具有的社會、思想史意義時，不能不同時提到畫像中的周公輔成王。

2.認識畫像的方法: 格套與榜題

　　漢代畫像磚石壁畫製作,多有一定格套,我以前寫〈漢代壁畫的發展和壁畫墓〉曾經提及,可是沒有明確舉證。❶可以證明格套存在的漢代畫像很多,孔子見老子和周公輔成王圖都是很好的例證,足以證明格套的存在與運用。但就見證格套的存在而言,因這兩圖無論就榜題、構成元件或布局結構基本上都可納入同一類型,以下將僅以孔子見老子圖為代表,作類型和格套的分析。

　　如前所說,漢代墓葬和祠堂畫像中的孔子見老子圖已見於著錄的約在七十件左右。分析七十件圖像的構成,不難看出它們的基本結構特徵和變化;一些沒有榜題,在疑似之間的,也可從構圖要素和布局特徵去推定。

　　漢畫榜題可以說是畫像內容最可靠的指引。榜題或涉時間(例如「君為郎中時」、「為督郵時」),或涉地點(例如「渭水橋」、「函谷關」、「市東門」),或涉景物(例如「功曹車」、「太倉」),或涉故事(例如「刑渠哺父」、「曹子劫桓」),更常標示人物的身分或姓名,十分明確具體地告訴了我們當時製作者的認識和企圖傳達的信息。雖然榜題也有草率誤刻或後人增刻的,但只要稍知辨別,絕大部分可以幫助今天的觀

---

❶　邢義田,〈漢代壁畫的發展和壁畫墓〉,《畫為心聲》(北京:中華書局, 2011), 頁 1–46。

者確定畫像的內容，最少也能限縮猜測的範圍。這比一無
榜題可據，只憑空揣測要好得多。**⑮**

　　從有榜題的孔子見老子圖入手，歸納基本結構，即可
確立構圖的格套。格套的作用，對造像者而言，生產製作
可依樣葫蘆，省時省力；對觀者而言，在於格套一旦建立，
為人所熟悉，不必求諸榜題，一望可知所畫為何。或許因
為如此，許多漢代畫像雖依例預留榜額，卻不一定題字。
今日所見孔子見老子畫像有榜題者少，無榜題者多；雖無
榜題，一看主要人物的造型和構圖布局，幾乎可確認為孔
子見老子圖。

　　格套的建立和發展，自有時間上的先後。可惜目前以
山東地區為主的畫像石，尚少真正明確精細的年代學依據。
蔣英炬、吳文祺和李發林先生都曾試圖以有紀年石刻的雕
刻技法為據，建立分期。蔣英炬和吳文祺是以東漢章、和
帝為界，分早晚兩期；李發林的分期和蔣、吳完全相同。**⑯**

---

⑮　畫像榜題我已多次討論，也曾提到榜題錯誤或榜題和內容不
　　相符的情形，須要小心分辨。這裡不詳述。詳見邢義田，
　　〈漢代畫像內容和榜題的關係〉、〈格套、榜題、文獻與畫像
　　解釋——以一個失傳的＂七女為父報仇＂漢畫故事為例〉，
　　《畫為心聲》，頁 69–91、121–127、〈漢畫、漢簡、傳世文
　　獻互證舉隅〉，《古文字與古代史》第五輯（臺北：中央研究
　　院歷史語言研究所，2017），頁 304，（注 30）。

⑯　蔣英炬、吳文祺，〈試論山東漢畫像石的分布、刻法與分

不過，蔣、吳兩先生明白指出：「漢畫像石的分期較為複雜。由於科學發掘的完整資料較少，目前尚難作出系統而明確的論斷。」**⑰** 又說：「關於山東漢畫像石在雕刻技法上的分期，目前只能作此總的、大體的劃分。但是，不能就此一概而論，說線刻或凹面線刻就是早的，淺浮雕等刻就是晚的。因為，在山東漢畫像石中不但晚期有大量的線刻和凹面線刻，早期中也有淺浮雕的刻法。」**⑱**

隨著材料的累積和研究的進展，1989 年，信立祥先生發表〈漢畫像石的分區與分期研究〉，**⑲** 將漢代畫像分為⑴

期〉，《考古與文物》4 (1980)，頁 108–114；李發林，《山東漢畫像石研究》(濟南：齊魯書社，1982)，頁 45–49。

⑰ 蔣英炬、吳文祺，〈試論山東漢畫像石的分布、刻法與分期〉，頁 111。

⑱ 蔣英炬、吳文祺，〈試論山東漢畫像石的分布、刻法與分期〉，頁 113。

⑲ 收錄於俞偉超主編，《考古類型學的理論與實踐》(北京：文物出版社，1989)，頁 234–306。另夏超雄曾對河南、山東、江蘇、陝西等地五十六個墓的壁畫或畫像石進行年代考訂和分期。他將案例分為四組三期。第一組為西漢中晚期，第二組為新莽東漢前期，第三、四組屬東漢晚期。參〈漢墓壁畫、畫像石題材內容試探〉，《北京大學學報》(哲社版) 1 (1984)，頁 63–76。王愷曾對蘇、魯、豫、皖交界地區漢畫像石墓進行分期，他據墓葬形制、畫像內容、雕刻技法等，分為西漢晚期至王莽末，東漢初至東漢中期 (安帝時)，東

河南南陽、鄂北區；⑵山東、蘇北、皖北、豫東區；⑶陝
北、晉西北區；⑷四川、滇北區。每區又據墓葬形制、雕
刻技法、畫像內容、空間透視形式、填白形式和形象特徵
等作類型學的比較，建立分期。大致上，他在蔣英炬、吳
文祺等人建立的基礎上，進一步區分山東、蘇北等地區墓
葬、石祠、石闕、墓碑和摩崖畫像，小心地各作分期，其
中最主要的是墓葬和石祠的分期，約略可分為四期：⑴西
漢末至王莽時期；⑵王莽到東漢初；⑶東漢早、中期；⑷
東漢晚期。在石祠畫像的分期上，基本上分三期：⑴西漢
末至東漢初；⑵東漢早、中期；⑶東漢晚期。2006 年陝西
人民美術出版社出版了楊愛國的《幽明兩界——紀年漢代
畫像石研究》。這書較前人更為全面地蒐集了有紀年的畫像
石，為今後的畫像石定年和斷代提供了更明確的標尺。以
上這些研究使漢代畫像石分區與分期的全面化和細緻化，
向前推進了一大步。

　　漢代畫像石的分期和分區認識雖有不少進展，以本文
關注的孔子見老子圖而言，迄今絕大部分出土於山東齊魯
之地。其中部分屬徵集，出土地點不明，時代僅知約略自
西漢中晚期至東漢末，甚或晚至三國魏晉，各筆資料的彼
此相對年代除少數有紀年的，極難確定。其次，部分有出

　　漢晚期（安帝以後）三期。參王愷，〈蘇魯豫皖交界地區漢
　　畫像石墓的分期〉，《中原文物》1 (1990)，頁 51–61。

土報告的畫像石墓，報告中對墓葬形制、雕刻技法、陪葬器物等有助於斷代的資料，措詞往往不一，詳略差別極大，報告中的畫像拓片或圖版因大幅縮小，或製版不良，一般不夠清晰。在這種情況下，不易利用以上的分期，鑑定各畫像石報告中所作的斷代，也難據以對孔子見老子圖作較明確的分期。這是目前討論格套模式發展的大限制。

為彌補以上不足，1992 年至 2015 年我曾走訪各地，查訪原石，蒐集相關拓本，儘可能確認許多因出版品圖版欠佳造成的疑惑。❷❶查訪原石，拍攝照片，可以確認存佚和保存現況，察看石質、色澤和雕刻技法，得知許多拓本無法看出的畫面細節和原石背面或邊側存在的建築構件特徵。然而現存的畫像石絕大部分已脫離了原本的出土環境，有些斷裂、磨蝕或切割改作他用，有些為防偷盜一度被砌入牆壁，背面或邊側遭到或多或少的破壞，失去了幫助進一步斷代的可能。出於無奈，以下所論仍不得不以有榜題、有紀年或斷代相對可據的孔子見老子圖為準，梳理共通的構圖特徵和演變，以見格套的存在和變化。由於有太多畫像石無法較精確地斷代，年代排序仍然無法作到較全面的年代排序，以下分析格套的部分將較多，討論變化的部分較少。

在造型藝術上，所謂的格套可以有多層意義。第一，

---

❷❶　詳見本書下編〈畫像石過眼錄〉各篇。

是指生產方式的程式性。以畫像石、磚和壁畫而言，利用模印、模板重複刻製，或利用粉本圖譜，依樣葫蘆，都造成格套。馮漢驥先生很早即已指出漢代畫像磚利用模印，批量生產。模印生產即造成固定的畫面格式。1988 年戴應新和魏遂志報導陝西綏德黃家塔四座東漢畫像石墓，清楚發現石匠利用模板在石上打樣，同一石刻畫面在不同的墓中重複出現。❷壁畫則有類似以墨線先打底，再正式勾勒線條和上彩的現象，但最後勾勒的畫面往往會修改早先打上的底稿。相對而言，壁畫底稿和最後的表現可以有出入，定式的布局或格套卻明顯存在。我曾在陝北靖邊漢墓壁畫和河南新野畫像磚上找到應源自某種類似圖譜的孔子見老子和項橐畫像，❷可以證明圖譜會被應用在不同媒材的模印或繪製生產上。

　　格套的另一層意義在於特定造型的使用。例如特定建築（橋、樓閣、廚灶、城）或特定身分的人物，必以特定的造型表現。這種造型不一定是某一特定的橋、樓閣、廚灶或城池，而是概念上或一般印象中的橋、樓閣、廚灶或城池；人物造型也非專指某一個人，而是某一類人，例如戴通天冠的君王、持杖的老者、執刀盾的亭長或門吏、戴進

---

❷　〈陝西綏德黃家塔東漢畫像石墓群發掘簡報〉，《考古與文物》5、6 (1988)，頁 251–261；類似的報告亦見前注 19 引信立祥文，頁 238。

❷　參本書頁 337–342，〈過眼錄〉21。

賢冠的儒生、披髮的小兒、持各種器物的婢僕、尖帽深目
的胡人、披甲、佩刀、攜弓弩或戴弁的武士等等，以相當
一致的衣著裝束、配件、動作或姿勢特徵，呈現身分。不
過並不是沒有較個人性的特殊造型，例如四目的倉頡、手
持植物或耒耜的神農，和下文將說到戴雞冠佩猳豚的子路。
他們的面貌或造型，誠如鄭岩指出，非必寫實，但表現出
具「理想化」的固定程式，❷❸造型的定型和重複出現也構
成一種格套。

　　格套的第三層意義在於一定形式的畫面結構。為了顯
示某一特定的畫像內容，以一定的畫面元件（人物、車馬、
鳥獸、雲氣、神怪、建築、器物……），以元件間大致一定的相
對位置，構成象徵特定意義的畫面。也就是說，由特定元

---

❷❸　參本書頁 337–342，〈過眼錄〉21，河南博物院藏新野出土
　　孔子見老子畫像空心磚條。漢墓壁畫打底和修改之痕可參見
　　陝西西安理工大學出土西漢墓和太原北齊徐顯秀墓墓主壁
　　畫像。參西安市文物保護研究所，〈西安理工大學西漢壁畫
　　墓〉，《文物》5 (2006)，頁 7–44；鄭岩，〈壓在“畫框”上的
　　筆尖——試論墓葬壁畫與傳統繪畫史的關聯〉，收入范景中、
　　鄭岩、孔令偉主編，《考古與藝術史的交匯》（杭州：中國美
　　術學院出版社，2009），頁 99；鄭岩，〈墓主畫像的傳承與
　　轉變——以北齊徐顯秀墓為中心〉，《逝者的面具——漢唐墓
　　葬藝術研究》（北京：北京大學出版社，2013），頁 195–
　　218。

件以特定的空間布局，形成無須文字說明，一望可知其義
的畫面，也是一種格套。例如我曾分析過的射爵射侯、胡
漢交戰和荊軻刺秦王圖等。❷❹

　　格套的第四層意義是圖飾意義的固定化。據一定構圖
刻繪的特定故事，在整個墓葬或祠堂的禮儀空間裡發揮特
定的象徵意義。由於墓葬或祠堂整體是由成套的圖飾組合
而成，每一部分的圖飾意義會在不斷組合成套的過程裡，
或者說在某地、某種流行風氣下，逐漸成為主流而趨於定
型化，不過同時也會因與其他圖飾連結而產生意義的增添、
挪移、堆疊或多重化。胡漢交戰圖、射爵射侯圖和撈鼎圖
都是例子。一旦連結後的圖飾和象徵意義受到歡迎，又會
固定下來成為新的格套，反複出現。

　　本篇討論孔子見老子圖的格套，主要是就生產模式、
特定造型、畫面結構和象徵意義這四層意義而說。但我也
要強調格套不是死的；雖然依循格套，在不同作坊和工匠
的手裡，變化其實多種多樣。除了四川、河南的模印磚，
陝北利用模板刻製的畫像石圖案可以幾乎一模一樣，其餘
各地壁畫或山東、安徽、蘇北地區的畫像石則幾乎看不到

❷❹　參邢義田，〈格套、榜題、文獻與畫像解釋——以一個失傳
　　的"七女為父報仇"漢畫故事為例〉、〈漢代畫像中的"射爵
　　射侯圖"〉、〈漢代畫像胡漢戰爭圖的構成、類型與意義〉，收
　　入《畫為心聲》（北京：中華書局，2011），頁 92–137、
　　138–197、315–398。

兩方完全一樣的。這不僅僅是因為手工製作必有出入，也是因工匠常有意在固定的格套下求變化，一則使畫面不流於僵固呆板，另外也希望自己的作品在形式上多少具有特色吧。

3.格套與圖譜

(1)山東地區孔子見老子畫像的基本構圖

A.較早期的例證

孔子見老子畫像石已知時代最早的，三十幾年前夏超雄先生認為可能是 1981 年山東嘉祥五老洼所發現的一批。❷⑤這批材料的時代據判斷屬西漢末或東漢早期。可是由於出土這些畫像的墓是造於三國至西晉，當時人利用漢墓石材重砌，十五方畫像石中有三方雕法為平面淺浮雕結合陰線雕，餘十二方為「地」高於畫面的凹入平面雕。不但雕法有不同，內容也有重複，可見石材的來源和時代非必一致。報告中第三石（圖 1）有「故太守」、「丁卯」、「丁年」、「十一月」題記，報告者據「丁年」可能為「丁卯年」加以推斷「屬於孺子嬰及漢明帝時期的可能性較大」。❷⑥同

---

❷⑤　夏超雄，〈漢墓壁畫、畫像石題材內容試探〉，頁 63–76；朱錫祿，〈嘉祥五老洼發現一批漢畫像石〉，《文物》5 (1982)，頁 71–78。

圖 1　嘉祥五老洼第三石

批畫像石的第七、第九石沒有榜題，唯孔子見老子部分的
人物布局，確具此後這類畫像的構圖特徵──孔子與老子
對立相揖，中立一面對孔子的童子，老子持曲杖；孔子後
有弟子若干人（第七石有六人，第九石有二人）。㉗

　　經過考古學家幾十年的努力，現在這樣布局的畫像已
可找到時代明確屬西漢中晚期至王莽時期的例證。但例證
不是見於石刻，而是見於壁畫。文物出版社在 2009 年出版
的《2008 中國重要考古發現》，刊布了陝西靖邊老墳梁四
十二號西漢中晚期至王莽時代墓出土的孔子見老子壁畫

㉖　朱錫祿，〈嘉祥五老洼發現一批漢畫像石〉，頁 74。
㉗　參本書頁 312–321，〈過眼錄〉17。

圖 2.1–2.2　靖邊老墳梁漢墓壁畫　孔子見老子、項橐圖及局部「老子」榜題

（圖 2.1–2.2）。老墳梁墓群西距靖邊縣城 25 公里，和也出土了孔子見老子壁畫的楊橋畔新莽墓同在楊橋畔鎮上，僅距約 1 公里。❷❽老墳梁的壁畫有「老子」二字清晰榜題。老子戴進賢冠，手持曲杖，其右有手牽鳩車之小童項橐，小童上方有雲氣紋，其右有拱手朝向老子的孔子，孔子身後還有同方向的弟子一人，但畫面已殘損。❷❾這樣的布局和榜題可以完全確認就是東漢常見的孔子見老子、項橐圖。

　　另一個時代更早、更明確，屬漢宣帝元康四年（西元前 62 年）以後數年，但畫面內容較不明確的例證，是近年公布的江西南昌西漢海昏侯劉賀墓出土的銅鏡漆框背板（圖 3.1–3.3）。

---

❷❽　楊橋畔新莽和東漢墓壁畫參徐光冀主編，《中國出土壁畫全集》第六冊（北京：科學出版社，2012），頁 32–43。

❷❾　陝西省考古研究院、榆林市文物研究所、靖邊縣文物管理辦公室，〈陝西靖邊東漢壁畫墓〉，《文物》2 (2009)，頁 32–43。

圖 3.1　海昏侯墓出土銅鏡漆框背板復原
後

圖 3.2　前圖上端局部　曾由作者利用原刊
圖版拼綴

圖 3.3　海昏侯墓出土銅鏡漆框背版（復原前局部）

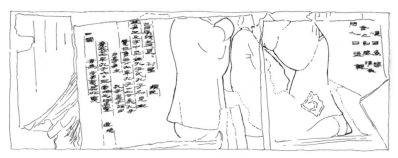

圖 3.4　作者線描圖

　　可惜迄今發表的圖版或者僅及復原前背板的一部分，或者為復原後的全部，卻都不夠清晰。除了有榜題的顏回和孔子，其他人物的身分還有待確定。此外，我注意到復原前和復原後的背板出現了一些色彩和內容上的差異。從復原前較清晰的圖 3.3 看，左中右三方漆板如果就是出土時的相對位置，則可以看出在左右文字段之間似有三位人物的身體部分（圖 3.3-3.4）。三人的衣式都和漢代畫像石或壁畫中常見的深衣相同。但顏色有異，左側一人為褐色，中間一人似乎較紅，右側一人為白衣。但從復原後的圖版看，右側的白衣似乎變成了黑衣，中間似乎是人物的身形線條變得較不明晰，也可能僅僅是一片紅色的底漆而不能確認是一個人物。

　　據復原前的圖版（圖 3.3-3.4），令我注意的是三人的朝向。從上身拱手的方向可知，在右者朝左，中間者一手前伸朝右，左側一人也朝右。此外，如果比較三人身材，可以發現中間一人應較矮。以上的觀察倘使正確，那麼這三人的相對位置和身材大小豈不和畫像石或壁畫中的孔子見老子、項橐圖十分相似？不過不得不承認圖中沒有後來孔子見老子圖中常見的曲杖或手持的雉或雁，兩旁文字也看不出和老子或項橐相關，雖然我一度疑心是孔子見老子、項橐圖，現在因復原後圖版右側人物頭後出現「顏回」，左側人物頭後出現「孔子」榜題（圖 3.5）而必須放棄原來的猜測。

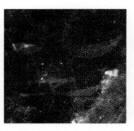

圖 3.5　顏回、孔子榜題

　　從復原後圖版看來（圖 3.1–3.2），比較可能是描繪孔子與顏回對揖。因為根據漢代畫像的習慣，文字是用來說明圖的，相伴的圖和文應彼此有關。❸但比較目前已刊的新舊圖版，孔、顏之間是否另有一身材較矮小的人物，曖昧不明，暫無法確定。這一圖像的右側有殘存可釋的文字「舍之則臧唯我」、「門人日益親」等。這些明顯和《論語・述而》、《史記・仲尼弟子列傳》或《孔子家語》有關。❸這一件銅鏡漆框背板雖然時代較早較明確，可以證明孔子及弟子圖在西漢中晚期早已存在，但其上並沒有老子和項橐。約略屬同一時期或較晚的陝西靖邊漢墓壁畫則已見榜題和構圖都明確的孔、老和項橐，如果今後能進一步確定

<hr />

❸　參邢義田，〈「太一生水」、「太一出行」與「太一坐」：讀郭店簡、馬王堆帛畫和定邊、靖邊漢墓壁畫的聯想〉，《國立臺灣大學美術史研究集刊》30 (2011)，頁 3–7。

❸　釋文詳見王意樂等，〈海昏侯劉賀墓出土孔子衣鏡〉，頁 61–70。

靖邊兩座壁畫墓的時代，則可較明確地評估孔子見老子和
項橐圖出現的上限。目前暫可推定孔子見老子和項橐圖出
現的時代最早應在漢宣帝以後的西漢中晚期。

B.定點性例證舉例

時代上有明確依據可考的孔子見老子畫像，應屬東漢
初章帝時代的平邑功曹闕。功曹闕四面有畫像，畫像剝蝕
甚烈，現在多已漫漶不清。其上有百餘字隸書題記，仍可
清楚釋讀的部分有章帝「章和元年（西元 87 年）二月十六
日」的年月日期。這個日期確立了闕的時代。

孔子見老子畫像在石闕上下四層畫像的最上層
（圖 4.1–4.2）。❷畫像上半部右側清楚有馬一匹，馬頭朝
左；馬前有面朝左，作行走狀人物一，似為牽馬伕；人物
左側有兩隻相對的鳳鳥。下半有人物七人：右側一人拱手

圖 4.1　功曹闕拓本局部

圖 4.2　作者線描圖

---

❷　參本書頁 260–268，〈過眼錄〉11。

持曲杖朝左，其前有同向小兒一人，手持玩具車，車輪部分已漫漶，但手握著的車柄還清晰可辨。小童的姿勢和其他後來畫像中手持玩具車的項橐一致，這是認定這幅畫像內容的一個重要證據。再者，和小童相對，拱手而立的應是孔子。孔子戴進賢冠，手上持鳥，鳥頭不朝外反朝內，較特別。其後則有與孔子同向，手持簡冊的弟子四人。由於構圖特徵和其他常見的孔子見老子圖基本相同，可以肯定這是壁畫之外，目前所知年代較確定可考、最早的一幅孔子見老子石刻畫像。

　　功曹闕畫像沒有榜題，孔子見老子畫面又十分漫漶，其是否為孔子見老子圖仍可能會引起爭議。為使討論不陷入爭議，最好以有清楚榜題的畫像為出發點。一件有孔子榜題，時代應晚於功曹闕的畫像見於今山東長清孝堂山石祠。孝堂山石祠自宋代趙明誠以來，歷經著錄，奇怪的是石祠北壁東西兩段壁上一幅相連的孔子見老子圖，一直為人忽略，到了 1984 年才由李發林先生補錄發表。李先生對此圖的布局有詳細的記述：

　　　　北壁東段……孔子和老子位置稍偏左，孔子頸項背後，有「孔子」兩個隸書刻字，字體與「大王車」、「胡王」、「成王」相同，當係原刻。孔子面向右，老子面向左，均穿著寬大的衣服，頭戴進賢冠，手扶杖。孔子的杖是直的，老子的杖下部是 ξ 形。孔

子身後有學生六人(還有二十五人在北壁西段,東、
西兩段是一個整體),他們均手捧簡牘,面向右立。
老子身後則有十四名學生,也手捧簡牘,面向左立,
孔子和老子之間,尚有一個兒童,面對孔子,伸開
雙手,應是項橐……北壁西段……所刻是孔子學生,
亦均手捧簡牘共二十五人,其中一人身材矮小。均
面向孔子站立。❸❸

據李先生報導,他曾好幾次親自考查孝堂山石祠畫像,據
他判斷孔子旁的「孔子」二字榜題應是原刻。這樣孝堂山
石祠就是目前所知,較早有榜題可證的孔子見老子圖所在
(圖 5.1–5.2)。❸❹

圖 5.1　右段

圖 5.2　左段

---

❸❸　李發林,〈孝堂山石室畫像舊拓校勘和墓主問題〉,《考古學
集刊》4 (1984),頁 314。

❸❹　參本書頁 188–203,〈過眼錄〉3。

　　石祠中因有順帝永建四年（西元 129 年）的參觀題記，可以明確知道石祠的時代必在東漢順帝以前。蔣英炬、夏超雄及羅哲文先生以為它的修建年代應在東漢初。❸果如此，它和前述功曹闕的時代應相去不遠。如果比較孝堂山的和前述嘉祥五老洼屬西漢末或東漢初的孔子見老子圖，可以發現兩者確有頗為接近之處。五老洼的弟子人數較少，但一律捧簡在手，和孝堂山的形式完全相同（功曹闕上的弟子頗為漫漶，已難確辨是否捧簡在手）；又孔子持直杖，老子持曲杖，也和李發林對孝堂山畫像孔、老二人的描述相同。此外，這兩圖孔、老之間的小童都無物在手。弟子捧簡、孔子持直杖和小童不持物這三點在較晚的畫像裡不一定如此。較晚的畫像中，孔子常持雁或雉，弟子或捧簡，

---

❸　羅哲文，〈孝堂山郭氏墓石祠〉，《文物》4、5 (1961)，頁 44；Alexander C. Soper, "The Purpose and Date of the Hsiao-T'ang Shan Offering Shrines: A Modest Proposal," *Artibus Asiae*, 36: 4 (1974), pp. 249–266；夏超雄，〈孝堂山石祠畫像、年代及主人試探〉，《文物》8 (1984)，頁 34–39；蔣英炬，〈孝堂山石祠管見〉，《漢代畫像石研究》(北京：文物出版社，1987)，頁 204–218。李發林先生據大王車榜和墓葬形式等，認為可能是西漢武帝時濟北式王（或曰成王）劉胡的墓。參李發林，《山東漢畫像石研究》，頁 86–92。此說證據不足，不取。榜題「大王車」參本書頁 188–203，〈過眼錄〉3。

或僅拱手，小童通常手持一輪狀玩具。對比之下，就畫像內容和構圖而言，孝堂山和五老洼畫像的時代的確相接近。❸❻不過，就雕刻技法言，兩者又完全不同。孝堂山的是平面陰線刻，五老洼的是凹入平面雕。以現在的認識，我們還無法完全從雕刻技法上決定它們時代上的早晚或先後。

　　另一件有明確紀年的孔子見老子畫像，出土於山東泗水星村鎮南陳村。1984 年泗水南陳村發現一座有前、中、左右室和後室的東漢石墓，全長 6.17 公尺，墓內出土畫像石十二方。畫像分布在四合八扇門扉和面向中室的門楣上。據前室後門楣上的清晰題記，該墓建於東漢順帝漢安元年（西元 142 年）。❸❼發掘簡報雖提到有孔子見老子畫像，可惜所附拓片極為模糊。幸而好友楊愛國惠賜照片，才得確認。據發掘簡報，中室南面與前室隔開的門楣上有一寬 42 公分，長 2 公尺的畫像，上層分別刻菱紋、水波紋和垂幛紋，下層以平面凹刻陰陽直線為地。畫面人物有十一人，中間主體部分為孔子見老子，左持杖者為老子，右鞠躬者

---

❸❻　朱錫祿在報導五老洼畫像的簡報裡，也曾比較其他的神話故事畫像，指出五老洼和孝堂山石室的相似。參朱錫祿，〈嘉祥五老洼發現一批漢畫像石〉，頁 74。

❸❼　泗水縣文管所，〈山東泗水南陳東漢畫像石墓〉，《考古》5 (1995)，頁 390–395；楊愛國，《幽明兩界——紀年漢代畫像石研究》（西安：陝西人民美術出版社，2006），頁 51–52。

為孔子，中間小孩為項橐（圖6.1）。右側刻題記三行中三
十四字可釋字：

漢安元年泰歲在午，使師弟伯玉□
作壽石堂室，人、馬、虎、大魚皆食大
倉。長生久壽，不复（復）發□（圖6.2）

簡報說中間主體為孔子見老子，中間小孩為項橐，「餘者皆
為侍從」。❸如果參考其他畫像，則知其餘人物為孔、老弟
子的可能性應較大。又簡報釋「玉」為「天」，釋「發」為
「老」，欠妥，今據照片改釋。「虎大魚」三字，簡報釋作
「甫大魚」，難通。題記「甫」字字形和隸書「虎」字（例
如敦煌簡2356B ▆ ）一致。山東漢畫常見魚和虎，此墓中
室與後室間門楣上有雙魚，簡報特別說：「每條長75公分，
形體十分龐大」。中室與左耳室之間的過梁上有雙白虎，似
可參照。但漢墓題記常作「此上人馬皆食大（天）倉」，沒
有特別提到魚、虎等的例子。因此以上改釋仍待進一步確
定。原釋「老」字的上半部尚可見，頗像漢簡文書中「發」
▆ （居延簡140.1A）字的上端，下半部不清楚，從殘筆看，
應作發。「不復發」一詞曾見於山東蒼山元嘉元年祠堂石刻
題記。不論如何，漢安元年提供了一個準確但較晚的年代。

---

❸　泗水縣文管所，〈山東泗水南陳東漢畫像石墓〉，頁391。

圖 6.1　泗水南陳村畫像拓片

圖 6.2　題記拓片及局部反白

　　有「孔子」和「老子」完整榜題而時代較晚的是 1977
年在嘉祥縣西南齊山村北出土的一件畫像石。此石沒有詳
細的出土報告，《山東漢畫像石選集》曾著錄，晚近出版的
《中國美術全集・繪畫編 18》也曾收錄。❸❾ 在《全集》的
圖版說明中，蔣英炬和吳文祺將時代斷為東漢。畫像分兩
層，上層為孔子見老子，下層為車騎出行。上層共有人物
三十人。除左側人物有三人上身部分殘缺，餘圖保存十分
清楚完整。左起第八人上端題「老子也」，老子曲身拱手，
持一曲杖，第九人為手持輪狀物，與老子朝同方向的小童，
第十人上端題「孔子也」，孔子與老子、小童相對，亦曲身
拱手，老子、小童與孔子間的空隙有上下相對的兩鳥。孔
子身後，即圖之右側有弟子二十人，弟子或與孔子同向朝
左，或向右。有榜題者二人，一為緊隨孔子後的「顏回」，
一為右起第七人「子路」。左側老子後亦有衣冠與孔子弟子
相同的弟子七人。

　　1992 年 9 月 25 日，在武氏祠參觀時，我注意到這石
最右側一人身後的邊框上，刻有隸書「子張」二字。二字
刻畫甚淺，書法與其他榜題不同。兩字沒有刻在預留的題
榜上，不知是後人所加或原刻者失誤而作的補救。如果確
為原榜題，子張的造型和其他弟子相比，可以說沒有特殊
之處。基本上，這件石刻不論是否題榜人名，刻造者並未

---

❸❾　參本書頁 231–237，〈過眼錄〉7。

畫外之意

圖 8.1　嘉祥齊山村畫像

圖 8.2　圖 8.3局部放大

圖 8.3　齊山村孔子見老子畫像

圖 8.4　圖 8.3局部放大

企圖以造型的大小、衣冠、容貌、表情或姿態凸顯個別人物。甚至老子與孔子兩位主角，其大小、衣冠、容貌、表情、姿態與眾弟子也沒有明顯的區分。造型有明顯特徵之處，在老子持一曲杖，童子身形較矮小，手持一有車輪的玩具，而弟子中最具特色的是子路。

　　子路不像其他人戴前高後低的進賢冠。他穿短衣，大口褲戎裝，頭戴所謂的「雞冠」，腰繫貑豚，大袖旁張，兩腳分立，其英武之姿，與漢代其他石刻中的武士相似。他與其他武士不同之處，在他特有的冠式和腰上所繫的貑豚。這一獨特造型應是根據「子路好勇」之說而來。《莊子‧盜跖》謂：「使子路去其危冠」，李頤注：「危，高也。子路好勇，冠似雄雞形，背負貑斗，用表己強也」；《史記‧仲尼弟子列傳》說：「子路性鄙，好勇力，志伉直，冠雄雞，佩貑豚」，〈集解〉曰：「二物皆勇，子路好勇，故冠帶之」；《論衡‧率性》也說：「世稱子路戴雞佩豚」。前引西漢海昏侯劉賀墓銅鏡漆框背板上有孔子弟子圖和文字，提到子路時也說他「冠雄雞，佩貑豚」。❹戴雞佩豚的子路在嘉祥宋山、泰安大汶口、滕縣宏道院和山東省博物館所藏諸石上，都可見到。武氏祠前石室、嘉祥齊山村和法國奇美博物館藏孔老弟子畫像拓本中的子路更有榜題「子路」或「子露」，可以明確證明這樣造型的就是子路（圖7.1–7.3）。❹他大袖旁張，兩腳分立的模樣，則已可上溯到西漢宣帝時代的海昏侯墓出土的銅鏡漆框背板上的畫（圖7.4）。漆畫

圖 7.1　子路　史語所藏武氏　　圖 7.2　子路　王培永編《孔　　圖 7.3　奇美博物館藏拓「子露」
祠拓本　　　　　　　　　　　　子漢畫像集》

的子路有榜題，但刊布的圖版僅見一殘損的「路」字
（圖 7.5），其字形頗似嘉祥齊山村漢畫「子路」榜題中的
「路」字（圖 7.6）。已刊布的漆畫圖版不是十分清晰，唯
子路已明確具有大袖旁張和兩腳分立的造型特色。雞冠和
腰間猳豚部分模糊難辨，不過從他頭頂和腰間隱約的形狀
和顏色殘痕推測，東漢習見的子路造型在宣帝時很可能已
經存在，因為司馬遷早就以「冠雄雞，佩猳豚」來描述子
路了。若果如此，子路的造型可以說自西漢中期以降已定

---

❹　詳見前引王意樂等，〈海昏侯劉賀墓出土孔子衣鏡〉，頁 66。

❹　參本書頁 231–237，〈過眼錄〉7。

圖 7.4　海昏侯墓銅鏡漆框背板上的子路　圖版經反轉處理

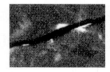

圖 7.5　子路榜題的「路」字

圖 7.6　山東嘉祥武氏祠藏齊山村漢畫子路的「路」字

型化，並延續三百多年到東漢末。

　　畫像石上的顏回通常是以較矮小的身軀來表現特色。以上述齊山村這一刻石而言，顏回有榜題，在造型上戴冠，臉孔與身軀較其他弟子都稍小（圖 8.1–8.3）。這可能是有意藉瘦弱的身形顯示顏回的貧而不改其樂。這一較瘦小的造型特點，在其他畫像石上常見。此外，顏回在眾弟子中，通常排列在孔子之後，為弟子的第一人。但這並非絕對。

　　從整體構圖來說，齊山村孔子見老子圖除了孔子與老子中間的兩隻飛鳥，全圖以人物一列水平排開構成。或許是為了突破畫面的單調，畫師似有意變化人物朝向，以及以曲身拱手、舉手或持簡編舉手等動作使人物姿勢略呈多樣化（圖 8.3）。這一石是目前所見榜題較清楚，人數較多，保存較完整的孔子見老子圖。其對建立漢代孔子見老子圖格套認識的重要性，自無待言。總結而言，這一幅畫像最能吸引觀者視線的人物和構圖特徵，應該是：(1)孔子與老子相對而立，孔子衣袖中有雙鳥，(2)孔子與老子間立一小童，有鳥居其間，(3)老子手持曲杖，(4)戴雞冠、佩猳豚的子路，(5)身形較弱小的顏回居於孔子之後。這些特徵幾乎全部或部分重複出現在所有可確認的孔子見老子圖上。

　　和齊山村一石同樣有清楚榜題的孔子見老子畫像，是嘉祥所出今藏山東省博物館的一石（圖 9.1–9.2）。❷此石迄今尚未完整發表，包華石 (Martin Powers) 先生曾以該石部分作為其書《古代中國的藝術和政治表述》(*Art and Political*

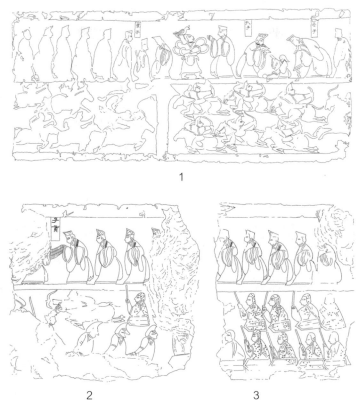

1

2　　　　　　　　　3

圖 9.1–9.2　山東省博物館藏三方畫像石連綴復原

Expression in Early China) 的封底；史語所傅斯年圖書館藏有
此石的部分拓片，可惜不全。1993 年幸得蔣英炬先生賜贈
該石拓片之照片，知道此石畫面分上下兩層：下層為戴尖
頂帽胡人騎射圖，上層為孔子見老子圖。孔子見老子圖部

---

❷　　參本書頁 295–305,〈過眼錄〉15。

分共有一字橫排的人物十四人，其中三人有榜題。老子與
孔子弓身拱手相對，皆著進賢冠，老子手中有曲杖，孔子
手中似有二鳥，但不夠清楚；孔子與老子身後上方各有「孔
子」和「老子」隸書榜題。老子身後有弟子一人，孔、老
二人之間有面對孔子，手持玩具車，披髮的童子一人。孔
子身後有人物十人。緊跟在孔子後的弟子反身，與戴雞冠、
佩猳豚的子路相對；子路身後有一人回首，與另一身形較
矮者相對。此人較漫漶，但有榜題「案子」二字。蔣英炬
和裘錫圭兩先生都指出「案子」即「晏子」，「案」、「晏」
二字為通假。❹晏子在孔子見老子圖中的出現，意義重大，
因為依據傳統文獻，晏子不但不是孔子的弟子，反而是孔
子的老師（《晏子春秋》外篇第八、《韓詩外傳》卷四、《論衡・知
實》）。

　　確認畫像中的晏子，為孔子見老子畫像帶來前所未知
的內容。2002 年因獲鄭岩先生贈送拓片，加上多次到山東
省博物館觀察原石，我終於發現這一石其實應可和山東省
博物館所藏其他兩塊殘石綴合，上下畫面除了缺失的部分，
幾乎完全連續。❹經復原，其上層即有包括孔、老、項橐，
有「孔子」、「老子」、「晏子」、「子貢」四處榜題，共二十
四人的孔子見老子畫像。這些殘石，出土和時代不明，唯

---

❹　詳見本書頁 295–305，〈過眼錄〉15。

❹　詳見本書頁 295–305，〈過眼錄〉15。

其出自山東地區應無疑問。又其上下分層，明顯象徵和傳
達文武兼備的用意，因其他畫像不見如此布局，也極少見
晏子榜題，❹對辨識晏子具有「定點」意義，因此特別在
此提上一筆。

　　像晏子一樣，另一件無法確認時間，但可確認人物身
分的是平陰所藏有「左丘明」、「太后詫」和「老子」等榜
題的孔子見老子畫像。2010 年 6、7 月間隨好友楊愛國兄
到平陰考察。平陰實驗中學出土的幾方祠堂後壁祠主畫像
就保存在平陰縣博物館裡。據平陰縣博物館在《華夏考古》
2008 年第 3 期〈山東平陰縣實驗中學出土漢畫像石〉的報
導，共出土十二方。這些畫像石面光滑，陰線細刻，因石
面很大，平置地上，站在其旁，只能拍到些局部細節照片。
重要的是在地面上看到了那方有項橐和老子榜題和畫像的
殘石。遺憾的是這石原本斷裂為二，置於室外，我們去參
觀時，只見到右段的部分。幸而楊愛國慷慨分享他攝得的
照片及完整拓本。附局部線描圖於此，謹供參照
（圖 10）。❹

　　據平陰縣博物館喬修罡等人的報導，在左丘明的左側
還有榜題「顏淵」、「閔子」、「伯牛」、「冉仲弓」、「□□」、
「子贛」、「冉□□」，另有三人榜題不清。❹關鍵性的榜題

---

❹　目前已出現另一件有「齊相晏子」榜題的畫像石，據云出自
　　嘉祥礦山村。王培永編《孔子漢畫像集》列入民間收藏。

❹　詳見本書頁 391–399，〈過眼錄〉29。

圖 10　作者線描圖

「太后詫」正巧可以與和林格爾漢墓孔子見老子壁畫中的
殘榜「大后橐」參照，可證太（大）后詫即項橐。其詳請
見〈漢代畫像項橐考〉，這裡不再多說。❹重要的是這一石
是迄今唯一出現左丘明榜題的畫像石。考證詳後。

　　另一件有定點作用的畫像著錄於《漢代畫象全集》二
編，圖 194。這一石自宋洪适《隸續》，歷經著錄。因榜題
清楚，構圖與前者有異有同，殊值參考。這石原在嘉祥縣
紫雲山（或稱武宅山），是東漢晚期武氏祠前石室畫像的一
部分。❹乾隆五十一年（1786 年）秋，錢唐黃易得此石，

---

❹　平陰縣博物館，〈山東平陰縣實驗中學出土漢畫像石〉，《華
　　夏考古》3 (2008)，頁 32–36。

❹　邢義田，〈項橐手中的鳩車〉，《文史知識》1 (2011)，頁
　　120–123。另見本書附錄〈漢代畫像項橐考〉。

移之濟寧州學。❺洪适嘗詳述畫像內容，姑錄洪适所記，
以與前圖比較：

> 右孔子見老子畫像，人物七，車二，馬三，標牓四，
> 惟老子後一牓漫滅。孔子面右，贄鴈；老子面左，
> 曳曲竹杖。中間復有一鴈，一人俛首在鴈下，一物
> 拄地，若扇之狀。石有裂文，不能詳辨。侍孔子者
> 一人，其後雙馬駕車，車上一人，馬首外向；老子
> 之後，一馬駕車，車上亦一人。車後一人回首向外。
> 史記魯昭公予孔子一乘車，兩馬，一豎子，同南宮
> 敬叔適周，問禮於老子。此畫聖與兩驂，似是據此。
> （《隸續》十三，頁 2 上）

洪适所述，與《畫象全集》拓本相參，基本正確，唯缺載
二人。翁方綱云：「今驗拓本，則車後一人回首向外者，其
後復有二人拱而向內，必有此向內之二人，乃足明車後一
人所以向外之故，而洪氏所得拓本蓋失拓此段二人耳。」❺
今所見拓本豎子部分殘泐較甚，老子所持曲杖亦已全不可
見。依洪适所見，原石有曲杖，無可疑，《金石索》摹繪本
即據以復原。如此，此石與前文已提到的齊山村（圖 8.1–

---

❹　參本書頁 207–224，〈過眼錄〉5。

❺　參黃易，《小蓬萊閣金石文字》，武梁祠像唐搨本，頁 23 下。

❺　翁方綱，《兩漢金石記》卷十五，頁 31 下。

8.4）、山東省博物館藏嘉祥畫像石（圖9.1–9.2）以及平陰實驗中學出土一石（圖10），在基本構圖上，同屬橫向一列排開；以主體畫面布局而言，孔子與老子相對，曲身拱手而立，老子持杖，小童與老子同方向，仰首又手持一物，居於孔子和老子之間可謂完全一致。

如果較保守地斷代，可繫孝堂山石祠於東漢初至中期，這比西元 147 至 167 年以後才陸續興建的武氏祠早了近百年。❷百年之間，孔子見老子畫像的基本構成元素和布局方式可謂相當一致。這是極值得注意的現象，因為這意味著當時山東地區應該曾有流傳上百年的圖譜粉本和作坊傳統。王思禮先生在考釋若干山東歷史故事的畫像石以後曾說：「這些圖譜粉本早有流傳，大概都是在總結前人繪畫經驗的基礎上繪製的，後人繪畫或有所改進，但大都不會超越粉本的格式」。❸他的結論可以從孔子見老子圖得到證明。這一主體布局實即今天山東及以外地區（例如陝西靖邊、定邊西漢晚期至東漢初墓壁畫）漢代孔子見老子畫像的共同特徵。其中又以相對而立的孔子、老子，中有小童為幾乎不可少，也是較為固定少變的部分。這就構成我所謂的格套。

不過，畫像的格套又不是完全一成不變。即以前述少

---

❷　關於武氏祠的興建時代，參 Wu Hung, op. cit., pp. 24–30。

❸　王思禮，〈山東畫像石中幾幅畫像的考釋〉，《考古》11 (1987)，頁 1025。

變與不可少的部分來說，少變的部分為孔子、小童、老子三人，小童必居中，且多與老子同向。又絕大部分畫像中，三人都是相對站立。孔子和老子兩人在畫面上居左或居右，則可不同；一或二鳥有時可省，老子的曲杖和小童的手中之物有時也可省略。

在山東發現的孔子畫像並非只有上述一種構圖。耳目所及，最少還有兩種不同的構圖，但因各只有一例，還不能說是否構成不同的格套。其一出於滕州西戶口。此件構圖與前述都不同（圖 11）。❺❹最大特色一在人物皆半身，孔子與老子相對居畫面之中，有明確「孔子」和「老子」隸書榜題；二在孔、老二人中間沒有小童項橐。孔、老身後各有拱手捧簡，戴進賢冠弟子各七人。《選集》曾釋此圖為儒生授經圖，可能是因所錄拓片榜題不清所致。

另一種構圖見於原藏於臨淄文廟的一方兩面有畫的畫像石上。此石曾由穆勒 (Herbert Mueller) 於 1913 年發表於歐洲漢學刊物《通報》(Toung P'ao) 第 14 期。史語所藏有董作賓先生於民國二十二年在臨淄南關小學手拓的拓片

圖 11　西戶口畫像局部　楊依萍線描圖

---

❺❹　參本書頁 281–289，〈過眼錄〉13。

（圖12）。❺不過這時原石已殘碎為五塊，拓片已不如穆
勒發表的完整。此石一面為百戲圖，另一面畫面均分為上
下左右四格；上層兩格分別有牽馬及人物比劍圖，下層兩
格即孔子、孔子弟子及項橐圖。畫面最右側有一人面左，
拱手，手中有一鳥，身形比其他人物都大，應是孔子；和
他相對有一身形較矮的小童，一手上舉，一手在身後，雙
手皆無物，應是項橐。小童身後有同樣方向兩排戴進賢冠，
弓身拱手持簡的弟子八人。此圖雖沒有榜題，構圖也不同，
但孔子手中有鳥，與童子相對，這些特色已足以證明他們

圖12　楊依萍復原線描圖

---

❺　參本書頁 366–370，〈過眼錄〉24。

的身分。此圖構圖上最大的特色在⑴沒有老子；⑵孔子身形有意突出放大；⑶弟子以透視的方式，分兩排排列；⑷項橐僅刻身形，未刻衣物，似以幾近裸體的方式來表示他是小童；⑸畫像雖分為左右兩格，但畫的內容卻是連續為一體。這兩種與常格有異的構圖，因都缺少其他的例子，不敢說是否能代表不同的格套。在今天的山東地區，曾出現不只一套描述孔子的漢代畫像也並不奇怪。

　　以上山東地區各地所出漢代孔子見老子畫像共達數十件，以嘉祥各地共出十餘件為最多。這些畫像雖難排出時代先後，分析其構圖，仍可看出當地構圖的特色。嘉祥孔子見老子畫像的基本人物構成在孔子、小童、老子三人。嘉祥劉村洪福院、敬老院和紙坊鎮出土者都僅以孔子、小童、老子三人構成全圖，三人都採立姿，孔、老二人或在左，或居右，小童則必居中與老子同向，面對孔子。❺❻畫像構成十分簡單。

　　孔子、老子和小童這三位主角以外的弟子，似可隨畫面的需要而增減，少可全無，通常以三至五人為最多，多則達六十人，或如記載中的七十二人。《水經注》卷八謂漢司隸校尉魯峻石祠石廟四壁有「孔子及弟子七十二人形象，像邊皆刻石記之，文字分明」。這一畫像到宋代尚存，唯榜題已甚殘，據洪适《隸續》卷十七著錄僅弟子十餘人。山

─────────────────────

❺❻　參本書頁 238–245，〈過眼錄〉8。

圖 13.1　山東東阿鄧廟畫像石「七十二人」榜題　作者線描圖

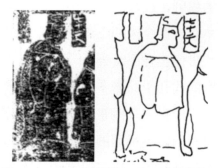

圖 13.2–13.3　前圖原拓及作者線描圖局部

東東阿鄧廟漢墓 M2 中室北梁曾出一孔子見老子畫像，列有弟子十餘人，其中一位頭側有榜題「七十二人」字樣（圖 13.1–13.3）。可見工匠或因空間有限，僅刻畫十餘人以象徵七十二人。❺❼ 鄒城市博物館藏一石有弟子二十四人，各有榜題，尚有「琴牢」、「庾苞」、「顏僑」、「商瞿」、「孔思」、「公冶長」、「顏幸」等可辨識。❺❽ 齊山村一石有弟子二十七人，❺❾ 其中三人有榜題，和林格爾漢墓壁畫有孔門弟子十三人的榜題，都是考訂孔門弟子形象有力的證據。孝堂山石祠的孔子見老子及弟子圖，據李發林、蔣英炬先生報

---

❺❼　陳昆麟、孫淮生等，〈山東東阿縣鄧廟漢畫像石墓〉，《考古》3 (2007)，頁 45，圖 10：3。

❺❽　參本書頁 269–280，〈過眼錄〉12。

❺❾　參本書頁 231–237，〈過眼錄〉7。

導，東段除孔子、老子、小童，另有弟子二十人，西段有
弟子二十五人，弟子共四十五人。另據費慰梅 (Wilma
Fairbank)、蔣英炬、吳文祺對山東嘉祥武氏祠建築的復
原，❻知武氏祠的左石室東壁有弟子十八人，後壁右側有
十三人，後壁左側之石遺失，西壁弟子有二十人，尚存共
五十一人；前石室即武榮祠，其東、西山牆及後壁上的孔
子見老子與孔門弟子圖和左石室相同，為三壁相連完整的
畫面。依費慰梅及蔣、吳復原的畫像配置，西壁所刻弟子
二十一人，東壁刻弟子十九人，後壁右段刻弟子十六人，
左段為孔子見老子圖，孔子後弟子一人，老子後弟子三人，
共有弟子六十人。這是目前所知人數最多，陣容最完整的
孔子見老子和孔門弟子圖石刻。因為迄今所見漢墓或祠堂
多殘毀或已不見原來結構，原本應有不少畫像曾刻全七十
二或七十七位弟子。不論多少，就孔子見老子圖的整體構
圖而言，人物以孔子和老子相對，中隔一童子，孔、老之

---

❻ 費慰梅和蔣英炬、吳文祺對孔子見老子圖及弟子畫像在石室
中的位置，意見一致；巫鴻對武氏祠的建構復原雖小有修
正，但對孔子及弟子畫像這一部分並無異議。參 Wilma
Fairbank, "The Offering Shrines of Wu Liang Tz'u,"
Adventures in Retrieval (Cambridge: Harvard University Press,
1972), pp. 43–86；蔣英炬、吳文祺，〈武氏祠畫像石建築配
置考〉，《考古學報》2 (1981)，頁 165–184；Wu Hung, op.
cit., pp. 11–24。

後各隨若干弟子，所有人物在畫面上水平一列排開的形式最為常見。

　　弟子、鳥、曲杖、車馬等，對造像者而言，其作用或在使畫像中的人物與故事更見精緻與豐富，並非一定不可缺。以弟子來說，孔子見老子圖的重點，自然在孔子和老子兩人。不過依據《莊子》，孔子的弟子也曾見老子。今本《莊子》外篇〈天運〉說子貢曾見老子；《藝文類聚》卷九十及《太平御覽》卷九一五引《莊子》都說「老子見孔子從弟子五人」——子路、子貢、曾子、顏回和子張。因此，以孔門弟子入畫也是有根據的。孔子和老子中間的鳥，有時作飛翔狀，有時由孔子持於手中，也許是據《禮記》和《周禮‧大宗伯》所說，表示大夫或士相見，依贊禮應持的雁或雉。人物手持曲杖是表示老者，車馬則是顯示士大夫應有的身分。加上這些，可以使畫像表現得更為豐富。對今日研究者而言，如果沒有榜題可據，這些次要的構圖因素即成為幫助判定畫像內容有益的線索。

　　總之，據前文討論，以畫像中出現的人物來看，基本上有：(1)孔子；(2)老子；(3)項囊；(4)眾弟子；(5)其他人物（例如晏子、周公、神農、倉頡等……），依這些人物的出現與否，可有以下不同的組合：

　　(a)孔子＋老子＋項囊

　　(b)孔子＋老子＋項囊＋弟子

　　(c)孔子＋老子＋項囊＋弟子＋其他人物

⑷孔子 ＋ 老子 ＋ 弟子

⑸孔子 ＋ 項橐 ＋ 弟子

　　如果根據以上人物特徵的構圖分析，我們可以發現這些畫像中竟然沒有孔子和老子二人單獨出現的例子。若果如此，《沂南古畫像石墓發掘報告》(1956) 頁 40 提到該墓中室西壁南段有「似為孔子見老子故事」圖，此圖是否為孔子見老子圖即須再作考慮（圖 14）。據發掘報告圖版 59，該圖有榜無題，圖中只有兩人，沒有弟子、鳥或居間的童

圖 14　疑為孔子見老子畫像

子。相對的二人皆佩劍，所戴頭冠的冠式，報告描述為「左
一人頭戴辮形帽子，雙緌向上飄。右一人頭戴斜頂帽子，
雙緌向後飄」（頁25）。右一人似戴進賢冠，左一人則顯然
不同。通常老子所持的曲杖，也變成立於身後的鳩杖。總
之，從這些特徵，比較難以肯定此圖為孔子見老子圖。可
是如果承認為孔子和老子，這無疑是迄今所見唯一一件只
有孔子、老子二人單獨出現的極簡畫像，意味著孔子和項
橐畫像本也可獨立存在。以下辨識山東以外的孔子見老子
圖也是利用同樣的線索和方法。

⑵山東地區以外的孔子見老子圖

　　以可考的資料來說，孔子見老子圖在漢代的地理分布，
明顯集中於現在的山東一帶。漢代畫像磚、石或壁畫主要
流行於今四川、陝西、山西、內蒙古、河南、山東、安徽、
江蘇徐州等地。然而除山東以外，明確可考的孔子見老子
畫像也有一些；有些布局和山東者相似，有些自具特色。
例如翁方綱《兩漢金石記》卷十四「寶應漢石刻畫像」條
說：

　　　江南寶應縣地名射陽者有古墓焉。土人呼為夷齊墓，
　　　蓋傳訛也。墓有漢刻石二。其一高五尺三寸，闊二
　　　尺。凡畫三層，上層孔子見老子象。孔子在中，面
　　　左；老子在左，面右；弟子在孔子後，手執束幣。

八分書。題三行，曰孔子，曰老子，曰弟子。中層
模糊不可辨；下層三人，并食器、烹魚者、胹鼎者。
（頁 15 上下）

江南寶應即今江蘇寶應，射陽在其東。翁書未附拓影，據
《金石萃編》卷二十一，石高五尺四寸，廣二尺一寸，與
翁記稍異。《萃編》並記這石「今在寶應縣射陽聚」。從翁
氏記述的榜題，可證這是孔子見老子圖無疑。**❻❶**這圖與山
東所見者不同處在孔子居中，孔、老正面朝前而非相對，
二人之間沒有小童。

　　陝西綏德的一石，小童手持輪狀物，與左側一人同向，
右側一人持鳥相對，雖無榜題，卻可從前述特徵確定是孔
子見老子圖無疑。**❻❷**內蒙古和林格爾墓壁畫有孔子、老子、
顏淵、子張、子貢、子路、子游、子夏、閔子騫、曾子、
仲弓、曾賜、公孫華、冉伯牛、宰我等人的榜題，為壁畫
中榜題較多的孔子見老子圖。畫像布局大致以老子、孔子
相對而揖，童子居中，孔子後弟子分二列為主。在布局上，
此圖特色在畫面亦出現與弟子故事相關的人物，如：閔子
騫父，曾子母；又此圖與漢代流行的孝子、《列女傳》中的
人物共同佔據墓的中室西壁與北壁。換言之，雖然上中下

---

❻❶　參本書頁 343–354，〈過眼錄〉22。

❻❷　參本書頁 343–354，〈過眼錄〉22。

各排人物圖之間似有淡色且不完整的橫向分隔線，此墓壁畫並沒有給孔子見老子圖以單獨的地位，而與其他故事主題和人物同處一個空間（圖 15.1–15.3）。嘉祥武氏祠石刻也有孝子和《列女傳》中的故事，但它們和孔子及弟子見老子圖出現在不同的石室裡，孔子見老子及眾弟子畫像自成一列，連貫三面牆壁，以框線與他圖分隔，完全獨立。

徐州白集漢墓石造祠堂所見畫像，老子居右，持杖拱身，身後有弟子六人，小童手持輪狀物，其上有鳩鳥，明確為一鳩車。孔子與老子相對拱身，身後有弟子三人。基本構圖與山東所出者無異。唯小童與孔子同方向，而非與老子共同面對孔子，是其不同處。又在弟子行列中似有雞首、牛首人和懷抱小兒的婦人。❻這也不見於他例，猶待研究。

迄今在四川地區唯一可考的孔子見老子畫像為成都新津石函。石函一側曾遭鑿切，斷為三截。早期拓本三截左右位置排列有誤，現在根據原鑿痕已恢復到應有的位置上。❻這一畫像上有「孔子」、「老子」、「神農」、「倉頡」、「郎中□君」、「東海大守」等榜題，以構圖言，與山東地區者頗有不同：第一，孔子與老子之間無童子；第二，孔、老與傳說中人物（神農、倉頡）以及漢當世人物（郎中□

---

❻　參本書頁 399–412，〈過眼錄〉30。

❻　參本書頁 355–365，〈過眼錄〉23。

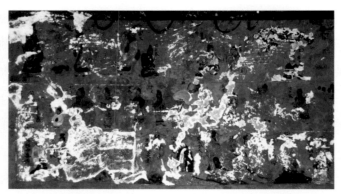

圖 15.1　和林格爾壁畫摹本　中排人物　自左至右：老子、大后橐（項橐）、孔子、顏淵、子張、子貢、子路、子游、子夏、閔子騫

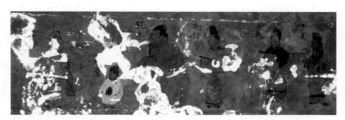

圖 15.2　前圖局部　自左至右：老子、大后橐、孔子、顏淵、子張、子貢

圖 15.3　中排人物　自左至右：曾賜（疑榜題誤書，應作曾點）、公孫華、冉伯牛、宰我、口子

君、東海太守）共同出現；第三，孔子較高大，側面曲身拱手向老子，老子較矮小，側身朝前仰首作拱手狀。孔子身後有戴進賢冠、捧簡者一人，榜曰「□子」，疑為某弟子。此畫像人物雖七人一字排開，然神農與倉頡相對，孔、老與弟子相對，郎中□君與東海太守相對，畫面似可分為三組，彼此不必然相關。

此一布局方式與洛陽老城的西漢墓壁畫，異曲同工。洛陽西漢墓室隔牆橫梁上壁畫，也清楚以人物的向背，表現三組不同的故事。其中一組似即孔子見老子。**⑥⑤** 有一老者持曲杖，與一小童面對另一老者。持曲杖老者後有二人已漫漶。壁畫墓報告對此圖並無說明，曾專論壁畫內容的郭沫若也未置一詞。唯據原發掘報告及蘇健報導，學者間曾有「孔子師項橐」、「周公輔成王」、「趙氏孤兒」和「吳公子季札圖」等說，蘇氏本人認為係趙氏孤兒故事圖。**⑥⑥** 趙氏孤兒圖的構成在山東嘉祥武氏祠有榜題明確的樣本，如以此圖為準，嬰兒應在婦人懷中，公孫杵臼跪於一旁，等待託孤。洛陽老城墓壁畫可以說完全不同。「周公輔成王圖」石刻在山東出土甚多，其構圖有一定模式，周公、召

⑥⑤　參本書頁 337-342，〈過眼錄〉21。

⑥⑥　河南省文化局文物工作隊，〈洛陽西漢壁畫墓發掘報告〉，《考古學報》2 (1964)，頁 107-125；郭沫若，〈洛陽漢墓壁畫試探〉，《考古學報》2 (1964)，頁 1-7；蘇健，《洛陽漢代彩畫》(鄭州：河南美術出版社，1986)，頁 5。

公居兩側，幼小的成王居中，面孔朝前，頂上常有華蓋，這一壁畫也大不一樣。季札圖的畫面要件為「掛劍」，季札掛劍圖在《隸續》及 1978 年在嘉祥宋山發現的畫像第三石上皆可見之。如據曲杖及三人相對位置等特徵來看，我認為仍以這是孔子見老子圖的洛陽版最為可能。

又河南新野一畫像磚作一老者持長杖，與一居中小童及另一老者相對而立，畫像空隙處有火焰或雲氣狀花紋。收錄此磚的《南陽漢代畫像磚》一書解說畫像內容為「畫中有一低矮男子，似一兒童。其身後一人戴冠長襦，佩金馬書刀，雙手前伸。左有一人，端立，手中所執似為鳩杖。畫間飾雲氣紋」。❻❼這幅圖造型與山東所見孔子見老子圖有所不同。我原懷疑它不是孔子見老子圖。但自從見到類似構圖，又有明確「老子」榜題的陝西靖邊漢墓壁畫，疑慮頓時一掃而空，這幅畫像確定是孔子見老子、項橐圖無疑。❻❽有趣的是此圖中間的童子沒有與孔子相對，反而與老子相對。可是如果我們考慮漢代曾有孔子和項橐同學於老子的傳說(見下節)，則這一磚畫和徐州白集所出的一樣，似乎十分傳神地表現了這一場面。

河南發現疑為孔子見老子的畫像，除前述洛陽及新野各一件，尚有南陽楊官寺村所出一石。此石上層有人物三，

❻❼　趙成甫主編，《南陽漢代畫像磚》(北京：文物出版社，1990)，圖 172。

❻❽　參本書 337–342，〈過眼錄〉21。

原發掘報告對此三人有如下描述:「兩側兩個人身著細腰長衣，頭梳高髻，頷生長鬚。中偏左為一著短衣，散髮赤腿的小孩，雙手前伸。左側老人右手握腰間佩劍的柄，左手撫摸著小孩頭上的散髮。右側老人腰間佩一劍，雙手抱一鳥，似遞給中間的小孩。」❻❾因發表的拓片不夠清晰，兩人的長鬚，小童的散髮及一鳥皆不易辨識。如原報告所言不虛，則其構圖與人物，頗似孔子見老子圖。換言之，右側拱身執鳥者為孔子,孔子與居中的小童及左側的老子相對。信立祥即認為此畫為孔子見老子圖，應是正確的。❼❶趙成甫主編《南陽漢代畫像磚》一書錄有河南新野樊集三十八號墓出土孔子見老子圖一件。❼❶圖中二老者持杖相對，左

---

❻❾　河南省文化局文物工作隊，〈河南南陽楊官寺漢畫像石墓發掘報告〉，《考古學報》1 (1963)，頁 118。

❼❶　信立祥，〈漢畫像石的分區與分期研究〉，頁 255 附注。又王繡、霍宏偉，《洛陽兩漢彩畫》(北京：文物出版社，2015)頁 79–82 名之為「孔子師項橐與入周問禮圖」。不過，王建中、閃修山著《南陽兩漢畫像石》(北京：文物出版社，1990)圖 127 的解說認為楊官寺一圖是獒咬趙盾和趙氏孤兒的故事 (圖 127)。這一說的主要根據是圖的第三層有一犬作躍起狀與一人相對。問題是這一畫像的四層人物不一定是表現同一個故事。我不曾親見此石，應如何作最妥當的理解，還可以作進一步的研究。

❼❶　相關考古報告見〈新野樊集漢畫像磚墓〉，《考古學報》4 (1990)，頁 475–509。

側老者右手持一直杖者為孔子，右側老者左手持一曲杖者
為老子，二人中間有一面對孔子的童子項橐。這圖從造型
上說是孔子見老子圖，應可確定。❼❷

　　此外，張秀清、張松林、周到編著《鄭州漢畫像磚》
（河南美術出版社，1988）錄有題為「孔子問童子圖」磚一
件。這磚是模印磚，從書中所附全圖（頁50）及局部放大
圖（頁141）看，實無法依任何特徵，證明圖中人物一為孔
子，一為童子。以目前可確信的孔子見老子圖格套來說，
這一磚畫的內容似應作其他解釋。又南京市博物館曾發表
了一件畫像磚上疑似有孔子見老子圖。❼❸尤振堯先生進一
步指出其上有反書的孔字。❼❹經查南京市博物館一文沒說
有反書孔字，從較清晰的原磚圖版看，也看不出有反書的
字。我曾赴南京博物院希望查考原磚未果，這一畫像內容
無法確辨，暫不予討論。

(3)畫像構圖特徵與區域、圖譜的關係

　　由於未能完全掌握所有的資料，經以上對各地孔子見
老子畫像及疑為這類畫像的檢討，僅能暫時結論：孔子見

---

❼❷　　參本書頁 332–337，〈過眼錄〉20。

❼❸　　南京市博物館，〈江蘇高淳固城東漢畫像磚墓〉，《考古》5
　　　　（1989），頁 423–429 及圖版參 .3、附圖七 .5。

❼❹　　尤振堯，〈蘇南地區東漢畫像磚墓及其相關問題的探析〉，
　　　　《中原文物》3（1991），頁 50–59。

老子這一畫像主題似以山東地區較為流行。四川、河南、陝北、山西、安徽、蘇北雖都有畫像磚石或壁畫，也有不少以歷史故事為主題的，但從近三十年出版的《河南漢代畫像磚》(1985)、《徐州漢畫像石》(1985)、《洛陽漢代彩畫》(1986)、《洛陽漢畫像磚》(1986)、《四川漢代畫像石》(1987)、《四川漢代畫像磚》(1987)、《鄭州漢畫像磚》(1988)、《南陽漢代畫像石刻（續編）》(1988)、《南陽漢代畫像磚》(1990)、《南陽兩漢畫像石》(1990)、《鐵筆丹青——呂梁漢畫像石博物館文物精粹》(2011) 以及綜合性的《中國美術全集・繪畫編 18・畫像石畫像磚》(1988)、《中國畫像石全集》(2000)、《中國畫像磚全集》(2006)、《中國出土壁畫全集》(2012) 和《漢畫總錄——米脂綏德神木卷》(2012-2013)、《漢畫總錄——南陽卷》(2015)、《中國南陽漢畫像石大全》(2015) 等等來看，除了陝北靖邊漢墓壁畫出現較早，山東以外地區所出孔子見老子或其他與孔子有關的畫像，在數量上都無法與山東相比。

又因為靖邊的孔子見老子畫像在構圖上和山東地區的極為相似，討論這一畫像的格套，暫擬以例證較多，時代較早，山東地區所見的為起點。山東的孔子見老子畫像如同見於靖邊者，因都有榜題，可以十分確定這一畫像是(a)由相對弓身而立的孔子和老子，以及身材較矮，居中面對孔子的小童，共三人為基本構成人物；(b)老子常持曲杖，小童手持輪狀玩具或鳩車，孔子則或有鳥（雁或雉）在手

或無；(c)孔子和老子的容貌、衣冠、表情或身材通常都沒有明顯區別，甚至和眾弟子也幾乎沒有分別。較具造型特徵的反而是子路、顏淵和晏子；(d)在整體構圖上，以孔子、老子、小童以及孔、老二人身後眾弟子水平一列排開的形式為最常見。以上四點構成山東孔子見老子畫像的共同特徵，也成為我們辨識其他地區同一主題畫像的標準。

　　問題是山東的畫像特徵是否可以作為衡量其他地區畫像的標準？山東墓葬的裝飾藝術包括畫像石刻、壁畫等等，和其他地區之間有相互影響或傳播上的關係嗎？小而言之，山東和山東以外地區的孔子見老子圖在構圖風格上，是否有必然的關聯？信立祥先生考察漢畫像石各地區的聯繫和影響時，曾有以下綜合性的結論：

　　　　自西漢晚期到東漢中期，南陽、鄂北區是最發達的漢畫像石類型區。早在西漢末到王莽時期，其影響已達到河南洛陽和陝西。到東漢早、中期，其影響進一步擴大，北面到達北京周圍；西面及於四川，促進了四川、滇北漢畫像石類型區的形成；向東則把淺浮雕技法傳播到山東、蘇北、皖北和豫東區；而河南嵩洛地區的漢畫像石，更是完全處於該區的影響之下。但到東漢晚期，這一區的對外影響大大消退，山東、蘇北、皖北、豫東區則成為對外影響最大的畫像石類型區。其影響，北達京津地區，南

抵浙江，西到河南北部，甚至遠及甘肅。❼❺

簡言之，他認為早期以南陽、鄂北區的畫像石最發達，對周圍地區的影響也最大，但到東漢晚期，山東為主的類型區取代南陽成為對外影響最大的區域。信先生立論依據的主要在雕刻技法，較少涉及畫像內容或主題。

雕刻技法應曾有區域間的流播和相互影響。以雕刻技法而言，信先生的結論言而有據，相當可信。但技法的流播和畫像主題的選擇，以及構圖特徵的形成是否有必然的關聯？以孔子見老子圖的構圖和主題來說，我一時還無法找到證據可以證明：山東早期的孔子見老子畫像是受到南陽類型區的影響；以東漢晚期而言，也不易證明山東以外地區的孔子見老子圖又必是淵源自山東類型區。前文已經指出，四川唯一一件與孔子有關的畫像石，構圖上和其他區域都不相同；河南所見，有類似的，也有不同的例子。例如南陽楊官寺的基本構圖與山東的孔子見老子圖類似，但洛陽和新野的卻又有不同。

簡言之，在技法上或許各地原本有同也有異，隨著區域交流增加，有越來越多的作品明顯同時運用了陰線刻、剔地凹或凸面刻、淺和深浮雕，不易再在技法上分出彼此。此外，以壁畫、磚畫的彩繪技法和色彩而言，兩漢三、四

---

❼❺　信立祥，〈漢畫像石的分區與分期研究〉，頁299。

百年間山東、河南、陝西、甘肅和內蒙古的差異其實也不
明顯。不可否認區域間也確實存在著傳播。楊愛國和鄭岩
根據畫像題記都曾力證山東的石匠曾走出山東，遠赴今天
的河北和陝西，楊愛國和我曾推測河南內黃三楊莊出土的
「曹操墓」畫像石源自山東。❼❻我又曾推斷陝西靖邊的孔
老壁畫在構圖特色上和河南博物院藏孔老畫像磚應有一定
的關係。❼❼陝西綏德、靖邊、內蒙和林格爾的畫像雖在構
圖上和山東地區所見相似，它們是不是一定受山東地區的
影響？須要更仔細的比對和論證。

　　以構圖而言，我倒疑心上述這麼廣泛區域內的孔子見
老子圖不見得一定是「來自」某類型區或「流播」到另一
區，而可能是有共同的圖譜來源。由於源頭相同，相隔遼
遠的山東、內蒙和陝北等地區才會約略在同一時期，也就
是西漢中晚期出現了具有共同構圖特徵的孔子見老子圖。
也因為各地的工匠和作坊據圖譜依樣葫蘆，山東嘉祥一地
和附近出土的孔子見老子畫像面貌在近百年間竟然相沿少

---

❼❻　楊愛國，《幽明兩界──紀年漢代畫像石研究》，頁 132-
　　135；鄭岩，〈視覺的盛宴──「朱鮪石室」再觀察〉，《國立
　　臺灣大學美術史研究集刊》41 (2016)，頁 90–91（注 102）；
　　邢義田，〈漢畫、漢簡、傳世文獻互證舉隅〉，《古文字與古
　　代史》第五輯（臺北：中央研究院歷史語言研究所，2017），
　　頁 307（注 36）。

❼❼　參本書頁 337–342，〈過眼錄〉21。

變。當然也有少數因地方性的傳統和不同的作坊，多少有些風貌上的出入。但在構圖特徵上，總體而言，共通性明顯大於變異性。在畫像主題的選擇上各地偏好則有異。例如山東多歷史故事，河南多神異，四川多日常生活的描繪，但孔子見老子和項橐這一主題卻普遍出現。這從圖譜來源相同，或許比較容易解釋。關於圖譜的來源和重要性，後文將有進一步的討論。

　　這裡須要先提一些不得不思考的問題：漢代以歷史人物為主題的畫像很多，相對於這些人物故事，以孔子、孔子弟子或與孔子有關的題材為主題者，居於什麼樣的地位？其中與孔子有關的故事又何以獨多孔子見老子和項橐？這個故事畫像在齊魯之地與在其他地區是否具有不同的意義？如有不同意義，其異何在？如果相同，又為何如此？長期以來大家無不同意以孔子為代表的儒家思想在東漢已居於主導地位，巴蜀、關中、關東都盛行儒學，為何在今四川、陝西、河南的墓葬和祠堂中，與孔子有關的主題裝飾比山東地區少？今天山西、河北和安徽地區也出土不少漢畫像石或壁畫，但幾乎完全無例可考？又眾人皆知，東漢讖緯之學盛行，緯書描述孔子體貌大異於常人，明顯企圖為孔子塑造一個如同三代聖王，具有天命，所謂「素王」獨特的形象。但為何畫像中的孔子不但不像「王」，反而與一般常人或漢代儒生士大夫的體貌和裝束幾乎無別？孔子和老子是畫像的關鍵人物，又是不同思想流派的開山祖師，

為何畫工、石匠卻少有意圖去突顯二人內在或外在的差異，
或人物的個性？還有很多相關問題可以繼續羅列。我相信
如何回答上述問題，對了解西漢中晚期至東漢末年畫像石、
磚和壁畫流行地區的社會風尚、思想狀態都十分重要，也
都值得作更多的思考和討論。

孔子見老子畫像的社會、思想史意義

　　漢代距離孔子的時代約五、六百年，比兩千年後的今
天要近得多。那時能見到的有關孔子和弟子的事蹟或故事，
都遠多於今天。近數十年出土的戰國至漢代簡帛典籍中有
頗多和孔子相關，而為傳世文獻所無。漢代人根據所見所
聞，如果要在畫像上表現孔子的事蹟或故事，可以選擇的
題材很多。稍稍回顧孔子的一生，從他的出生和身世、求
師問學、入仕為官、求售諸侯到失意返魯、教授弟子和編
訂《詩》、《書》、《易》、《禮》、《春秋》等。單單從弟子記
錄他的言行就有太多太多的故事可以「視覺化」成為圖像。
例如武氏祠曾出現他處所無，唯一和何饋有關的孔子畫像。
奇怪的是除了這一例，今天所能察考到的七十多件漢代墓

室、石槨、祠堂畫像和墓室壁畫中，為什麼偏偏獨多孔子見老子這一個故事？即便其中有偶然的成分，我仍然相信這是有意選擇的結果。

　　這樣選擇的因素應該很多，今天已難以完全明白。其中的關鍵似乎應在於孔子見老子故事具有的多面性，在意涵上比其他孔子的故事都要豐富。祠墓主人或其家人選擇這一題材，比較能夠從多重的角度，作不同的解釋，或作各種性質的自我延伸或投射，滿足主觀或客觀的需要。以下各節將分別剖析這一多面性。

1.漢人心目中的孔子和老子（附：晏子、周公、左丘明）

　　漢人心目中的孔子和老子本來就是面目多端，且隨時代而有多層次的變化。這是一個大問題，不是目前這篇小文所能完整處理的。以下僅就與畫像相關者，略提幾點看法。

　　首先必須指出，如果要探討漢人心目中的孔子與老子，近代學者喜歡爭論的問題：歷史上是否真有老子其人？老子與老聃是否為同一人？孔子和老子孰先孰後或同時代？孔子事實上是否曾問禮於老子？等等其實都變得不那麼重要。重要的是漢代人如何「相信」、「想像」或「看待」孔子和老子，他們又以為孔子和老子之間有什麼樣的關係，並將他們所相信的反映在畫像上。換言之，本文關切的並

不是所謂的歷史客觀事實或所謂的「真像」，而是如何透過傳世、出土文獻和畫像一窺漢代人主觀的想法或想像。

　　一般而言，漢代人相信確有老子或老聃其人，也相信孔子曾向他求教、問禮或問道。就可考的資料來看，孔子見老子或老聃傳說的一大來源是《莊子》。《莊子》外篇〈天地〉、〈天運〉、〈天道〉、〈田子方〉、〈知北遊〉都有孔子見老聃的故事。〈天道〉篇提到老子，或稱老聃，或稱老子；〈天運〉篇中老聃與老子兩個名字交互出現在同一段落的對話中。這兩篇都將老聃和老子當作同一個人。《呂氏春秋・當染》提到「孔子學於老聃」。《禮記・曾子問》有曾子問禮，孔子以「聞諸老聃曰」作答數事。《韓詩外傳》卷五也說：「仲尼學乎老聃」。《史記・老子韓非列傳》則說孔子適周，「問禮於老子」。太史公於同傳又提及周太史儋，於太史儋與老子是否為一人，不敢定。史公謂孔子之後一百二十九年，有周太史儋，「或曰儋即老子，或曰非也，世莫知其然否」。又〈孔子世家〉謂孔子「適周問禮，蓋見老子云」，於孔子所問對象是否為老子，亦出以疑設語氣。此後，《新序・雜事五》、《潛夫論・讚學》、《白虎通・辟雍》和摻雜有早期材料而成書或晚的《孔子家語・觀周》，都說孔子學乎老聃。《論衡・知實》則說孔子「見老子」。

　　老聃是否即老子，漢代一般人似乎不像太史公那般深究。漢畫像榜題以目前所見都題作「老子」，無一作「老聃」，可知漢代文獻雖多稱孔子學乎老聃，實則漢人多視老

子與老聃為一人。桓帝時，陳相邊韶作〈老子銘〉，以為孔子「年十有七學禮於老聃。計其年紀，聃時已二百餘歲，聃然老旄之貌也。孔子卒後百二十九年，或謂周大史儋為老子，莫知其所終」。他基本追隨司馬遷之說，不曾質疑孔子是否問禮於老子，甚至以「聃然老旄之貌」解釋兩百多歲的老聃之所以得名。❼❽ 又《戰國策・楚策四》有老萊子教孔子，《莊子》雜篇〈外物〉也有孔子問老萊子的事。不過，《史記・仲尼弟子列傳》謂孔子嚴事老子、老萊子；《漢書・藝文志》有《老子》，另有《老萊子》十六篇。武氏祠石刻既有老萊子娛親，也有孔子見老子的畫像。可見漢代人一般或不區分老子與老聃，卻明白將老子和老萊子當作兩個不同的人看待。❼❾

　　總之，不論孔子見老子或老聃是否是事實，這事在漢代既見於經書，也見於史傳、雜記，漢代人幾乎沒有不相信的。《禮記・曾子問》鄭玄注謂：「老聃，古壽考者之號也，與孔子同時。」鄭玄之語應足以反映一種東漢中晚期普遍的認識。據說，與邊韶先後的孔融往見李膺，以李君通家子弟通報求見。膺「問曰：『高明祖父嘗與僕有恩舊乎？』融曰：『然。先君孔子與君先人李老君同德比義，而相師

---

❼❽　洪适，《隸釋》，洪氏晦木齋刻本，卷三，頁 1 下。

❼❾　但也有不同的看法，參李零，《郭店楚簡校讀記》（北京：北京大學出版社，2007 年增訂本）附錄二〈老李子老萊子——重讀《史記・老子韓非列傳》〉，頁 198–202。

友，則融與君累世通家。』眾坐莫不歎息。」（《後漢書・孔融傳》）孔融的回答和「莫不歎息」的眾人也反映出漢代士人將老子與孔子同時代而相師友一事視為當然。以孔子見老子入畫像，是將他們相信、熟悉和喜歡的一個故事視覺形象化，殆無疑義。這是論孔子見老子畫像的社會和思想史意義，須要指出的第一點。

　　其次，我們須要看看漢世所傳誦老子與孔子故事的具體內容，從這裡不難見到他們之間的關係可以有多方面的意義。有關的故事主要見於《莊子》外篇、《史記》和《禮記》。今本《莊子》外篇中的故事可以說都是莊周一派弟子為張揚己說而刻意編派出來的。如果太史公所記老聃或李耳的兒子曾為「魏將」是可信的，老聃或李耳只可能是遠在孔子之後的戰國時人，孔子和老聃事實上不可能見面問禮。❽先秦諸子書中將不同時代的人編派在一起而借題發揮的，不一而足。《莊子》一書這麼說，當時的人並不會覺得特別奇怪，漢代人一般也並不深究。只有實事求是的司馬遷會注意到時代上的矛盾。他收錄孔子問禮於老子的傳

---

❽　相關的討論與意見極多。錢穆，〈孔子與南宮敬叔適周問禮老子辨〉，《先秦諸子繫年》（香港：香港中文大學，1956），頁 4–8；高亨，〈史記老子傳箋證〉，《老子正詁》（北京：中國書店，1988），頁 153–187。錢主孔子見老子一事不可信，高主必有其事。僅舉二說為代表，因非本文主旨，不多申論。

說，只得藉用傳說中老子有百六十餘歲，或言二百餘歲之說來彌縫兩人間的時代差距。

《莊子》書中相關故事的共同特點是孔子成為老聃或其他人教訓或揶揄的對象。外篇〈天地〉有「夫子問於老聃」，關於辯者「離堅白」說的一段。這個「夫子」據陸德明說是仲尼，後世注家都沒有異議。❽仲尼問：「有人治道若相放，可不可，然不然。辯者有言曰：『離堅白，若縣寓。若是則可謂聖人乎？』」所謂可不可，然不然，離堅白等語明明是〈秋水〉篇所記公孫龍之言。春秋時代的孔子不可能向老子請教戰國時人的說法。戰國時人編派故事不顧時間倒置，本是常事。老聃的答話，除了批評這些辯者是「勞形怵心者也」，也告訴孔子應「忘乎物，忘乎天，其名為忘己。忘己之人，是之謂入於天」，將孔子大大教誨了一番。

《莊子》裡的老聃見解超人一等，孔子只有受教聽命。〈天道〉篇說孔子打算將自己所修的書，藏於周室。子路建議往見老聃，孔子同意。奈何老聃不許。孔子於是演說「十二經」，老聃嫌其太蕪譾，令言其要旨。孔子說「要在仁義」，老聃於是又教其「放德而行，循道而趨，已至矣，又何偈偈乎揭仁義，若擊鼓而求亡子焉？意，夫子亂人之

---

❽　參王叔岷，《莊子校詮》（臺北：中央研究院歷史語言研究所，1988），頁 437–438。

性也」，將孔子又教訓一頓。陸德明《釋文》「十二經」下
云「說者云：『《詩》、《書》、《禮》、《樂》、《易》、《春秋》
六經，又加六緯，合為十二經也。』一說云：『易上下經並
十翼為十二。』又一云：『春秋十二公經也。』」王叔岷《莊
子校詮》以為「《釋文》前說是」。❸ 如十二經為六經加六
緯，則這個故事有可能摻雜有漢代的成分。王先謙即認為
十二經為「漢人語」。❸

　　〈天運〉篇有四段孔子及弟子與老子對話的故事，大
體上都是藉老聃之口，闡述道家的道理，並奚落孔子和他
的弟子一番。其中有一段「孔子見老聃而語仁義」，老聃的
答話和〈天道〉篇所記的語句有些不同，意思基本上則一
致。〈天運〉篇另有三段為〈天道〉篇所沒有的記載。一段
是「孔子行年五十有一而不聞道，乃南之沛見老聃」，老聃
告以「道」不可獻，不可進，不可告人，不可與人。另一
段是「孔子見老聃歸，三日不談。弟子問曰：『夫子見老
聃，亦將何規哉？』」孔子答以「吾乃今於是乎見龍」云云。
孔子將老聃比為龍一事，也見於《史記·老子韓非列傳》、
《論衡·知實》等漢代記載。還有一段是子貢聽了孔子的
回答後，也去見老聃，問三皇五帝之治。老聃答以三皇五

---

❸　參王叔岷，《莊子校詮》（臺北：中央研究院歷史語言研究
　　所，1988），頁488。

❸　參王叔岷，《莊子校詮》（臺北：中央研究院歷史語言研究
　　所，1988），頁474。

帝之治，「亂莫甚焉」。子貢聞之，「蹴蹴然立不安」。最後
一段是孔子以六經問老聃，老聃以為六經乃「先王之陳迹
也」，孔子為之不出三月。後復見老聃曰：「丘得之矣。……
久矣夫丘不與化為人，不與化為人，安能化人！」老子曰：
「可。丘得之矣！」這一段顯示孔子對老子的道理全然臣
服。

　　〈田子方〉篇有一段老聃新沐，方被髮而乾。孔子往
見，老聃為言何為「遊心於物之初」，何為「至人」之方。
孔子出，以告顏回曰：「丘之於道也，其猶醯雞與！微夫子
之發吾覆也，吾不知天地之大全也。」這一段也是表現孔子
自慚對道的認識不過是甕中小蟲之見，如果不是老子的開
導，則不知天地之大。〈知北遊〉則記孔子問老聃何為「至
道」，老聃為之申說至道之「崖略」。

　　總之，《莊子》外篇的這幾段故事，無不在藉老聃之
口，以道家的道理，奚落甚或羞辱孔子一番。顧頡剛先生
以為這是戰國末，老子一派不敵儒家，為爭「學術的領導
權」，乃「有計畫的宣傳」老子為孔子之師。⃝84不論事實是
否如此，這些故事流傳到漢世，影響了漢代人對孔子和老
子的認識，則無可懷疑。⃝85

⃝84　顧頡剛，《秦漢的方士與儒生》（臺北：里仁書局，1985），
　　　頁 38–39；謝祥皓，〈略談莊子中的孔子形象〉，《齊魯學刊》
　　　5 (1985)，頁 86–90。

⃝85　關於《莊子》在漢代的流行，可參王叔岷，〈淮南子與莊

　　大致來說，孔子在漢世雖隨著儒學的發達，地位日高，不過並沒有像漢世以後達於絕對獨尊的地位。對漢代儒生而言，孔子是堯、舜、禹、湯以降，古聖的最後一位。他能成為聖人，是因為他「脩成康之道，述周公之訓」（《淮南子・要略》）。在漢儒的心目中，周公的地位極高。《史記・太史公自序》裡司馬談曾說「天下稱誦周公」，而孔子是追隨周公的，所謂「孔子習周公者也，顏淵習孔子者也」（《法言・學行》）。漢儒以為追隨古聖，效法的對象可因本身身分而有區別。鹽鐵之議時，文學說：「夫為君者法三王，為相者法周公，為術者法孔子，此百世不易之道也。」（《鹽鐵論・刑德》）為君、為相和為術者地位不同，可視為三等；其所法之三王、周公和孔子的地位，也就有別。

　　文學的「三等說」頗為寫實。在漢代，士大夫的確常以「法三王」勉勵天子，漢天子如武帝，也以「五帝三王之道」為念，因而詔舉賢良對策。周公制禮作樂，輔佐成王，乃屬為相之事。武帝臨終以周公輔成王圖賜霍光（圖16），即以周公期許霍光；位居宰輔的霍光或王莽，也以周公自勉或自視。

　　所謂「為術者」，是指一般以經術用世的儒生。漢世儒生師法孔子，立德修身，以備學而優則仕。其尤優者如果

子〉，《清華學報》新二卷 1 期 (1960)，頁 69–81；饒宗頤，〈戰國西漢的莊學〉，載饒宗頤，《選堂集林：史林》（臺北：明文書局，1982），頁 149–156。

畫外之意

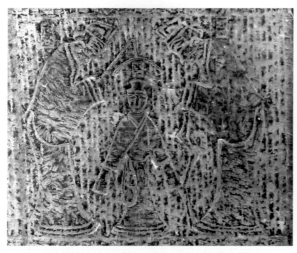

圖16　山東嘉祥武氏祠藏　周公輔成王有榜自左至右：周
公、成王、召公畫像

有「周、召之德」、「周、召之風」，則可位極人臣，為丞相
或三公。《古文苑》卷十收有董仲舒〈詣丞相公孫弘記室
書〉說：「君侯以周、召自然休質，擢升三公」就是一例。
在師法不同的觀念下，周公的地位無疑較孔子高。漢人常
並稱「周、孔」，甚至鏡銘裡也有「聖人周公魯孔子」的
話；❽稱述上先周後孔，非出偶然。漢人相信周公制禮作
樂，為禮樂之制作者；禮壞樂崩之後，孔子從周，傳述禮
樂，其功自非周公之匹。

---

❽　漢許氏鏡，見馮雲鵬、馮雲鵷輯，《金石索》，《續修四庫全
　　書》本（上海：上海古籍出版社，1995）影清道光滋
　　陽縣署刻後印本，頁257。

　　這一點從漢代對周、孔的禮祀待遇也可看出端倪。獻帝時，益州太守高眹曾在成都文翁石室旁修周公禮殿，據他的〈脩周公禮殿記〉，周公禮殿「始自文翁」。**❽**如果這個說法可信，漢代自文翁開始的郡國學是以周公為禮祀的對象。高眹「循舊，築周公禮殿」**❽**已在漢末，沒有提到是否另有孔子禮殿。據《漢書·梅福傳》，直到成帝時，仲尼之廟尚「不出闕里」。闕里者乃孔子家廟，無關乎國家祀典。

　　如此，漢世地方上或有周公禮殿，除闕里之外卻可能一直沒有孔子廟。《玉海》卷五十七「漢禮殿圖·文翁學堂圖」條引《益州記》云：「成都學有周公禮殿……益州刺史張收畫盤古、三皇、五帝、三代君臣與仲尼七十弟子於壁間。」據宋代黃休復所著《益州名畫錄》引《益州學館記》，張收是西晉太康時人。**❽**又《學館記》謂高眹修周公禮殿，仲尼七十二弟子圖即繪在周公禮殿的梁上。《學館記》所記如可信，對孔子及弟子的禮祀明顯是附屬於周公之下。《續漢書·禮儀志上》載：「明帝永平二年三月，上始帥群臣躬養三老、五更于辟雍，行大射之禮。郡、縣、道行鄉飲酒于學校，皆祀聖師周公、孔子，牲以犬。」這種學校禮祠周

---

❽　《隸釋》，卷一，頁 13 下。

❽　《隸釋》，卷十一，頁 13 上。

❽　黃休復，《益州名畫錄》，收入盧靖輯，《湖北先正遺書》（沔陽：盧氏慎始基齋，1923），卷下，頁 6 下。

公、孔子並列，甚至以周公為主，孔子附屬的情形，相沿甚久，直到唐代才完全轉變。**⑨⓪**

　　老子在先秦典籍裡一直是一位富有智慧，較孔子高明的人物。這不只在前引的《莊子》外篇中是如此，《韓非子》〈解老〉、〈喻老〉兩篇也將老子所說的無為視為法治的最高境界。在《呂氏春秋‧貴公》中還有一個有趣的故事：

> 伯禽將行，請所以治魯。周公曰：「利而勿利也。」
> 荊人有遺弓者，而不肯索，曰：「荊人遺之，荊人得
> 之，又何索焉?」孔子聞之曰：「去其『荊』而可
> 矣。」老聃聞之曰：「去其『人』而可矣。」故老聃則
> 至公矣。天地大矣，生而弗子，成而弗有，萬物皆
> 被其澤，得其利，而莫知其所由始。此三皇五帝之
> 德也。

〈貴公〉篇的作者藉孔子回應遺弓佚事及老聃評孔子的回

---

⑨⓪　參仁井田陞原著，栗勁等編譯，《唐令拾遺》（長春：長春出
　　　版社，1989），〈學令第十〉，頁175；《通典》，《十通》本
　　　（上海：商務印書館，1935），禮十三，吉十二，「孔子祠」
　　　條。相關研究可參黃進興，《優入聖域：權力、信仰與正當
　　　性》（臺北：允晨文化公司，1994；西安：陝西師範大學出
　　　版社，1998；北京：中華書局，2010）、《皇帝、儒生與孔
　　　廟》（北京：生活‧讀書‧新知三聯書店，2014）。

應，以彰顯老聃的境界比孔子更為高遠，更大公無私。**❾❶**

　　這幾十年來，戰國晚期的簡帛典籍出土越來越多，也有很多簡帛書籍流傳市場又被上海博物館或清華大學等學術單位收購並研究。其中一個為人矚目的現象是典籍內容基本上多與儒、道兩家有關。湖北荊門郭店一號楚墓出土竹簡中既有三種簡式不同的《老子》，輯入《語叢四》的部分則有和《莊子・胠篋》相同的殘文，另外更有很多和儒家有關可考或失傳的篇章。相關討論極多，論文專書以千數，這裡不擬贅述。總之，漢初崇尚黃老，老子地位之高自不待言。屬於文帝時代的長沙馬王堆墓出土帛書中，有兩種《道德經》以及數種與黃帝有關的抄本，卻只有《周易》一種與孔子有關的典籍，這就頗能反映哪一派才是漢初思想的主流。

　　武帝以後，儒學雖漸盛，司馬遷作《史記・老子韓非列傳》，收載孔子問禮於老子的傳說，並且記載老子教誨孔子應「去子之驕氣與多欲，態色與淫志」。孔子歸告弟子：「吾今日見老子，其猶龍邪！」〈孔子世家〉則記載了老子對孔子另一番不同的教誨。司馬遷在〈老子韓非列傳〉的太史公曰裡評論老、莊、申、韓之旨皆原於道德，「而老子深遠矣」。他特別推崇老子，又將孔子安排入世家，對孔子

---

❾❶　《公孫龍子・迹府》有仲尼評論遺弓類似的故事，但重點不同，不贅。

也不可謂不尊。太史公崇道又尊儒，漢世儒生實際上一般
也是如此。

　　不過這裡不得不先辨明一事。司馬遷在〈老子韓非列
傳〉裡有這樣幾句話：「世之學老子者則絀儒學，儒學亦絀
老子。『道不同不相為謀』，豈謂是邪?」這幾句看來似乎表
示儒道之相絀不相謀，其實可能話中有話，另有所指。景、
武之世，竇太后好《老子》書，召問博士轅固，固曰：「此
家人言耳。」太后大怒，乃使固入圈擊豕（《漢書‧儒林傳》）。
約略同時，竇嬰、田蚡、趙綰等人「務隆推儒術，貶道家
言」（《漢書‧田蚡傳》），這種儒道不相謀的態勢結果掀起一
場政治上的大風暴。竇嬰、田蚡和趙綰被逐的被逐，免官
的免官。司馬遷所謂「世之學老子者」云云疑非泛指，而
暗指竇太后一幫人；所謂「道不同不相為謀」，和當時朝廷
當權各派的崇儒或隆道風波有一定的關聯。因此我們不宜
從司馬遷這些話去推論漢初儒生的一般態度。

　　老子和孔子的人生與政治思想有不小的歧異，但是漢
初學者從韓嬰、賈誼、陸賈到一代大儒董仲舒都受到黃老
不小的影響。他們並不排斥老子，甚至將老子所說的融入
自己的思想。❾❷漢儒幾乎無人不讀《道德經》。《漢書‧藝
文志》收有《老子鄰氏經傳》、《老子傅氏經說》、《老子徐
氏經說》，大儒劉向也有《說老子》四篇。流傳到現在的還

---

❾❷　金春峰，《漢代思想史》，頁 52–71。

有《老子河上公章句》和嚴遵的《道德指歸》。漢人將《老子》五千言和五經一樣稱作「經」，為之作經傳、經說，作章句，這是〈藝文志〉著錄中除了儒家，其他諸子所沒有的待遇。從此可以看出老子在漢代的特殊地位。

東漢以後，儒學大盛，黃老仍受喜愛。❸到畫像發達的東漢桓、靈時期，老子的地位更為升高。桓帝曾兩度遣人祠老子於苦縣（《後漢書・桓帝紀》）。又據《三國志・倉慈傳》注引《孔氏譜》：「漢桓帝立老子廟於苦縣之賴鄉，畫孔子象於壁；〔孔〕疇為陳相，立孔子碑於像前，今見存。」畫孔子像於老子廟壁，可見漢末以來老子高漲的地位而孔子僅成附屬陪庸。❹獻帝時曲阜的孔子家廟毀於火。這引起魏文帝的關注。黃初二年，文帝「令魯郡脩起舊廟」。（《魏書・文帝紀》）黃初三年，文帝又告豫州刺史「老聃

---

❸ 　鍾肇鵬，〈論黃老之學〉，《世界宗教研究》2 (1981)，頁 75–98；吳光，《黃老之學通論》（杭州：浙江人民出版社，1985）。關於漢初的儒道之爭，可參熊鐵基，《秦漢新道家略論稿》（上海：上海人民出版社，1984），頁 146–159。

❹ 　按酈道元注，楊守敬、熊會貞疏，段熙仲點校，陳橋驛復校，《水經注疏》（南京：江蘇古籍出版社，1989），卷二十三〈渦水〉，桓帝建和三年孔疇立孔子碑於老子廟前（頁1945），又提到老子廟側有孔子廟。楊守敬以為「廟」為「像」之誤字。參饒宗頤，〈釋、道並行與老子神化成為教主的年代〉，《燕京學報》新 12 期 (2002)，頁 1–6。

賢人，未宜先孔子。不知魯郡為孔子立廟成未？漢桓帝不
師聖法，正以嬖臣而事老子，欲以求福，良足笑也」。**❾⁵**文
帝的話其實反映了孔子廟，火災後，無人重修，以及老子
受歡迎，地位「先」於孔子的情形。**❾⁶**

　　大概從先秦以來，不論儒、道都以為治身之道與治國
之道是相通的，而治國可以從治身作起。**❾⁷**在治國與治身

---

❾⁵ 高楠順次郎、渡辺海旭編輯，《大正新脩大蔵經》(東京：大
正一切經刊行会，1924–1932)，第五十卷史傳部二《續高
僧傳》卷二十三〈周新州願果寺釋僧勔傳五〉，頁630。

❾⁶ 按魏文帝時，魯相上言漢舊有孔子廟，今未有命祭之禮，宜
給牲牢，長吏奉祀，文帝下三府議。司空崔林議以為「今周
公已上，達於三皇，忽焉不祀，而其禮經亦存其言。今獨祀
孔子者，以世近故也。以大夫之後，特受無疆之祀，禮過古
帝，義踰湯、武，可謂崇明報德矣，無復重祀於非族也。」
(《三國志‧魏書‧崔林傳》)崔林指出獨祀孔子，禮過古
帝，並非孔子有獨高的地位或貢獻，僅僅是因為「以世近故
也」。這反映了漢末至魏一部分士大夫對孔子的態度。換言
之，魏文帝令修孔子廟，可能並不意味著獨尊孔子，只是認
為孔子地位應在老子之上，卻非必超越其他古聖。這種態
度，後來的裴松之十分不滿。裴松之注認為孔子「踰於群
聖」，而崔林「守其蓬心以塞明義，可謂多見其不知量也」。
從這裡也可以看出孔子地位的提升是一個緩慢的過程，最少
在漢末至魏，還不能真正完全超越群聖，達於獨尊。

❾⁷ 關於這一點，馮友蘭的討論甚為精闢。參馮友蘭，《中國哲

兩方面，根據漢人的記述，老子都有超越孔子之處。儒家言治國，重視禮制。在太史公的記載中，老子是周的守藏史，比孔子更熟知古代的禮制。《禮記・曾子問》記錄有四件曾子問禮，孔子以「吾聞諸老聃曰」來回答的事。孔子言禮，以老聃為據，讀禮的漢代儒生如何能不承認老聃在禮制上的地位？白虎觀議經，大儒論喪服，徵引的仍不外是〈曾子問〉孔子聞諸老聃的幾句（見《白虎通・喪服》）。

在治身方面，儒家言修身，著重的是從正心誠意開始，成就道德上的修為；老子及道家著重的是長生久視，甚或超脫物外，成仙不死。在這方面，對一般人而言，老子之說無疑要比孔子之說更具吸引力。事實上漢儒除重修身，也講養生。《韓詩外傳》卷一謂：「君子……以治氣養性，則身後彭祖；修身自強，則名配堯禹。」《春秋繁露・循天之道》一篇說的更完全是養生之術。王充在《論衡・道虛》中反神仙，但他晚年也養氣自守，愛精自保，著《養性》之書十六篇，「庶冀性命可延，斯須不老」（《論衡・自紀》）。

雖然如此，傳說中講求長生養壽之術的老子，其魅力無疑在孔子之上。《史記・老子韓非列傳》說：「蓋老子百有六十餘歲，或言二百餘歲，以其脩道而養壽也。」《老子》第五十九章言「長生久視」之道。後來的神仙家大約利用

學史新編》第二冊（北京：人民出版社，1984 第 2 版），頁197–215。馮先生認為黃老之學的要點即在將治身與治國連結起來。又可參金春峰，《漢代思想史》，頁 381。

這樣的傳說和記載，將老子神仙化。據說劉向作《列仙傳》，即列老子於傳中。《隋書‧經籍志二》雜傳序說：「劉向典校經籍，始作《列仙》，《列士》，《列女》之傳。」《抱朴子內篇‧論仙》則較詳細地說劉向《列仙傳》有仙人七十餘人，「自刪秦大夫阮倉書中出之，或所親見，然後記之」。秦大夫阮倉不知何許人，或是秦代時人。劉向校書祕閣，利用阮倉的書刪輯成《列仙傳》。阮倉書中是否列有老子，不可知；但將老子當仙人或知長生不死之術者看待，在劉向以前已然。最少司馬遷寫《史記》時，老子已經是一位知脩道養壽，或言二百歲，「莫知其所終」的神祕人物。

東漢以後，黃帝和老子在當時許多人心中都是掌握長生之術的人。《論衡‧道虛》篇說：「世或以老子之道為可以度世，……夫人以精神為壽命，精神不傷，則壽命長而不死。成事：老子行之，踰百度世，為真人矣……或時老子，李少君之類也，行恬淡之道，偶其性命亦自壽長。」世人以老子為李少君之類，是認為老子乃知神仙術的方士；稱他為度世的真人，則明明視老子為神仙了。桓帝延熹八年祀老子，就不是因為崇拜老子的治術，而是如《續漢書‧祭祀志》中所說因「好神僊事」。

老子在東漢被認為是知仙術，或長生不死的神仙，甚至是超越神、人之上，與道俱化的宇宙主宰。這可以從邊韶的〈老子銘〉和序清楚地看出來。〈老子銘〉序說：

其二篇之書，稱天地所以能長且久者，以不自生也。厥初生民，遺體相續，其死生之義可知也。或有浴神不死，是謂玄牝之言。由是世之好道者，觸類而長之。以老子離合於混沌之氣，與三光為終始。觀天作讖（缺）降斗星，隨日九變，與時消息，規矩三光。四靈在旁，存想丹田，大一紫房，道成身化，蟬蛻渡世。自羲農以來（缺）為聖者作師……❾❽

據好道者的推衍，老子不但是「道成身化，蟬蛻渡世」的仙人，更「與時消息，規矩三光」。與時消息者，超越時間，故能在古今之間幻化無常，自羲農以下，歷為聖者之師；規矩三光者，統御日、月、星，成為天、人的主宰。這是老子不同於一般神仙，而且超越一般神仙之處。邊韶在銘辭中接著說老子「出入丹廬，上下黃庭。背棄流俗，舍景匿形。苟元神化，呼吸至精。世不能原，卬其永生」。又說：「羨彼延期，勒石是旌。」這些話流露出當時人所看重的乃在老子長生不死的一面。

邊韶作〈老子銘〉在桓帝延熹八年，這時正是漢末各種畫像流行的主要時期。較邊韶為晚，靈、獻時代的高誘注《呂氏春秋・不二》篇說：「關尹，關正也，名喜，作《道書》九篇，能相風角，知將有神人，而老子到。喜說

---

❾❽　《隸釋》，卷三，頁 1 下至 2 上。

之，請著《上至經》五千言，而從之遊也。」姑不論《上至經》之名是否有誤，**⑨⑨** 高誘稱老子為神人，可見老子在東漢，最少在好道者的心中是以神人、真人或仙人的姿態存在。

邊韶對老子的記述和高誘的注，是我們了解當時人們喜以老子入畫像的第一手好資料。好長生求仙的不只桓帝一人，而是普遍的風氣。《牟子理惑論·序》提到靈帝以後，天下大亂，北方異人往交州者頗多，「多為神仙辟穀長生之術，時人多有學者」。又說：「為道者或辟穀不食，而飲酒啖肉，亦云老氏之術也。」老氏即老子。從此可知老子在桓、靈之世的形象。這時流行的孔子見老子圖，不論其實質或象徵意義，至少有一部分必須從老子知長生不死、乃神人或仙人這一角度去理解。**⑩⑩**

***

⑨⑨ 北京大學藏漢簡《老子》有簡背標題曰老子上經和老子下經，頗疑此處上至經或為上下經之訛。參北京大學出土文獻研究室編，《北京大學藏西漢竹書（貳）》（上海：上海古籍出版社，2013）。

⑩⑩ 《牟子理惑論》的著作時代頗有爭論，湯用彤以為乃漢末之書（《漢魏兩晉南北朝佛教史》，長沙：商務印書館，1938，頁73–80），呂澂以為係晉宋之間的著作（《中國佛學源流略講》，北京：中華書局，1979，頁23–27）。呂澂如此主張，主要是因為書中提到與佛教有關的部分頗多錯誤可疑之處。不過他也承認書中所述的許多情況與漢末相合。我相信用本

更有甚者，不少人相信孔子及弟子早已成了神仙。孔子被神仙化並不出奇。1981 年兗州農業技術學校出土的西漢中晚期石槨上，孔子和老子分別出現在不相連的左右畫框中，畫面結構頗為類似。他們身旁各有鳥，有似龍似虎

書所述來討論漢末風氣應不離譜。此外，《老子河上公注》、《老子想爾注》都是可以看出老子神仙化的好材料，但是這兩種注的成書時代爭議太多，暫時不論。參王明，〈《老子河上公章句》考〉，載《道家和道教思想研究》（北京：中國社會科學出版社，1984），頁 293–323；金春峰，《漢代思想史》，頁 377–394；饒宗頤，《老子想爾注校箋》（香港，方繼仁，1956），頁 87–101；〈老子想爾注考略〉，《選堂集林》上，頁 329–359；楠山春樹，《老子伝說の研究》（東京：創文社，1979），頁 21–198，239–272。關於邊韶的〈老子銘〉，可參楠山春樹，〈邊韶の老子銘について〉，《東方宗教》11 (1956)，頁 41–60；劉屹，〈論老子銘中的老子與太一〉，《漢學研究》21: 1 (2003)，頁 77–103。關於老子的神仙化，可參 Anna K. Seidel, *La divinisation de Lao tseu dans le taoisme des Han* (Paris: École française d'Extrême-Orient, 1969), p. 71；此書有日文版〈漢代における老子の神格化について〉，載吉岡義豐、ミシェル・スワミエ編修，《道教研究》第三冊（東京：豐島書房，1968），頁 5–77；砂山稔，〈道教と老子〉，載福井康順等監修，《道教》第二卷（東京：平河出版社，1983），頁 5–37；楠山春樹，《老子伝說の研究》，頁 301–348；姜生，〈漢畫孔子見老子與漢代道教儀式〉，頁 46–58。

或無以名之的異獸和繚繞的雲氣紋（這樣有雲氣紋的孔子見
老子畫像也見於前引陝西靖邊老墳梁漢墓壁畫（圖 2.1–2.2）、河南
博物院藏畫像磚以及山東滕州市官橋鎮車站村出土的東漢石槨）
（圖 17）。熟悉漢代裝飾藝術的人都知道，飛鳥、珍禽異
獸和雲氣是漢人用以描繪或襯托祥瑞、天上、非現實世界
或神仙世界不可少的元素。被這些襯托著的老子無疑已被
視為神仙中人，而有類似襯托的孔子，恐怕也不再是凡夫
俗胎了。**[101]**

　　徵之西漢中晚期開始大為流行的讖緯圖書，這時的孔
子被某些人神仙化，應屬自然之事。《牟子理惑論》甚至
說：「道家云：『堯、舜、周、孔、七十二弟子皆不死而

圖 17　山東滕州市官橋鎮車站村出土東漢石槨畫像

---

[101]　詳見邢義田，〈漢畫解讀方法試探——以「撈鼎圖」為例〉，
　　　載邢義田，《畫為心聲：畫像石、畫像磚與壁畫》（北京：中
　　　華書局，2011），頁 429–431。

仙。』」《牟子理惑論》成書的時代難定，不過去漢末不會太
遠；其所引錄的道家之說，應該不是憑空虛構，無中生有。
如《牟子理惑論》所引確能反映漢末某些人的認識，則孔
子見老子一事在儒生口中是去問禮，在方士或好道者口中
就該是去問神仙了。齊地本是方士和好道者的故鄉，齊魯
相連，這一帶如果曾經有搢紳不言、司馬遷不錄、與孔子
相關的奇譚異說，一點也不足為怪。孔子見老子圖大量出
現在齊魯一帶漢末的畫像裡，正可反映它能符合不同想法
之人的不同想像和需要。

　　神人或仙人和凡人最大的不同在凡人有生必有死，而
神仙乃超脫於生死之外。以孔子為代表的儒家哲學，基本
上重視「生」，對「死」採存而不論的態度。孔子說：「未
知生，焉知死？」（《論語‧先進》）死後是否有知？是古人常
提出的一個疑惑。這個問題，從漢人的記載看來，孔子也
是有意避開不談。《說苑‧辨物》有一段子貢問死後是否有
知的故事：

　　　子貢問孔子：「死，人有知將無知也？」孔子曰：「吾
　　欲言死者有知也，恐孝子順孫妨生以送死也；欲言
　　死者無知，恐不孝子孫棄不葬也。賜欲知死人有知
　　將無知也，死徐自知之，猶未晚也。」

類似的問答也見於《論衡‧薄葬》和《孔子家語‧致思》。

為了維繫今世的孝道，儒家固然可以避開死後世界的問題
不談，但這就不能減輕人們面對死亡時的恐懼，也不能滿
足人們對死後世界的疑惑。作為神人，離合於混沌之氣，
與三光為終始，蟬蛻渡世的老子，在安慰死者和死者親屬
的作用上，要較孔子和他的教誨高出多多。《老子》五千言
教人長生久視之道，謂：「天地所以能長且久者，以其不自
生，故能長生。是以聖人後其身而身先，外其身而身存。」
（第七章）若不能師法天地之長久，也可以視「生」如在天
然的束縛（天弢、天袟）之中，忽焉一時，本不足惜，死乃
大歸，事之自然，又何哀何悲？《莊子·知北遊》孔子問老
聃至道的一節中，老聃即明白揭示了生死的意義：

> 人生天地之間，若白駒之過郤，忽然而已。注然勃
> 然，莫不出焉；油然漻然，莫不入焉。已化而生，
> 又化而死，生物哀之，人類悲之。解其天弢，墮其
> 天袟，紛乎宛乎，魂魄將往，乃身從之，乃大歸乎。

漢代墓室或祠堂中的孔子見老子圖，是否也在顯示一生服
膺儒教又心羨老子的墓主及其同一社會階層的人，在人生
的最後階段，也要像孔子一樣，向神人老子問問最後的歸
宿，尋覓些許心理的慰藉呢？我相信這是漢墓裝飾在無數
可選的孔子故事中，獨鍾孔子見老子故事的關鍵理由。
　　另外在思想或社會史的意義上必須一考的是出現在孔

子眾弟子行列中的人物——晏子。晏子及其著作在漢代很受歡迎。他不但出現在孔門弟子的行列中，也曾出現在晏子用計以二桃殺三士的故事畫像裡（圖18）。孔門七十二弟子中本無晏子，晏子在有些傳說中甚至是孔子之師。但畫像為何置他於弟子的行列裡？今本《晏子春秋・外篇第八》有這樣的故事，孔子曾以「吾師」稱讚晏子：

> 仲尼之齊，見景公而不見晏子。子貢曰：「見君不見其從政者，可乎?」仲尼曰：「吾聞晏子事三君而順焉，吾疑其為人。」晏子聞之，曰：「嬰則齊之世民也，不維其行，不識其過，不能自立也。嬰聞之，有幸見愛，無幸見惡，誹謗為類，聲響相應，見行而從之者也。嬰聞之，以一心事三君者，所以順焉；以三心事一君者，不順焉。今未見嬰之行，而非其

圖18　和林格爾漢墓壁畫摹本局部

順也。嬰聞之，君子獨立不慚于影，獨寢不慚于魂。
孔子拔樹削跡，不自以為辱；窮陳蔡，不自以為約；
非人不得其故，是猶澤人之非斧斤，山人之非網罟
也。出之其口，不知其困也，始吾望儒而貴之，今
吾望儒而疑之。」仲尼聞之，曰：「語有之：『言發于
爾，不可止于遠也；行存于身，不可掩于眾也。』吾
竊議晏子而不中夫人之過，吾罪幾矣！丘聞君子過
人以為友，不及人以為師。今丘失言于夫子，譏之，
是吾師也。」因宰我而謝焉，然仲尼見之。❿❷

孔子因失言，稱晏子為師，並謂「君子過人以為友，不及
人以為師」，可見《晏子春秋》一方面顯示晏子在行事和見
解上高於孔子，另一方面也表露孔子「三人行必有我師」
的態度。類似的故事也見於《韓詩外傳》卷四：

晏子聘魯，上堂則趨，授玉則跪。子貢怪之，問孔
子曰：「晏子知禮乎？今者晏子來聘魯，上堂則趨，
授玉則跪，何也？」孔子曰：「其有方矣，待其見我，
我將問焉。」俄而晏子至，孔子問之。晏子對曰：
「夫上堂之禮，君行一，臣行二。今君行疾，臣敢

---

❿❷ 吳則虞編著，《晏子春秋集釋》（北京：中華書局，1962），
頁 500–501。

不趨乎？今君之授幣也卑，臣敢不跪乎？」孔子曰：
「善！禮中又有禮，賜，寡使也，何足以識禮也？」
《詩》曰：「禮儀卒度，笑語卒獲。」晏子之謂也。

《論衡‧知實》曾簡略提到同一個故事，並明白地說「孔
子不知，問於晏子。晏子解之，孔子乃曉」。從以上流傳的
故事，可以知道晏子出現在漢代和孔子有關的畫像中所代
表的意義，可能和老子十分類似——他們都是孔子的老師。
《史記‧仲尼弟子列傳》謂：「孔子之所嚴事：於周則老
子；於衛，蘧伯玉；於齊，晏平仲；於楚，老萊子；於鄭，
子產；於魯，孟公綽」。晏子與老子並列，都是孔子「嚴
事」的對象。孔子畫像中出現晏子，似當從這個角度去理
解。

　　不過，據先秦和漢人的記載，在漢人心目中孔子和晏
子的關係，並不像上述那樣單純。晏子在不少想法和作法
上和孔子並不相同。例如《墨子‧非儒下》就曾記載晏子
對孔子本人及其弟子的批評，甚至曾阻止齊景公以土地封
賜孔子。漢人或漢以後人輯錄的《孔叢子》在〈詰墨〉篇
中甚至說：「孔子、晏子交相毀也」。東漢為《孟子》作注
的大儒趙岐自營冢塋，「圖季札、子產、晏嬰、叔向四像居
賓位，又自畫其像居主位」（《後漢書‧趙岐傳》）。他無疑熟
知晏子和孔子之間的種種故事；如此選擇，自然有他的用
意，晏子在他心目中地位之高不難想見。趙岐崇敬晏子並

非特例。《史記・管晏列傳》太史公謂其曾讀《晏子春秋》，又說：「假令晏子而在，余雖為之執鞭，所忻慕焉。」太史公對晏子的仰慕之情，溢於言表。

我們從畫像中可以看到晏子僅出現在孔子弟子之列，而沒有像老子一樣和孔子相對。這是什麼原因呢？我猜想畫像正傳達了一種觀點：孔子的地位或許不如周公，猶可與周公抗禮；傳說中孔子雖曾問禮於晏子，晏子卻僅夠格為孔子的弟子。《漢書・古今人表》列晏平仲與顏淵、閔子騫、仲弓、冉伯牛同在一等，即表達了相似的觀點。漢人好評價古人，但他們對古代聖賢人物的評價顯然意見分歧，未曾一致；這些不一致的意見有些見於傳世文獻，有些也悄悄保存在畫像中。

其次必須一考的是周公。周公或許也代表同樣的意義。《論語》中孔子夢見周公（〈述而〉）和「吾從周」的話（〈八佾〉），漢儒是十分熟悉的。揚雄《法言・學行》謂：「孔子習周公者也，顏淵習孔子者也。」在漢儒看來，周公制禮作樂，輔助成王，事功彪炳，孔子既習周公，周公為孔子之師不成問題。問題在晏子和周公如果都是孔子的老師，漢墓或祠堂畫像為什麼卻都安排他們在孔子弟子之列，而不像老子或項橐，出現在和孔子相對的位置上？

對這一個問題，晏子或許尚可解釋，在弟子之列的周公卻很不好理解。至今我還沒有好的答案。僅能說孔門弟子中出現周公的例子迄今僅一見。這有可能是一時誤刻，

圖 19.1–19.2　洛陽道北西漢墓出土銅鏡及銘文「大哉孔子志也」

但也有可能在某些漢儒心目中，孔子的地位次於周公，但在另一些人的心目中，孔子已超越周公。1983 年洛陽道北石油化工廠家屬院發掘的一座西漢晚期墓中，出土一件十分完好的帶銘博局紋銅鏡，鏡上銘文有「大哉，孔子志也」的句子（圖 19.1–19.2）。「志」字拓本不十分清晰，姑從原釋。❿值得注意的是銘文單獨提到孔子，沒有周公，其次在孔子前加「大哉」二字。我們知道孔子曾以大哉形容堯之為君（《論語‧泰伯》、《孟子‧滕文公上》），達巷黨人也以大哉形容孔子（《論語‧子罕》），鏡銘用字多少可反映孔子在不同漢人心目中的特有地位。從後世的發展來看，孔子的

---

❿　刁淑琴，〈洛陽道北西漢墓出土一件博局紋銅鏡〉，《文物》9 (1999)，頁 89。

確是逐步超越周公，達於獨尊無二。即便如此，仍不足以
解釋為何必置周公於孔門弟子之列。周公在漢代必然還有
許多我們今天所不知的故事。例如日本東京國立博物館東
洋館藏的山東沂州漢畫像上有「周公」、「成王」、「南?
公」、「使者」、「門亭長」榜題和牽虎人物，就是一個無孔
子，卻和周公有關，今已失傳的故事。❿漢代還有哪些對
孔子和周公關係的傳說或想像？須待今後更多材料的出土
和進一步的研究。

　　第三位應稍說明的是左丘明。據《論語・公冶長》「左
丘明恥之，丘亦恥之」之語可知左丘明和孔子應屬同時代。
在漢代人的認識裡，左丘明是魯國的太史，孔子據魯史作
《春秋》，左丘明為之作傳，又曾作《國語》、《世本》等。
在《春秋左氏傳》杜預注的序裡，杜預明白說「左丘明受
經於仲尼」，坐實了左丘明為孔子弟子的身分。西晉元帝時
太常荀崧曾在上疏中提到「孔子懼而作《春秋》……時左
丘明、子夏造膝親受，無不精究。孔子既沒，微言將絕，
於是丘明退撰所聞，而為之傳」云云（《晉書・荀崧傳》）。可
見左丘明不但是孔子弟子，更是傳孔子之學的重要人物。
他出現在東漢孔子畫像的弟子之列，相當自然。

---

❿　參本書頁 168–179，〈過眼錄〉1。

2.項橐：漢代人的幽默？

　　一般所謂孔子見老子畫像僅是一個簡稱。前文已清楚指出，圖像的構成除孔子和老子以外，幾乎不可少的是那位站在兩人中間的小童。小童是誰？為什麼要在畫像中安排一位小童？這對理解整個畫像可能的涵意關係甚大。

　　據文獻來看，似乎有兩種可能。一為孔子往見老子，小童是魯君賜給孔子的豎子。《史記‧孔子世家》謂：「魯南宮敬叔言魯君曰：『請與孔子適周。』魯君與之一乘車，兩馬，一豎子俱，適周問禮，蓋見老子云。」描繪這事最完整的即前述武氏祠題有「孔子」、「老子」及「孔子車」的一石。石上孔子車確為一車二馬，石上童子雖殘泐，似即文獻中說的豎子。洪适《隸續》卷十三，畢沅、阮元《山左金石志》卷七，馮雲鵬、馮雲鵷《金石索‧石索四》，王昶《金石萃編》卷二十一，馬邦玉《漢碑錄文》卷一和近世容庚《漢武梁祠畫像考釋》❶❺等等都這樣解釋。

　　不過以畫像構圖而言，童子如果是追隨孔子見老子的豎子，則有不易理解的地方。按理隨侍的豎子似乎應跟從在孔子之後，不應居孔子之前昂首舉手，狀若與孔子相對而談論。又如果是隨侍孔子的豎子，為何持一輪狀物在手？

---

❶❺　容庚，《漢武梁祠畫像考釋》（北京：燕京大學考古學社，1936），頁32–33。

也不好解釋。或許因為如此，不少學者和畫像著錄以為童子並非豎子，而是項橐。⑩不過他們似乎理所當然地認為畫中的童子即項橐，沒有舉出如何將畫像與文獻連繫起來的明確證據。為此，我曾利用新出土的畫像榜題確證他就是傳世文獻中所說的項橐或項託。⑩當時限於篇幅，主要根據畫像本身的證據，沒能多談傳世文獻中的相關資料。這裡作些文獻補證。

　　一般常提到孔子和項橐的關係，是依據以下幾條資料：

---

⑩　對這個問題較早有詳細考證的是法國的 Michel Soymié。他所寫的 "L'Entrevuede Confucius et de Hsiang T'o," *Journal Asiatique*, 242/3–4 (1954), pp. 31–92 一文認為畫像中的小童即項橐，不過他並沒有解釋為何孔子見老子、項橐會出現在同一畫像中。其他例如：Käte Finsterbusch, *Verzeichnis und Motivindex der Han-Darstellungen*, band 1 (Wiesbaden: Harrassowitz, 1966), p. 65；濟寧地區文物組、嘉祥縣文管所，〈山東嘉祥宋山 1980 年出土的漢畫像石〉，《文物》5 (1982)，頁 61；程繼林，〈泰安大汶口漢畫像石墓〉，《文物》1 (1989)，頁 53；聊城地區博物館，〈山東陽谷縣八里廟漢畫像石墓〉，《文物》8 (1989)，頁 52；中國美術全集編輯委員會編，《中國美術全集·繪畫編 18·畫像石畫像磚》（上海：上海人民美術出版社，1988），圖版說明七「齊山孔子見老子」（蔣英炬、吳文祺）。

⑩　邢義田，〈漢代畫像項橐考〉，《九州學林》六卷 3 期 (2008)，頁 210–217 或本書附錄頁 413–421。

《戰國策・秦策五》甘羅曰:「項槖生七歲而為孔子師。」
此事又見《史記・甘茂傳》、《淮南子・脩務》、《淮南子・
說林》、《新序・雜事五》、《論衡・實知》等篇:

(a)《史記・甘茂傳》:「甘羅曰:『大項槖生七歲為孔子
師。』」

(b)《淮南子・脩務》:「夫項託七歲為孔子師,孔子有
以聽其言也。以年之少為閭丈人說,救敲不給,何道之能
明也!」

(c)《淮南子・說林》:「呂望使老者奮,項託使嬰兒矜,
以類相慕。」

(d)《新序・雜事五》:「閭丘卬對曰:『不然,昔有顓頊
行年十二而治天下,秦項槖七歲為聖人師。』」

(e)《論衡・實知》:「難曰:『夫項託年七歲教孔子。』
案七歲未入小學,而教孔子,性自知也。孔子曰:『生而知
之,上也;學而知之,其次也。』夫言生而知之,不言學
問,謂若項託之類也。……云項託七歲,是必十歲;云教
孔子,是必孔子問之……」。

孔子以七歲童子項槖為師之說在漢世記述中可以說不少,
可是如何證明畫像上和孔子相對的童子就是項槖呢? 以上
的材料其實都不能提供直接的幫助。有助於決疑的反而是
一項較晚的記載。《玉燭寶典》卷四引嵇康《高士傳》云:

大項橐與孔子俱學於老子。俄而大項為童子推蒲車
而戲。孔子候之,遇而不識。問:「大項居何在?」
曰:「萬流屋是」。到家而知向是項子也。交之,與
之談。❶⓽⓮

嵇康《高士傳》應像許多古代著述一樣,以網羅放失舊聞
為主。項橐之所以稱「大項橐」或「大項」,蓋前引《史
記・甘茂傳》甘羅曰:「大項橐生七歲為孔子師。」《索隱》:
「尊其道德,故云大項橐。」錢穆《先秦諸子繫年攷辨》附
「項橐攷」一節,曾引劉師培說,證「漢儒相傳,殆均以
達巷黨人即項橐也」,「大項」蓋即「達巷」轉音,「殆古人
實有項橐,即達巷橐,又云大項橐,其人聰慧不壽如顏
回」。❶⓽⓽ 此事又見《文選》卷二十顏延年〈皇太子釋奠會作
詩〉「庶士傾風」注引嵇康《高士傳》:「孔子問項橐曰:
『居何在?』曰:『萬流屋是也。』注曰:『言與萬物同流匹
也。』」《文選》注的引錄雖不完全,可證此事確實原見嵇康
《高士傳》。嵇康時代去漢未遠,所載應非自創而有所本。
《高士傳》所載有兩點值得注意:

　　第一,《高士傳》說項橐與孔子俱學於老子,這樣就使
古籍中項橐為孔子師、孔子問禮於老子本不相干的兩事發

❶⓽⓮　　《玉燭寶典》(臺北:藝文印書館景印尊經閣藏日本前田家
　　　　藏舊鈔卷子本,1965),卷四,頁 14 上至 14 下。

❶⓽⓽　　錢穆,《先秦諸子繫年》,頁 53–54。

生了關聯。漢代以前以及兩漢文獻都沒有二人俱學於老子
的記載。但是以二人俱學於老子的方式，將兩個故事連繫
起來很可能是西漢中晚期已經存在的說法，本文前論靖邊
西漢墓壁畫可證。東漢畫像中孔子與項橐、老子出現於同
一畫面應和這樣的說法有關。在畫像上，孔子與小童、老
子相對，似乎是在顯示孔子以項橐和老子為師或向二人求
教。按理，既說孔子、項橐俱學於老子，畫像上似應以孔
子、項橐都面向老子才是。山東臨淄和徐州白集的孔子見
老子圖就是這樣布局。不過絕大部分畫像呈現的是孔子面
對老子和項橐。畫像強調的重點顯然不在項橐學於老子，
而在顯示孔子既向童子求教，也向老者問學。這樣構圖的
思想意義將於下節再論。

　　第二，「童子推蒲車而戲」的記載，是證實畫像中童子
身分為項橐最有力的文獻證據。畫像裡的輪狀物，常作一
輪或二輪，應該就是蒲車。「而戲」二字證明圖中之車應是
一種童子玩具，很可能就是南陽許阿瞿畫像中，小兒手拉
的兩輪車（圖 20）。蒲車據說原是以蒲裹輪，用於封禪之
禮（《史記·封禪書》）。於兩漢則常用於禮迎賢士或隱者，又
叫安車蒲輪或蒲輪（《漢書》〈武帝紀〉、〈枚乘傳〉等）。傳說
中的項橐不過七歲，不可能推一部真正禮迎賢士或隱者的
蒲車。畫像中只是以較小的身形和手持象徵性的小車玩具
來表現小童，這小童應是項橐。如前所說，現今已有石刻
畫像和壁畫榜題可以確證。文獻中所說的蒲車，無疑應和

圖 20　南陽許阿瞿畫像

畫像並有出土實物可證的鳩車為同一類玩具。漢世賜七十以上老者鳩杖，鳩在漢代似應有慈幼敬老等多重的象徵意義。**⑩**

　　將孔子師項橐、孔子問禮於老子兩事連繫起來，不能單憑想像，在文獻上也要多少有些可供連繫的線索。這些線索或許即在《論語‧子罕》、《史記‧孔子世家》和《禮記‧曾子問》。〈子罕〉篇說：

　　　達巷黨人曰：「大哉孔子！博學而無所成名。」子聞

---

⑩　參王子今，〈漢代兒童的遊藝生活〉，載王子今，《秦漢社會史論考》（北京：商務印書館，2006），頁 1–18；邢義田，〈項橐手中的鳩車〉，《文史知識》1 (2011)，頁 120–123 或本書附錄頁 422–431；王子今，〈鳩車〉，《秦漢名物叢考》（北京：東方出版社，2016），頁 334–338。

之，謂門弟子曰：「吾何執？執御乎？執射乎？吾執
御矣」。

《史記‧孔子世家》引述這一段，作「達巷黨人童子曰」。
這「童子」二字，梁玉繩以為「不知何據而增之」。《史記
會注考證》云：「《論語》無童子二字。中井積德曰：『此疑
衍。』」王叔岷《史記斠證》則以為「史公必有所本」（頁
1782）。⑪史公所本或即當時傳說中的達巷黨人為一童子的
說法。這提供了一個連繫達巷黨人和七歲項橐的線索。《漢
書‧董仲舒傳》云：「此亡異於達巷黨人不學而自知也。」
孟康曰：「人，項橐也。」孟康注應即本漢人之說而來。王
先謙《補注》引沈欽韓曰：「孟說本〈秦策〉甘羅之言，蓋
師說相傳以為達巷黨人。」以項橐為達巷黨人，應如沈欽韓
和劉師培所指，乃漢代經師相傳舊說。此亦前引錢穆《先
秦諸子繫年攷辨》附「項橐攷」一節之所本。

　　另一連繫的線索可能是經師鄭玄以達巷和巷黨為黨名
的說法。《論語》鄭注：「達巷者，黨名也。五百家為黨。」
《禮記‧曾子問》：「孔子曰：『昔者吾從老聃助葬於巷
黨』」，鄭玄注：「巷黨，黨名也。」對鄭玄而言，達巷和巷
黨皆黨名。這個說法，想必也是師說相傳，不是鄭玄的一

---

⑪　王叔岷，《史記斠證》（臺北：中央研究院歷史語言研究所，
　　1982），頁 1782。

家之言。姑不論其說是否符合事實，也不論達巷或巷黨當今何處，以鄭玄在東漢經學上的地位，他的說法在東漢必然代表了一派主要的見解，信從者必不少。因為相信孔子曾從老聃助葬於巷黨，而在達巷黨批評孔子的黨人即項橐，好事者即不難增益附會，將孔子師項橐、孔子問禮於老子兩件本不相干的故事，牽連在一起，說成是孔子和項橐俱學於老子。漢人像戰國時人一樣，好附會增益傳說，《論衡》〈語增〉、〈儒增〉、〈藝增〉等篇都曾大加批評。在這樣的時代環境下，將幾個故事牽連在一起，增生出若干新枝葉，是完全可以想像的。

漢人相傳孔子曾師項橐，項橐或即達巷黨人。那麼，項橐教了孔子些什麼？象徵什麼意義呢？具體的內容，今天已無可考。比較具體的只有達巷黨人批評孔子「博學而無所成名」。孔子學問淵博，卻沒有足以樹立聲名的專長。孔子聽到批評後，便對弟子說：我作什麼好呢？駕馬車呢？還是當射手呢？我還是駕車好了。這樣評和答的意義，難以定說。❷其他如《淮南子‧脩務》只說孔子「有以聽其言」，《論衡‧實知》說項橐能以七歲教孔子，未嘗入小學，證明項橐乃生而知之之類。上引董仲舒也說「達巷黨人不學而自知也」。

---

❷ 這一章理學家多所發揮，不過可能本無深義。參楊伯峻，《論語譯注》（臺北：河洛圖書出版社，1980），頁93。

　　漢人談論孔子師項橐，我相信恐怕如董仲舒所說，是
在說明人有生而知之者。王充主張學而後能知，以為俗說
項橐生而知之乃虛妄之言。王充的駁斥適足以反映當時有
很多人相信世上有生而知之的天才。孔子從而師之，則在
說明凡生而知之者雖小兒，也有超越凡人的知識或能力。
漢世民間有一些孔子與小兒問答，遭小兒奚落的故事。桓
譚《新論》即說：「余小時聞閭巷言，孔子東游，見兩小兒
辯鬥，問其故。一兒曰：『我以日始出時近，抑日中時較近
遠。』一兒以日初出遠，日中時近。日始出抑日中時較近
近。」⑬《列子・湯問》有同樣的故事，小兒質問孔子，孔
子不能決。兩小兒笑曰：「孰為汝多知乎？」⑭

　　日始出或日中較近於大地或長安，曾是漢世引起頗多
討論的問題。《論衡・說日》就曾引述當時各種不同的意
見，王充也舉證力辯「日中近而日出入遠」。在辯論難決的
情況下，很自然會有人想問問聖人孔子的意見。理論上聖
人無所不知，而孔子又以博聞多識著名。結果漢代人根據

---

⑬　嚴可均《全後漢文》卷十五據《法苑珠林》卷七。

⑭　對獨尊儒教的儒生來說很難接受孔子知不如人的說法。唐代
　　大儒皮日休即曾引符朗之作《符子》，根本懷疑項託的存在：
　　「項氏之有無，亦如乎莊周稱盜跖、漁父也，墨子之稱墨
　　屎、娟嬋也。豈足然哉，豈足然哉？」參《皮子文藪》卷七
　　「無項託」條（上海：上海書店重印 1926 年商務印書館四
　　部叢刊初編 128，1989），頁 89 上下。

達巷黨人等等編造出小兒質問，孔子不能答的故事。這類
笑話很受歡迎，越變越多。敦煌變文有所謂《孔子項託相
問書》，述說孔子東遊，遇見不止一兩個而是三個小兒，增
添出遠多於《新論》提到的有趣問答。**⑮**

　　這些故事都在顯示小兒之智和孔子的不如。在《莊子》
書中，孔子見老子，受到道家之徒的奚落；在漢世的傳說
裡，孔子與項橐或小兒問答，則顯示出好學不倦的孔子卻
不如生而知之者。《淮南子・說林》說：「呂望使老者奮，
項託使嬰兒矜，以類相慕。」高誘注：「項託年七歲，窮難
孔子而為之作師，故使小兒之疇自矜大也。」高誘注用「窮
難」二字，值得玩味。可見在高誘的東漢末年，桓譚曾說

⑮ 關於孔子和項橐故事的流行，前引 Michel Soymié 文徵引豐
富，可以參看；又可參王重民編，《敦煌變文集》，頁 231–
235；郭在貽、張涌泉、黃徵，《敦煌變文集校議》（長沙：
岳麓書社，1990），頁 161–164。除了孔子與小兒，後世更
流傳孔子與桑間女問答九曲珠的佚事等等，流露出孔子之智
不如一般男女小民。參徐俊纂輯，《敦煌詩集殘卷輯考》（北
京：中華書局，2000），頁 699；錢南揚校注，〈張協狀元〉，
《永樂大典戲文三種校注》（臺北：華正書局，1980），頁
15（注 64）；相關故事輯錄，略參陳金文，〈孔子傳說中的
"巧女"故事〉，《齊魯學刊》4 (2004)，頁 9–13；李劍鋒，
〈《衝波傳》：一部關於孔子及其弟子故事的志怪小說〉，《魯
東大學學報》（哲學社會科學版）二十七卷 5 期 (2010)，頁
64–68。

的小兒問孔子已進一步發展成孔子被項橐所刁難或難倒。如此，漢畫像裡的孔子見老子和項橐，老子和項橐就有了共同的象徵意義——孔子雖為大聖，也有其知不如老者和少者之處。孔子一生命運多舛，一度自嘲為喪家狗。他號稱好學不倦，也鼓勵弟子學為聖人，面對老子和項橐這樣的生而知之者，豈不再度證明他不過是人生挫敗一族？其教誨不過爾爾。這對一生崇敬和師法孔聖的漢世儒生來說，在人生最後眼見自己成聖和修仙皆無望，挫折之餘，或許竟是以有點阿Q的方式，幽孔子一默，說說孔子不如人，聖人不過如此，來安慰自己的人生挫敗或未臻圓滿吧。

　　以上是對漢世將孔子見老子以及孔子師項橐兩個故事置於同一畫像的一解。其實孔子見老子、項橐畫像背後的思想因素不一，有些今天已難以完全了解或猜測。誠如有些學者所指出，這一畫像應當也和聖人無常師之說有關。我曾為文指出孟子聲稱五百年必有王者出和人皆可為堯舜，帶給漢儒很大的鼓舞。成聖可以說是漢儒普遍的夢想。聖人是生而知之者或學而後可成聖？則是漢儒熱烈討論的問題。❶❶孔子自己以好學不倦自況，又常轉益多師。子曰：「三人行，必有我師焉。」（《論語‧述而》）子貢曰：「夫子焉不學？而亦何常師之有？」（《論語‧子張》）孔子學聖問

---

❶❶　參邢義田，〈秦漢皇帝與 "聖人"〉，載邢義田，《天下一家》（北京：中華書局，2011），頁 70–73。

道，既無常師，自然無拘乎師之老或少。墓主或墓主家人用孔子見老子、項橐畫像裝飾墓壁，他們的用意似乎多少也在彰顯墓主追隨孔子的這種態度和精神。如聖可學，則必有師。以前我雖提到，卻沒多談。現在稍加申論。

3.學聖與尊師

　　不少漢儒相信可因學而成為聖人，學為聖人須從尊師始。孔子師項橐，問禮於老子，在畫像上似乎是以這一少一老象徵孔子的學聖與尊師。

　　漢儒深受荀學的影響。《荀子・勸學》之旨，漢儒多所承繼。《荀子・勸學》篇說：「學惡乎始？惡乎終？曰：其數則始乎誦經，終乎讀禮；其義則始乎為士，終乎為聖人。」〈禮論〉篇說：「學者，固學為聖人也。」〈大略〉篇說：「故禮之生，為賢人以下至庶民也，非為成聖也（豬飼彥博曰：『成聖，當作聖人』），然而亦所以成聖也；不學不成。堯學於君疇，舜學於務成昭，禹學於西王國（母）。」〈修身〉篇說：「無禮，何以正身？無師，吾安知禮之為是也？」荀子繼孟子之後，大倡學為聖人，並列舉古代聖王從何師而學。不論君疇、務成昭、西王國（母）為何許人，荀子的目的顯然在以聖王為例，證明須因師因學而成聖人。《荀子》大概是目前所知較早開列聖王之師名單的書。此外，《莊子・在宥》謂黃帝問至道之精於廣成子，《莊子・天地》云：「堯之師曰許由，許由之師曰齧缺，齧缺之師曰王

倪，王倪之師曰被衣。」到了《呂氏春秋·尊師》篇，更詳
細列舉十聖人六賢者所師的名單。漢儒承先秦餘風，以為
聖人必有所師，亦必尊師，已成為普遍信念。《韓詩外傳》、
《新序》、《漢書·古今人表》、《潛夫論》、《白虎通》等皆
列舉互有出入的聖賢從師名單。今略表舉如下：

表一　聖賢從師表

	荀子大略	呂氏尊師	呂氏當染	韓詩外傳卷五	新序雜事五(1)	新序雜事五(2)	漢書古今人表本注	潛夫論讚學	白虎通辟雍
神農		悉諸			悉老				
黃帝		大撓		大填	大真	大真	封鉅大填大山稽	風后	力牧
顓頊		伯夷父		祿圖	伯夷父	綠圖	大款柏夷亮父綠圖	老彭	綠圖
帝嚳		伯招		赤松子	伯招	赤松子	赤松子柏招	祝融	赤松子
帝堯	君疇	子州支父		務成子附	州之父	尹壽	尹壽	務成	務成子
帝舜	務成昭	許由	許由伯陽	尹壽	許由	務成跗		紀后	尹壽
禹	西王國	大成贄	皋陶伯益	西王國	大成執	西王國(母)		墨如	國先生
湯		小臣	伊尹仲虺	貸子相	小臣	威子伯		伊尹	伊尹
文王		呂望		錫疇子斯	太公望	鉸時子斯		姜尚	呂望

武王		呂望	太公望 周公旦	太公	太公望	郭叔		姜尚	尚父
周公		管夷吾		虢叔	管夷吾 隰朋	太公		庶秀	虢叔
齊桓		管夷吾	管仲 鮑叔		管夷吾 隰朋				
晉文		咎犯 隨會	咎犯 郄偃		咎犯 隋會				
秦穆		百里奚 公孫枝			百里奚 公孫枝				
楚莊		孫叔敖 沈尹巫	孫叔敖 沈尹蒸		孫叔敖 沈尹竺				
闔閭		伍子胥 文之儀	五員 文之儀		伍子胥 文之儀				
句踐		范蠡 大夫種	范蠡 大夫種		范蠡 大夫種				
孔子			老聃 孟蘇夔 靖叔	老聃		老聃		老聃	老聃

上表從齊桓公至句踐是《呂氏春秋》所謂的六賢，與本文無涉，暫不多論。其餘古聖所師，各書所記不盡相同。除因傳聞異辭，傳刻訛誤者，大致可見有三個系統：㈠《呂氏春秋·尊師》與《新序·雜事五》(1)僅文字小異，《新序》明言引「呂子曰」，屬同一系統；㈡《韓詩外傳》、《新序·雜事五》(2)、《白虎通·辟雍》所記接近，屬同一系

統；㈢《潛夫論‧讚學》提到風后、老彭、祝融、紀后、
墨如、庶秀等為古聖師，與他書差異甚大，應另有來源，
自成一系統。《新序‧雜事》兼載異說，而《漢書‧古今人
表》本注也是諸說並存。《新序‧雜事五》⑵說則是大體淵
源自《荀子‧大略》。

　　先秦古籍存者寡，佚者眾。當時傳說紛紜，必有多於
今日所知者。例如《呂氏春秋‧當染》除了說孔子「染」
於老聃，還染於孟蘇夔、靖叔。後二者全不見於先秦他書，
也不見漢世文獻提及，其事遂佚。《史記‧仲尼弟子列傳》
謂：「孔子之所嚴事：於周則老子；於衛，蘧伯玉；於齊，
晏平仲；於楚，老萊子；於鄭，子產；於魯，孟公綽。」
《史記》所本即不同於《呂氏春秋》。紛紜的眾說中，唯孔
子師老聃或老子一事，各家記載一致。這個說法不但道家
之徒，儒生自荀子以後也幾乎無不接受。這是漢世孔子見
老子畫像出現的基本背景。

　　上表古聖所師的對象，有一個有趣的共同點，即這些
古聖都是儒家心目中的古聖人，但是他們所師的人物，除
了一些今天已不知其事蹟的，幾乎全是道家、陰陽家或神
仙家中的人物。黃帝所師的力牧、大（太）山稽見《列子‧
黃帝》、《淮南子‧覽冥》。《列子‧黃帝》言黃帝召天老、
力牧、太山稽，告以「養身治物之道」。《淮南子‧覽冥》
謂黃帝治天下，力牧、太山稽輔之。馬王堆漢墓出土《老
子》乙本卷前古佚書《十六經》部分，即有黃帝與「力黑」

（按即力牧）、「大山之稽」論道之言。其思想在道、法之間。❶❶❼敦煌漢簡中也發現力墨與黃帝問答殘文，羅振玉以為即兵家《力牧》。❶❶❽《漢書·藝文志》兵陰陽有《力牧》十五篇，《風后》十三篇。又道家有《力牧》二十二篇。顓頊所師的老彭，疑即彭祖。馬驌曰：「即彭祖，陸終子也。」梁玉繩謂：「老彭疑彭祖之裔，舊以為即彭祖。恐非。」❶❶❾《世本》謂彭祖壽八百歲。《莊子·刻意》謂吐故納新，熊經鳥申，「此道引之士，養形之人，彭祖壽考者之所好也」。彭祖為古傳及道家養生一派樂道的傳奇人物。1984 年江陵張家山出土簡《引書》言導引養生之術，開宗第一句即說「此彭祖之道也」❶❷⓪，馬王堆帛書〈十問〉也有王子巧父問彭祖養生之事，即為明證。❶❷①

帝嚳師赤松子。赤松子乃傳說中的仙人。張良欲從赤

---

❶❶❼ 國家文物局古文獻研究室編，《馬王堆漢墓帛書（壹）》（北京：文物出版社，1980），頁 62–80。

❶❶❽ 參羅振玉、王國維，《流沙墜簡》（上虞羅氏宸翰樓影印，1914），小學術數方技書考釋，術數類，頁 4 下。

❶❶❾ 見王利器、王貞珉，《漢書古今人表疏證》（濟南：齊魯書社，1988），頁 150。

❶❷⓪ 張家山漢簡整理組，〈張家山漢簡《引書》釋文〉，《文物》10 (1990)，頁 82。

❶❷① 馬王堆漢墓帛書整理小組編，《馬王堆漢墓帛書（肆）》（北京：文物出版社，1985），頁 148–149。

松子遊，學辟穀道引輕身（《史記・留侯世家》）。帝堯所師之
務成子附，或即務成子，或曰帝舜所師之務成昭，應為同
一人。馬王堆帛書〈十問〉作「巫成招」，謂：「巫成招□
□不死。巫成招以四時為輔，天地為經，巫成招與陰陽皆
生。陰陽不死，巫成招興（與）相視。有道之士亦如
此。」❷據此，務成子似為隨陰陽不死之神仙。《尸子》謂：
「務成昭之教舜曰：『避天下之逆，從天下之順，天下不足
取也；避天下之順，從天下之逆，天下不足失也。』」（《荀
子・大略》楊倞注引）這裡務成昭顯示的也是道家避世的思
想。《漢書・藝文志》小說家有《務成子》十一篇，五行家
有《務成子災異應》十四卷，房中家有《務成子陰道》三
十六卷。由此可見務成子應屬道、神仙、陰陽五行等家樂
道的人物。

　　帝堯所師之子州支父或州之父，及帝舜所師之許由，
見於《莊子・讓王》及《呂氏春秋・貴生》。〈讓王〉謂「堯
以天下讓許由，許由不受。又讓於子州支父」。子州支父以
有幽憂之病，未暇治天下，不受。《呂氏春秋・貴生》所載
相同。其不受天下，蓋因貴生。如此，子州支父似乎也是
重貴生一派的道家人物。據《莊子・天地》，許由師齧缺，
齧缺師王倪，王倪師被衣。齧缺、王倪、被衣又見《莊子》

---

❷　馬王堆漢墓帛書整理小組編，《馬王堆漢墓帛書（肆）》（北
　　京：文物出版社，1985），頁149。

〈知北遊〉、〈齊物論〉、〈應帝王〉、〈徐无鬼〉，都是道家傳
說中的人物。以上黃帝至帝舜，其所師可考者幾全是與道
家有關的人物。神農所師之悉老，顓頊所師之綠圖或祿圖，
禹所師之西王國、大成贄、墨如等俱無可考。西王國疑應
作西王母，字形近而訛。從這些人名看來，似乎也像道家
或神仙家口中之人。《太平廣記》引葛洪《神仙傳》「老子」
條說：「老子者，……顓頊時為赤精子……帝嚳時為祿圖
子，堯時為務成子。」這些人物後來都被附會成老子的化
身。陳槃先生曾考證，以為祿圖即綠圖，祿圖子係祿圖加
一「子」字，顓頊師綠圖，是秦漢間方士的傅會。**❶❷❸**

　　這是一個頗耐人尋味的現象。為什麼在戰國末，會在
《荀子》、《呂氏春秋》等書中出現古聖尊奉道家人物為師
或問道的說法？前賢曾以為戰國末以來，老子一派不敵儒
家，為爭「學術的領導權」，乃「有計畫的宣傳」老子為孔
子之師。但以上種種是不是都能這樣解釋？《呂氏春秋》屬
雜家，著書的呂門賓客思想背景複雜，或尚可說；《荀子》
成於荀子及其弟子之手，儒家後勁為何說帝堯師君疇，帝
舜師務成昭，禹師西王國（母）？顯然不好解釋。漢代以後
儒、道仍見爭衡，互有消長。這是儒生和方士有意識地集
體性爭領導權嗎？又是誰在「有計畫」地如此「宣傳」？

---

❶❷❸　陳槃，〈古讖緯書錄解題(一)〉，收入《古讖緯研討及其書錄解
　　題》（臺北：國立編譯館，1991），頁 260。

《荀子・大略》所言儒、道師從關係要如何理解才較妥當？
是否如學者指出荀子曾受莊學影響，❶或荀卿弟子有濡染
道說者？但這又要如何解釋《荀子・解蔽》指責莊子「蔽
於天而不知人」？為何《莊子・讓王》說帝堯師子州支父或
州之父，帝舜師許由，《荀子・大略》卻說堯師君疇，舜師
務成昭，如此不同？我一時沒有好的答案，須要大家更深
入的思考和研究。無論如何，這裡所要強調的是最後一位，
也是最重要一位以道家人物為師的就是孔子──孔子師老
聃。這在戰國末至漢代儒道消長的思想發展歷程上，應有
相當重要的象徵意義。

4. 圖譜的兩個傳統和聖人是否可學

　　聖人是否可學是漢儒關心的大問題，《韓詩外傳》、《淮
南子》和《論衡》等書都曾討論。一般漢儒雖相信聖人可
學，但也有聖人天生、非學可至的說法。這種說法和強調
聖人異相、聖人出於天命的讖緯之學有密切的關係。

　　漢代畫像受到不同時代思想的影響，形成不同的圖譜
傳統。漢代圖譜雖然都已失傳，和孔子見老子圖可能有關
的圖譜記載卻有兩條。一條見《漢書・藝文志・六藝略・
論語》家有《孔子徒人圖法》二卷。據王先謙《漢書補注》

---

❶　何志華，〈採信與駁詰：荀卿對莊周言辯論說之反思〉，《中
國文化研究所學報》65 期 (2017)，頁 1–19。

引沈欽韓之說，頗疑《孔子徒人圖法》應為劉向歆父子據祕府圖譜所輯。另一條見《隋書・經籍志一》讖緯類「《孝經內事》」條注「梁有《孝經內事星宿講堂七十二弟子圖》一卷」。這兩種圖法，可能即源出不同的傳統。

　　沈欽韓以為《孝經內事星宿講堂七十二弟子圖》本於《孔子徒人圖法》。這個說法須要商榷。〈藝文志〉王先謙《漢書補注》引沈欽韓曰：

　　　　隋志《孝經內事星宿講堂七十二弟子圖》一卷，蓋本諸此而別標詭異之名。《史記・仲尼弟子傳》贊云：「弟子籍出孔氏，古文近是。」《文翁石室圖》七十二弟子舊有圖法，皆出壁中者也。

又引葉德輝曰：

　　　　今漢武梁祠石刻畫像有曾子母投杼，閔子御後母車及子路雄冠佩劍事，冠作雄形，可想其遺法。

沈欽韓以為《孝經內事星宿講堂七十二弟子圖》本於《孔子徒人圖法》而別標詭異之名。此說之非，陳槃先生已嘗駁之。陳先生〈古讖緯全佚書存目解題〉考《孝經內事星宿講堂七十二弟子圖》甚詳，**㉕**其要點有三：

　　(a)「意其內容，大抵是謂孔子與其徒某也為某星精，

表狀奇特，異乎常流之類。《春秋演孔圖》曰：孔子長十
尺，大九圍，坐如蹲龍，立如牽牛，就之如昂，望之如斗。
（御覽人事部十八引）《論語擇輔像》曰：

> 子貢斗星繞口，南容井口（御覽人事部八引）。顏淵山
> 庭，日角，曾子珠衡，犀角（古微書引）。樊遲山額，
> 有若月衡，反宇，陷額（御覽人事部五引）。如此之
> 等，蓋即其遺說也。《風俗通義》佚篇云：「子路感
> 雷精而生（書鈔百四六引），殆亦《星宿講堂》舊文
> 也。」（頁 753）

(b)「兩漢之世，讚集孔子師徒遺事與夫刻圖畫像，故
成為一種風氣……《孝經內事星宿講堂七十二弟子圖》，意
即此種風氣下產物。雖晚見於著錄，料至少亦不失為東京
之舊也。」（頁 753–754）

(c)「《星宿講堂七十二弟子圖》必有關涉星宿之神話，
如上文所述，此讖緯家說法，則與《孔子徒人圖法》有別
矣。」（頁 754）

陳先生的這三點結論，可謂確切不移。由此可知，孔
子及其弟子在漢代的形象最少有讖緯家和非讖緯家兩派的

---

❿ 陳槃，〈古讖緯書錄解題(一)〉，收入《古讖緯研討及其書錄解
題》（臺北：國立編譯館，1991），頁 751–759。

不同；又基本上今文家言讖緯，古文家不言。值得注意的是作為儒家最重要象徵的孔子，在漢畫像中所呈現的面目，可以說完全沒有讖緯家說的痕跡。以下先來看看讖緯家對孔子及其弟子形象的描述。

孔子的形象，除了陳先生前文引述的，還可以作以下的補充：

(a)「孔子海口，言若含澤」(《太平御覽》卷三六七引《孝經援神契》；《藝文類聚》卷十七引無「言若」二字，《古微書》收入《鉤命決》)

(b)「仲尼斗唇，舌理七重，吐教陳機授度」(《御覽》卷三六七引《孝經鉤命決》)

(c)「仲尼龜脊」(《御覽》卷三七一引《孝經鉤命決》)

(d)「夫子輔喉」(《御覽》卷三六八引《孝經鉤命決》)

(e)「夫子騈齒」(《御覽》卷三六八引《孝經鉤命決》)

(f)「仲尼虎掌，是謂威射」(《御覽》卷三七〇引《孝經鉤命決》)

(g)孔子「生而首上圩頂，故因名曰丘云」(《史記‧孔子世家》，《史記索隱》：「圩頂言頂上窳也，故孔子頂如反宇。反宇者，若屋宇之反，中低而四傍高也。」)

(h)「孔子長九尺有六寸，人皆謂之長人而異之」(《史記‧孔子世家》)

(i)「孔子反宇，是謂尼父」(《緯書集成》卷四上，《春秋演孔圖》，頁5)

　⑴「孔子長十尺，海口尼首，方面，月角日準，河目龍顙，斗脣昌（白）顏，均頤輔喉，駢齒龍形，龜脊虎掌，胼脅修肱，參膺圩頂，山臍林背，翼臂注頭，阜脥（頰）堤眉，地足谷竅，雷聲澤腹，修上趨下，未（朱）傴後耳，面如蒙俱，手垂過膝，耳垂珠庭，眉十二采，目六十四理，立如鳳峙，坐如龍蹲，手握天文，足履度宇（字），望之如朴（仆），就之如升，視若營四海，躬履謙讓，腰大十圍，胸應矩，舌理七重，鈞文在掌，胸文曰：制作定，世符運。」（《緯書集成》卷四上，《春秋演孔圖》，頁5-6）❶❷❻

　　綜合以上的描述，孔子身高近十尺，腰大九圍或十圍（《莊子‧人間世》：「絜之百圍」，陸德明《釋文》引李頤云：「徑尺為圍」），頭頂中凹，面如彭蜞一樣的小螃蟹（蒙俱據梁啟雄《荀子簡釋》引高亨說即「彭蜞」。《世說新語‧紕漏》：「蔡司徒渡江，見彭蜞，大喜。」劉孝標注：「《爾雅》曰：『螖蠌小者勞。』即彭蜞也，似蟹而小。」），手垂過膝，耳垂珠庭（珠庭，一說即天庭，指兩眉間前額隆起部分。《初學記》卷九引《洛書》：「黑帝子湯長八尺一寸，珠庭。」），眉十二采，脣如斗，背脊如龜，手掌如虎，又「海口」、「輔喉」、「駢齒」、「坐如蹲龍」、

---

❶❷❻　《路史》謂孔子生有異質，凡四十九表，反首、張面、大角云云，又謂「事詳《世本》」，實與《春秋演孔圖》所述大同小異。見張澍《世本》稡集補注本，收入《世本八種》（下）（臺北：西南書局影印1957年上海商務印書館本，1974），頁106。

「立如牽牛」。此類形容有些是相術中的術語，意義難明，不必指實。不過，它們的確藉用人們對龍、虎、龜、彭蜞、牛等動物形象的特徵，異常的尺寸、形狀和色彩去聯想孔子五官面貌之異乎常人。如果將這樣的形象刻石或畫在壁畫上，不知將是什麼樣的怪物？漢刻石與壁畫中滿是神怪之物，在刻畫怪異形象的技術上不是問題。但在迄今所知的漢畫像石、磚和壁畫中絕不見和上述形象相合的孔子。

再看孔子的弟子，在緯書中也是各具異相。❼除陳先生前文所引，再略舉若干其他資料如下：

(a)「樊遲山額，有若月衡，反宇陷額，是謂和喜。」《御覽》卷三六四，《緯書集成》卷五，頁9）

(b)「子夏日角大目」（《緯略》卷七，《緯書集成》卷五，頁10）

(c)「子張日角大目」（同上）

(d)「仲弓鉤文在手，是謂知始；宰我手握戶，是謂守道；子游手握文雅，是謂敏士；公冶長手握輔，是謂習道；子貢手握五，是謂受相；公伯周手握直期，是謂疾惡。」又曰：「澹臺滅明歧掌，是謂正直。」（《御覽》卷三七零，《緯書集成》卷五，頁9）

(e)「子貢山庭斗繞口。」（《文選》卷四十六〈王文憲集序〉

---

❼ 亦可參鍾肇鵬，《讖緯論略》（瀋陽：遼寧教育出版社，1991），頁99–115。

引《擇輔像》李善注云：「謂面有三庭，言山在中，鼻高，有異相也。故子貢至孝，顏回至仁也。」

　　以上這些描寫無非在說他們具有異能異相，故能成就非常的德行。但是在漢畫像中，我們也找不到具上述異相特徵的孔門弟子。前文曾提到，除子路和顏淵在服飾或體形上自有特色，孔子和其他的弟子與一般常人無異，都沒有外貌上的特徵。讖緯之學盛行於東漢，而東漢的孔子及弟子畫像不受讖緯說的影響，寧非耐人尋味的怪事？葉德輝謂可從武梁祠曾子、閔子騫、子路等圖想見《孔子徒人圖法》，與愚意正合。迄今可考的兩漢孔子及孔門弟子畫像，根據的可能就是與劉向、劉歆父子所輯《孔子徒人圖法》有關的圖譜。《孔子徒人圖法》與讖緯家的《孝經內事星宿講堂七十二弟子圖》不同，在後者的圖法中才可能見到各具異相的七十二弟子，可惜完全失傳。

　　《孔子徒人圖法》有兩卷，作者不明。這可能不是某一人所作，而是長久以來無數畫工相傳依據的圖譜，經劉向、劉歆父子整理而輯成的兩卷。❷漢初劉邦曾圖張良之

鑒戒。此為過去事實之圖，武梁祠、孝堂山所畫即其遺型。」
（《顧頡剛讀書筆記》卷八上，頁 6030）這種最少從西周以
來即已開始，下及東漢的圖畫傳統，中間的歷程也有跡可
尋。《韓非子》〈用人〉、〈大體〉、〈守道〉各篇都提到人主利
用圖、書著功臣之名以「結德」。馬王堆帛書〈九主〉謂：
「從古以來，存者亡者，□此九已。九主成圖，請效之湯，
湯乃延三公，伊尹布圖陳策，以明法君、法臣。」（《馬王堆
漢墓帛書（壹）》，頁 29）帛書中的佚文，完全證實了劉向
《別錄》有關「九主者有法君、專君、授君、勞君、等君、
寄君、破君、國君、三歲社君，凡九品，圖畫其形」的記載
（《史記・殷本紀》裴駰《集解》引）。這是戰國時代的策士
利用圖畫，以明君臣存亡之象。馬王堆三號墓帛書有〈九主
圖〉殘片，可惜太殘，僅見若干圖形。更為普遍的或許是圖
畫古代賢不肖的典型人物。據說西漢初，梁孝王遊於忘憂之
館，羊勝為作〈屏風賦〉，其辭曰：「……飾以文錦，映以流
黃。畫以古列，顯顯昂昂。藩后宜之，壽考無疆。」（《西京
雜記》卷四）忘憂之館的屏風有古列之畫，所謂「古列」即
古代的典型人物。成帝幄坐旁的屏風上，也有戒淫亂的紂醉
踞妲己作長夜之樂圖（《漢書・敘傳上》）。成帝遊於後庭，
嘗欲與班倢伃同輦，倢伃謂：「觀古圖畫，賢聖之君皆有名
臣在側，三代末主乃有嬖女，……」（《漢書・外戚傳下》）
這些古今圖畫應該都有長久相沿的粉本圖譜。新近刊布江西
南昌海昏侯劉賀墓出土的銅鏡漆框背板上也有孔子及弟子
圖像和文字，屬於同一傳統。參王意樂等，〈海昏侯劉賀墓
出土孔子衣鏡〉，頁 50，61-70。

像而為司馬遷所見，文帝曾於未央宮承明殿命畫工圖屈軼
草、進善旌、誹謗木等，東漢王延壽曾親見西漢景帝程姬
之子恭王劉餘所立的魯國靈光殿，長篇描述靈光殿如何「圖
畫天地，品類群生」。他提到千變萬化的「雜物奇怪，山神
海靈」，也指出有「黃帝唐虞」和「婬妃亂主，忠臣孝子，
烈士貞女」。這些圖畫應都曾有譜可據，非一時新創。❶❷❾最
少靈光殿的「伏羲鱗身，女媧蛇軀」已造型穩定，與後來
兩、三百年的畫像一脈相承。近年江西南昌出土的海昏侯
劉賀墓，約略和劉向同時而稍早。墓中的孔子銅鏡漆框背
板，框板上有文有圖，文圖都與孔子及弟子有關，無論圖
文都嗅不出一絲圖讖之學的氣息。東漢初張衡說：「圖緯虛
妄，非聖人之法。……劉向父子領校祕書，閱定九流，亦
無讖錄。成、哀之後，乃始聞之。」(《後漢書·張衡傳》) 從
此可知，劉向、劉歆父子輯訂的《孔子徒人圖法》應與圖
讖無關。

　　劉向除了採輯舊有的圖譜，可能也曾創作了若干新譜。
《御覽》卷七零一引劉向《七略別傳》曰：「臣與黃門侍郎
歆以《列女傳》種類相從為七篇，以著禍福榮辱之效，是
非得失之分，畫之於屏風四堵。」按《漢書·楚元王傳》
謂：「向睹俗彌奢淫，而趙、衛之屬起微賤，踰禮制，向以
為王教由內及外，自近者始，故採取《詩》、《書》所載賢

---

❶❷❾　邢義田，〈漢代壁畫的發展和壁畫墓〉，頁 10–13。

妃貞婦，興國顯家可法則，及孽嬖亂亡者，序次為《列女
傳》，凡八篇，以戒天子。」〈楚元王傳〉只說作傳，沒說作
圖。不過，〈藝文志‧諸子略‧儒家〉有劉向《列女傳頌
圖》，可見除了作傳，應曾另作圖畫，圖畫乃供繪於屏風等
之上。北京大學藏秦簡中有和女教相關，擬名為〈善女子
方〉的篇章。❸如果這批竹簡可信，其時代應遠遠早於劉
向，可證劉向作女教書應早有前例可循。是否有更早的女
教圖畫？雖無實證，我傾向於相信應該存在。

　　據說劉向也曾作《孝子傳》，《孝子傳》也有圖。《太平
御覽》卷四一一曾錄劉向《孝子圖》兩則。舊作〈漢代壁
畫的發展和壁畫墓〉論漢代壁畫發展，曾指出和林格爾小
板申漢墓壁畫和武梁祠石刻中的人物與故事，和劉向《列
女傳》、《孝子傳》重複的很多。我相信經劉向整理的《孔
子徒人圖法》和其他由他編輯或新創的圖畫一樣，曾經成
為具有權威性的圖譜而流傳四方。東漢中葉，梁商之女年
幼時「常以列女圖畫置於左右，以自監戒」（《後漢書‧皇后
紀下》「順烈梁皇后」條），她的列女圖是否本於劉向，不得
而知，但謝赫《畫品》「戴逵」條謂戴「善圖賢聖，百工所
範」。❹劉向之圖應也曾為百工所範吧。

　　漢代另一件與圖譜有關的記載發生在東漢明帝時。據

---

❸　參北京大學出土文獻研究所，〈北京大學藏秦簡牘概述〉，
　　《文物》6 (2012)，頁 67。

❹　《全齊文》卷二十五（東京：中文出版社，1981），頁 8 下。

張彥遠《歷代名畫記》，明帝雅好畫圖，別立畫官，「詔博
洽之士班固、賈逵輩，取諸經史事，命尚方畫工圖畫，謂
之畫贊」。(卷三〈述古之祕畫珍圖〉「漢明帝畫宮圖」條) 以經
史中的故事作畫，恐怕不僅僅是因明帝雅好圖畫，而是一
次別有企圖的行動。這個行動的原因應和明帝對傳世既有
的圖譜有所不滿有關。相傳的舊譜沒有表現讖緯及古文經
中對劉氏重建政權有利的解釋。光武以赤伏符受命，力倡
讖緯之學。明帝承業，續加張揚。永平三年八月，他因《尚
書琁機鈐》謂「有帝漢出，德洽作樂名予」，遂改郊廟樂為
大予樂，樂官為大予樂官，「以應圖讖」(《後漢書‧明帝紀》、
《後漢紀‧明帝紀上》、《東觀漢記‧明帝紀》)。當班固因私改國
史，將繫獄京兆之前，另有扶風人蘇朗偽言圖讖，死獄中
(《後漢書‧班固傳》)。可見明帝像光武一樣重視圖讖，不容
他人隨意議論。永平中，班固與賈逵「並校祕書，應對左
右」(《後漢書‧賈逵傳》)，班固為學「博貫載籍，九流百家
之言，無不窮究。所學無常師，不為章句，舉大義而已」
(《後漢書‧班固傳》) 他的治學，正是錢穆先生所說的「古
學」一派；❶賈逵則家傳古文學，尤明《左氏傳》、《國
語》，為之《解詁》五十一篇，獻上，明帝重之，寫藏祕
館。古文家本不言讖緯，賈逵本也不信讖緯，卻迫於「時

---

❶　錢穆，《兩漢經學今古文平議》(臺北：三民書局，1971)，
　　頁 210–214。

宜」，大談《左氏》之合於圖讖。❸ 他迎合時宜，以言圖緯的態度，從他對章帝的條奏可以清楚看出：

> 臣以永平中上言《左氏》與圖讖合者，先帝不遺芻蕘，省納臣言，寫其傳詁，藏之祕書……又五經家皆無以證圖讖明劉氏為堯後者，而《左氏》獨有明文。五經家皆言顓頊代黃帝，而堯不得為火德。《左氏》以為少昊代黃帝，即圖讖所謂帝宣也。如令堯不得為火，則漢不得為赤。其所發明，補益實多。
>（《後漢書・賈逵傳》）

賈逵說的「五經家」是指講章句的今文學家。明帝重視賈逵的《左氏解詁》，很明顯是因為賈逵「言《左氏》與圖讖合者」。《後漢書・方術傳序》說：「光武尤信讖言，士之赴趣時宜者，皆騁馳穿鑿，爭談之也」，又說：「鄭興、賈逵以附同稱顯。」

　明帝令賈逵與班固重新圖畫經史，其目的很可能即在張揚圖讖於劉氏有「補益」之處。賈、班二人問對於明帝左右，可以想見除了遵從帝旨，配合上意，不可能有其他選擇。舉例來說，為配合劉漢火德之說，圖寫古帝王，就

---

❸　錢穆，《兩漢經學今古文平議》（臺北：三民書局，1971），頁 222–223。

必然要加上少昊氏。我們在《漢書‧古今人表》，果然看到班固將少昊金天氏列為上上等的聖人。❸而據張彥遠《歷代名畫記》所說，曹植上承明帝時賈、班之圖，為魏國鄴都宮室壁畫作畫贊中即有〈少昊贊〉，明白說少昊「祖自軒轅，青陽之裔。金德承土，儀鳳帝世」。❸賈、班受明帝之令作圖，勢必要不同於舊圖譜，其不同的關鍵應即在牽合古文，尊尚讖緯。他們強調的不外漢膺天命，受命之聖人具有異相等等。班彪〈王命論〉即力言漢高祖膺天命，故而「體貌多奇異」，「神武有徵應」（《漢書‧敍傳上》）。班固治古學，然承父彪之業，難以立異。他對其餘古聖形貌的主張，亦可由此推知。賈、班之圖未見傳世，難言究竟，不過《孝經內事星宿講堂七十二弟子圖》如陳槃所說是讖緯家的作品；這一類作品應和賈、班之圖所強調的相近，而與《孔子徒人圖法》異趣。

　　賈、班之圖，據張彥遠《歷代名畫記》卷三所記，有「五十卷，第一起庖犧，五十雜畫贊」。武梁祠石刻有一連串的古聖王圖，每圖有贊，其第一圖即伏戲倉精。伏戲也就是庖犧。其第二圖以下，依次是祝誦（即祝融）、神農、

---

❸　邢義田，〈秦漢皇帝與聖人〉，頁 71–72。

❸　張彥遠《歷代名畫記》卷三〈述古之祕畫珍圖〉謂：「《漢明帝畫宮圖》五十卷，第一起庖犧，五十雜畫贊。漢明帝雅好畫圖，別立畫官，詔博洽之士班固、賈逵輩，取諸經史事，命上方畫工圖畫，謂之畫贊。至陳思王曹植為贊傳。」

黃帝、帝顓頊、帝佶高辛、帝堯、帝舜、夏禹、夏桀。這
裡的古帝王系統，以顓頊繼黃帝，沒有少昊，正如前文引
賈逵所指，是今文學家的說法。今文學家多言圖緯，而武
梁祠古帝王的形象和圖緯的描述到底有沒有關係呢？**❿**

　　我們不妨先來看看緯書中如何形容這些古帝王。祝平
一曾將相關資料詳細列表，**❿**以下僅略舉較具特色的部分：
伏羲「龍身牛首，渠肩，達掖，山準，日角，歲目珠衡，
駿毫翁鬣，龍脣龜齒，長九尺有一寸」（《春秋緯合誠圖》）。
神農「長八尺有七寸，宏身而牛頭，龍顏而大脣，懷成鈐，
戴玉理」（《孝經援神契》）。黃帝「身逾九尺，附函挺柔，修
髯花廈，河目龍顙，日角龍顏」（《孝經援神契》）。顓頊「併
幹，上法月參，集威成紀，以理陰陽」（《春秋元命苞》）；「戴
干，是謂崇仁」（《春秋演孔圖》）；「戴干，是謂清明」（《白虎
通‧聖人》）。帝嚳「駢齒，上法月參，康度成紀，取理陰
陽」（《白虎通‧聖人》）。帝堯「八尺七寸，豐下兌上，龍顏
日角，八采三眸，鳥庭荷勝，琦表射出，握嘉履翼，竅息
洞通。赤帝體為朱鳥，其表龍顏，多黑子，赤帝之精生於
翼下」（《春秋緯合誠圖》）。帝舜「龍顏，重瞳大口，手握褒」
（《孝經援神契》）。夏禹「耳參漏，是謂大通」（《春秋演孔

---

❿　張彥遠《歷代名畫記》卷三〈述古之祕畫珍圖〉提到漢末
　　　「鴻都門圖孔聖七十子」、「魯廟孔子弟子圖」，惜皆無可考。

❿　祝平一，《漢代的相人術》（臺北：臺灣學生書局，1990），
　　　「聖人不相表」，頁 207–213。

圖》);「禹虎鼻」(《孝經援神契》)。無論《演孔圖》或《合誠圖》,原本和《孝經內事星宿講堂七十二弟子圖》一樣,應都有圖。如果這些圖流傳下來,我們就能較清楚知道上述人物描寫的確實意義。緯書中對古帝王形象的描寫有很多早有淵源。例如《淮南子‧脩務》即已記述堯眉八彩,舜二瞳子,禹耳參漏,文王四乳等,而這些又最少可追溯到戰國楚簡〈子羔〉篇和《荀子‧非相》篇等。〈子羔〉殘簡已有「仁而劃於背而生,生而能言,是禹也」的說法。**❸**《荀子‧非相》篇則提到聖人體貌異於常人而為《春秋繁露》所繼承。**❸**因此漢代圖譜將古帝王刻畫成奇形異狀,本來就有長遠傳說的根據。

　　如果比較以上緯書中對古帝王的描寫和武梁祠石刻,石刻中的古帝王可以說完全沒有牛頭、併幹、駢齒、大脣、

---

❸　馬承源主編,《上海博物館藏戰國楚竹書㈡》(上海:上海古籍出版社,2002),〈子羔〉篇簡十,頁193。

❸　《荀子‧非相》:「仲尼之狀,面如蒙倛;周公之狀,身如斷菑;皋陶之狀,色如削瓜;閎夭之狀,面無見膚;傅說之狀,身如植鰭;伊尹之狀,面無須麋;禹跳,湯偏;堯、舜參牟子」。(梁啟雄《簡釋》本)《春秋繁露》卷七〈三代改制質文〉第二十三:「舜形體大上而員首,而明有二童子……禹生發於背,形體長,長足肵,疾行,先左隨以右……湯體長專小〔盧云:專讀曰團〕,足左扁而右便……文王形體博長,有四乳而大足……」(蘇輿《義證》本)。

二瞳子、三眸、耳參漏、大口、體為朱鳥或虎鼻等特徵。
武梁祠古帝王像中除了伏羲與女媧人首蛇身，其他都是正
常的人形。伏羲和女媧被想像成人首蛇身，起源應該很早，
且應在西漢中期圖緯之學興起以前。**❶❹⓿**武梁祠伏羲圖贊稱
伏羲為「倉精」是唯一可能與緯書有關的地方。《御覽》卷
七十八引《易通卦驗》云：「宓戲方牙蒼精」；《禮記·月

---

❶❹⓿ 聞一多，〈伏羲考〉，載聞一多，《神話與詩》（北京：古籍出
版社，1956），頁 13–14；呂思勉，《呂思勉讀史札記》（上
海：上海古籍出版社，1982），「伏羲考」條，頁 30–32，
「女媧與共工」條，頁 56–64。另據馬王堆一號墓帛畫，人
首蛇身的女媧已可追溯到西漢初，參湖南省博物館、中國科
學院考古研究所編，《長沙馬王堆一號漢墓》（北京：文物出
版社，1973），上集，頁 41；曾布川寬認為一號和三號墓帛
畫上的人首蛇身像都是女媧，見其著《崑崙山への昇仙——
古代中國人が描いた死後の世界》（東京：中央公論社，
1981），頁 101–104；林巳奈夫也指出洛陽卜千秋西漢壁畫
墓上也有了人首蛇身的伏羲、女媧像，參所著〈洛陽卜千秋
墓壁畫に對する注釋〉，載《漢代の神神》（京都：臨川書
店，1989），頁 281–317。其說與孫作雲及卜千秋墓發掘簡
報作者的看法基本相同。參洛陽博物館，〈洛陽西漢卜千秋
壁畫墓發掘簡報〉，《文物》6 (1977)，頁 9；孫作雲，〈洛陽
西漢卜千秋墓壁畫考釋〉，《文物》6 (1977)，頁 18。卜千秋
墓屬西漢末，馬王堆墓屬西漢初，如此人首蛇身的伏羲、女
媧早在西漢初已有實物可考。

令》：「孟春之月，其帝大皞，其神句芒」，鄭玄注：「此蒼
精之君，木官之臣。自古以來，著德立功者也。大皞，宓
戲氏；句芒，少皞氏之子曰重，為木官。」鄭玄精於緯書，
曾注《易緯》，其注〈月令〉以宓戲為蒼精之君，似當本於
《易通卦驗》。果如此，伏羲蒼精似乎是緯書中的說法。不
過緯書之說是否有更古老的淵源，猶待考證。這如同武氏
祠石刻榜題謂：「夏禹長於地理，脈泉知陰……」，似乎源
出緯書《尚書刑德放》：「禹長於地理，水泉九州……」（《御
覽》卷二零八引）。又緯書好言符瑞，武氏祠有符瑞圖，也
似與緯書有關。事實上，禹知地理，畫九州，本是極古老
的傳說；而符瑞也可上溯西周初，漢儒不論家派，幾無人
不講，陳槃先生曾有詳細討論。**❹** 因此，武氏祠這些符瑞

---

❹ 參陳槃，〈秦漢間之所謂符應論略〉，載《古讖緯研討及其書
　　錄解題》，頁89。關於武氏祠為何出現符瑞圖，巫鴻的解釋
　　是符瑞本應出現於聖王之世，武梁祠畫祥瑞，乃譏時君，寓
　　意諷諫，參 Wu Hung, *Wu Liang Shrine*, pp. 96–107。又佐原
　　康夫以為此類祥瑞圖不但見於武梁祠，也見於和林格爾壁畫
　　墓。此類祥瑞在東漢已不是帝王的專利，個人的孝行也能感
　　天而降祥瑞。蔡邕「母卒，廬于冢側，動靜以禮。有菟馴擾
　　其室傍，又木生連理」（《後漢書・蔡邕傳》），即為其例。因
　　此墓中或祠堂的瑞應圖是在顯示對至孝可以通天的信念。參
　　佐原康夫，〈漢代祠堂畫像考〉，頁40–43。我以為佐原氏的
　　解釋較可接受。祥瑞圖尚見於其他漢墓（如河北望都壁畫
　　墓、江蘇邳縣繆宇墓），很難說它們都是用於諷諫。此外，

圖可以說並不必然出乎緯書。

從武氏祠的幾方殘碑來看，武梁、武斑和武榮的治學尚可考見一二。他們和東漢末年其他碑刻所見的人物頗為類似，並不嚴守今文或古文的分際，也不一定專治儒家經典，而是兼學並包。〈武梁碑〉說梁：「治韓《詩經》，闕幀傳講，兼通《河》、《雒》，諸子傳記，廣學甄徹（微），窮綜典（闕），靡不（闕）覽」；〈武斑碑〉說斑：「掌司古（闕），領校祕隩，研（闕）幽徹（微），追昔劉向、辯賈之徒，比（闕）萬矣。」所謂「《河》、《雒》」，「幽徹（微）」都是指圖緯內典；所謂「諸子傳記」指儒經以外；「追昔劉向、辯賈之徒」指武斑曾校書中祕，經學上也同於劉向、

佐原氏之說應稍作補正，即能致祥瑞的行為除孝行以外，最少還須加上治民的功德。武都太守李翕俓嶙嶻之道，德治精通，曾致黃龍、白鹿、木連理、嘉禾、甘露五瑞（參《隸釋》卷四，〈武都太守李翕西狹頌〉、〈李翕黽池五瑞碑〉）。文獻中這樣的例子也很多，地方官的善政足以致瑞去災，如《後漢書》〈循吏傳〉「秦彭」條、「孟嘗」條，〈郅惲傳〉注引謝沈書，〈魯恭傳〉，〈卓茂傳〉，〈宋均傳〉等。又王明編《太平經合校》（北京：中華書局，1960）卷一零八〈瑞議訓訣第一百七十四〉謂：「故人心端正清靜，至誠感天，無有惡意，瑞應善物為其出。」（頁512-513）這裡的人是指一般人；換言之，祥瑞在漢末的觀念中，似已非天子或作官者的專利。巫鴻與佐原兩人都以為祥瑞圖與緯書有關，這一點則還須更進一步的分析才好定案。

賈逵一派。武榮則「治魯《詩經》韋君章句，闕幘傳講，
《孝經》、《論語》、《漢書》、《史記》、《左氏》、《國語》，廣
學甄徹（微），靡不貫綜」。漢碑裡「廣學甄徹（微）」、「靡
不貫綜」這一類話雖涉誇張，不過會通兼覽，不分今古，
確實是東漢末年治經的風氣。武榮治今文魯《詩》韋賢章
句，也講古文《左氏》、《國語》就是明證。這樣看來，由
武氏子孫所修的武氏祠堂，在畫像上表現紛雜，不依一家
一派之言，也就可以理解。

　　綜合武氏祠和其他可考的漢畫像觀之，凡刻畫古帝王
或孔子及孔門弟子，在形象上幾乎一律不依圖緯。換言之，
劉向留下的圖譜較早，影響可能也較大；班固和賈逵所作
並沒有能後來居上，取代舊譜。這不能不說是當時人有意
的抉擇，反映出東漢士人一般並不真正相信孔子或其弟子
如緯書所說的那樣形貌怪異。也就是說他們相信聖人和聖
人弟子，最少在外貌上和常人無異。❶⁴² 漢代祠堂和墓葬藝

----

❶⁴²　不強調容貌外形，應是自孔子以來儒門的正宗看法。請參拙
　　著〈論漢代的以貌舉人——從 "行義" 舊注說起〉，載《天下
　　一家》，頁 377–395；又戰國楚簡〈孔子見季桓子〉提到「夫
　　子曰：仁人之道，衣服必中，容貌不求異於人」云云也可參
　　考。釋文採陳劍所釋，參陳劍，〈《上博（六）‧孔子見季桓
　　子》重編新釋〉，載復旦大學出土文獻與古文字研究中心編，
　　《出土文獻與古文字研究》第二輯（上海：復旦大學出版
　　社，2008），頁 165。

術中充滿各種奇怪形象的仙神異物，畫工石匠無疑有能力將常人外貌刻畫成「非常人」，但絕不曾見這樣非常人的孔子和其弟子。

其更深一層的意義則可以說是東漢士人相信聖人可學，聖人之所以成聖，不在異相天命，而在尊師積學。《急就篇》說：「列侯封邑有土臣，**積學所致非鬼神**」。「積學所致非鬼神」這句話同樣可以適用在成聖一事上。河北安平出土熹平五年壁畫墓以這句話當作墓室砌磚排磚時用的編碼，⑭ 反映這一觀念藉《急就篇》如何地深入人心。王充在《論衡》〈實知〉、〈知實〉兩篇中大力抨擊聖人先知和不學自知之說。他在〈實知〉篇一開始說：

> 儒者論聖人，以為前知千歲，後知萬世，有獨見之明，獨聽之聰，事來則名，不學自知，不問自曉，故稱聖，（聖）則神矣。

接著王充舉了三個讖書裡孔子預知始皇「上我之堂，踞我之牀，顛倒我衣裳，至沙丘而亡」，「董仲舒亂我書」，「亡秦者，胡也」的例子，他抨擊道：「此皆虛也。案神怪之言，皆在讖記，所表皆效圖、書。」他明確指出「神怪之

---

⑭　河北省文物研究所編，《安平東漢壁畫墓》（北京：文物出版社，1990），頁 10–13。

言」，皆在讖記、圖、書。這裡的「書」即緯書。在〈知實〉篇，他舉出十五個例子，力證聖人不能先知，必學而後能。他的結論是：「所謂聖者，須學以聖」（〈實知〉）。這是儒家自孔、孟、荀以來的正宗態度，也是漢儒大多數所堅持的態度。

圖緯之學在東漢帝室鼓吹和利祿的引誘下，雖然興盛一時，但其荒誕不可信，學者內心並非不知。或許因為如此，強調聖人異相，聖人天生的緯書圖譜，雖因迎合時勢而產生，大概除了用於帝王宮室，卻不能得到一般士人內心真正的認同。當接近人生的終點時刻，他們不須要再去敷衍官方的神話。❶❹❹像武氏祠的主人們在祠堂中圖畫孔子

---

❶❹❹ 東漢讖緯之學流行，但漢末碑銘用讖緯之言的極少，從此可知漢人對圖緯的真實態度。王昶在《金石萃編》卷九「韓碑跋」中說：「漢時碑刻多用讖緯成文。」這僅是一種印象，並不正確。如果我們統計皮錫瑞《漢碑引緯考》和《漢碑引經考》即知引緯之數遠在引經之下，而引緯多集中在少數有特殊用意的幾方碑中。據《引經考》，漢碑引經次數如下：《易》144，《書》241，《詩》502，《周禮》14，《儀禮》7，《禮記》95，《左傳》78，《公羊》24，《穀梁》6，《論語》205，《孝經》8，《孟子》50，《爾雅》21，共 1,395 條。其中不少經文為不同碑多次引用，亦僅計一條。據《引緯考》，漢碑引緯共計 83 條，其中有一半以上，即 45 條集中在與孔廟有關的七方碑（34 條）和兩方堯廟碑（11 條）中。孔廟碑為強調孔子為漢制作，大量引緯；堯廟碑乃宣揚漢家堯

見老子，想要表達的毋寧是心中真正對孔子和老子的想法和期望。他們相信孔子是聖人，老子是更為超越的神人；聖人本與常人無異，可師可學，可是更希望如孔子之師老子，由學聖而學仙，超脫於生死之外。

　　士人基於內心的認同而不顧官方神話，這一超乎現實政治利害的獨立精神，和我以前研究漢世一般壁畫墓得到的結論頗為一致。我曾在〈漢代壁畫的發展和壁畫墓〉一文中指出：

> 地方壁畫可考的，如豫州刺史嘉美陳寔之子孝行，「表上尚書，圖像百城，以屬風俗」。益州刺史張喬因從事楊竦平夷亂有功，不及論功而卒，張喬「深痛惜之，乃刻石勒銘，圖畫其像。」從張喬以及前引各條資料可知，圖畫忠孝節烈之士，通常由縣令、郡守、刺史為之，或上奏尚書，由天子明令褒揚。不過，漢末也有地方人士私自為之的。例如，南陽延篤遭黨事禁錮，卒於家，「鄉里圖其形於屈原之

後，政治用意都很明顯，不同於一般墓碑。另有 27 條出自武氏祠的祥瑞圖及畫像題記。除此以外，漢碑引緯的可以說極少，和引經之多不成比例。詳見王昶，《金石萃編》（臺北：藝文印書館影印清嘉慶十年 (1805) 王氏經訓堂刊本，1967），卷九，頁 40 上至 40 下；皮錫瑞，《漢碑引經考》附《漢碑引緯考》，清光緒中善化皮氏刊《師伏堂叢書》本。

廟」。又皇甫規妻立罵董卓，死於車下，「後人圖畫，
號曰禮宗」。蔡邕死獄中，兗州、陳留間，皆畫像而
頌焉。由此可見，圖畫人物以表揚典型不單靠官方
的力量。官方的圖畫不出宮室、宗廟、地方官衙和
學校。圖像人物能深入鄉里，真正普遍開來，有賴
以儒教為己任的地方儒士。延篤、皇甫規妻與蔡邕
三例不但說明這點，而且還有一值得注意的共同點，
亦即這三人都是現實政治下的犧牲者。延篤因黨禍
受禁錮，皇甫規妻迫於董卓淫威而死，蔡邕因與董
卓關係而為王允所殺。三人皆執著於儒教規範，或
忠或節，不苟同於現實權勢。不苟同於現實權勢者
反受到褒揚，可見東漢士人品鑑人物，畫像立贊，
自有一個以儒家倫理為核心的標準，而超乎現實政
治之外。❹

　　要談漢代士人的集體自覺或談漢代於「治統」之外是否隱
然獨立存在一個後世常說的「道統」，我認為東漢末年大量
的壁畫和畫像石、磚是還待大大挖掘的材料。
　　最後必須一提，誠如前文所說，孔子見老子畫像中的
人物都以常人之姿出現。畫像無意於刻畫個別人物在容貌

---

❹　參邢義田，《畫為心聲》(北京：中華書局，2011)，頁 19-
　　20。

上具有個性的特徵，主要反映他們在特定意義脈絡下所扮演的角色、理念和道德典型。孔子、項橐和眾弟子固無異相，被視為神仙的老子也沒有被刻畫成有羽翅、長耳、削瘦的神仙。這種情形其實也見於一般的漢代故事畫像。漢代人物故事畫像背後的思維模式和《史記》、《漢書》、《列女傳》、《孝子傳》等漢世人物傳記顯露的，基本上沒有差別——一言以蔽之，彰顯典型或突出樣板以達教化的意義大於其他。為達教化，首重建立典型。畫像人物即便有時有少許外形特徵（例如孔子身形有時較為高大，老子手持曲杖……），僅僅是出於典型塑造的需要，而不在於刻畫出人物真實的面貌或個性。因此漢代畫像裡的人物幾無表情，與其說是有血有肉的人，不如說是帶著面具或代表一定典型的臉譜。由於圖譜出自如劉向之類重視教化的士子儒生，畫像也就反映了和傳記文獻一致重典型、輕個性的思維和表述傾向。

5.墓主身分與「鄒魯守經學」

從漢世喪葬的風俗來看，漢代墓葬畫像在構圖上受到圖譜的影響，在內容上，則和墓主或其家人的意願有密切關係。以有限的例證而言，孔子見老子題材的選擇，似又與儒生或官僚身分的墓主最有關係。

兩漢竭生送死之風盛行，相關論述已多，可以不贅。❿這裡想要強調的是漢人頗多預營墳冢，而喪葬方式除受流

行風氣影響，家人通常多尊重死者遺令行事。預營墳冢之
風，上自天子，下及臣民。漢帝即位後修陵，自不待言；
一般大臣自營塋地者，兩漢皆有其例。西漢如霍光、張禹，
東漢如馮衍、趙岐、孔耽，宦者則有侯覽、趙忠。**147** 天子
和士大夫如此，社會豪富之民，必亦如之。《太平經・冤流
災求奇方訣第一百三十一》謂：「愚人不肯力學真道善方，
……爭置死地，名為冢，修之治之以待死，預作死約及凶
服，求死得死，有何可冤哉？」**148** 所謂「待死」、「預作」可
見經營冢墓於身前。凡這類自營冢墓的布置裝飾，頗可在
相當程度上反映墓主的意願與思想。趙岐自為壽藏，「圖季
札、子產、晏嬰、叔向四像居賓位，又自畫其像居主位，
皆為讚頌」（《後漢書・趙岐傳》），又《水經注疏》卷三十四
〈江水二〉謂其冢乃「岐平生自所營也。冢圖賓主之容，
用存情好，敘其宿尚矣」，即明白說趙岐所圖乃「用存情
好，敘其宿尚」，表達自己的「情好」和「宿尚」。我這樣
強調，並無意否認墓主家人因其他動機而有所增飾或減損。
過去拙文即曾指出：「墓中壁畫和雕刻的目的是多方面的，
死者和家屬親人都藉此得到不同需求的滿足。」**149**

---

146 楊樹達，《漢代婚喪禮俗考》（臺北：華世出版社，1976），
頁 124–132。

147 楊樹達，《漢代婚喪禮俗考》（臺北：華世出版社，1976），
頁 147–149。

148 王明，《太平經合校》，卷九十，頁 341。

　　不過，畫像裝飾一旦格套化，畫像所代表的意義與個人和家屬意圖的關係往往變得間接，甚至模糊，反映特定時空下，特定人群的風尚和心態的意味反而較為濃厚。倘使如此，今日所見的漢墓畫像是否能像趙岐那樣確切反映墓主的想法，就要看個別情況，打上不同程度的折扣。

　　如今可考的七十餘件孔子見老子畫像，其墓或祠堂主人絕大部分不可考。即便極少數出於考古發掘，知道墓主的身分（例如和林格爾小板申壁畫墓），也沒有任何畫像以外的線索可以推證畫像主題和墓主意圖的關係。若干近世出土、有發掘報告的，墓主也幾不可考。更何況例如在嘉祥紙坊和宋山發現的，原是三國至魏晉時期墓利用漢代舊墓或祠堂的石材重砌。❿原墓主的身分已不可能知道，而新造墓者在乎的是石材，也非石上的畫像內容。因此有同一

---

❾　邢義田，〈漢代壁畫的發展和壁畫墓〉，頁 44。

❿　嘉祥縣文管所，〈山東嘉祥紙坊畫像石墓〉，《文物》5 (1986)，頁 31–41；嘉祥縣武氏祠文管所，〈山東嘉祥宋山發現漢畫像石〉，《文物》9 (1979)，頁 1–6；濟寧地區文物組、嘉祥縣文管所，〈山東嘉祥宋山 1980 年出土的漢畫像石〉，頁 60–70；據蔣英炬先生的研究，上述宋山兩批材料彼此關連，他並據以復原了三座小祠堂，參蔣英炬，〈漢代的小祠堂——嘉祥宋山漢畫像石的建築復原〉，《考古》8 (1983)，頁 741–751。根據蔣先生的復原，孔子見老子圖分別出現在二號及三號小祠堂。

墓畫像內容重複、時代不一的情形。唯一的例外是嘉祥五老洼所發現的。❶這墓也是三國或西晉時利用漢墓舊材修建墓室。它利用的畫像石共十五方，其中有孔子見老子圖的兩塊（第七、九石）和一塊上刻樓閣，閣中坐一人，旁刻「故太守」的，在風格上完全一致。換言之，這墓的石材如果原出自漢代某太守的祠堂，其祠堂以孔子見老子圖為飾，就多少可以推想祠主和畫像的關係。❷

　　如果將五老洼的漢墓和墓主明確可考的武氏祠、和林格爾壁畫墓，以及有「二千石」等榜題可以推知墓主身分的孝堂山石祠合而觀之，可以發現這類墓和祠主的共同身分是儒生或儒生兼官員。武氏祠有殘碑，墓主身分明確。武梁、武斑、武榮皆治經學，前文已說過。其中武梁和武榮還是「闕幘傳講」的經師。他們之中除武梁為從事掾，州郡召請，辭疾不就以外，武斑曾為敦煌長史，武榮為執金吾丞。另一位武開明曾舉孝廉，除郎謁者、大長秋丞、

---

❶　朱錫祿，〈嘉祥五老洼發現一批漢畫像石〉，《文物》5 (1982)，頁 71–78。

❷　我承認將榜題刻在畫面上不合漢代畫像題刻習慣，也很可能是三國魏晉時人補刻的。但他們離漢世未遠，其所以題刻故太守三字有一個可能是他們知道這類畫像所呈現的應是哪類人物的身分。可是如此解釋又衍生新的問題：既然利用前人石材為何要補刻榜題？又為何會出現十一月和丁卯等等不規範的刻字？仍不好解釋。

長樂大僕丞、吳郡府丞。武氏一門可說是漢末標準的儒生官僚家族。和林格爾壁畫墓的墓主從壁畫內容和榜題可以知道，他曾教授經書（中室北壁繪有橫舍，一人坐方榻上，右左及舍外有門徒，榜題「□□少授諸先時舍」，缺二字，原發掘報告補作「使君」，疑即墓主），曾為孝廉、郎、西河長史，歷任行上郡屬國都尉、繁陽令到使持節護烏桓校尉。❿墓主讀經仕宦的情形和武氏諸人十分類似。孝堂山石祠的墓主身分，從墓地及祠堂規模，「二千石」榜題，以及出行車騎布局都可以推定為太守縣令長或僚屬一類地方官吏。❿我們雖然不能從以上少數墓和祠主作一般性的推論，不過儒生和官僚身分的墓和祠主選擇孔子見老子圖為畫像題材，應該最為順理成章。

其次，因孔子見老子畫像發現的地區集中於山東，我們不能不注意漢代在思想和風俗上的區域性。漢人常說：「百里不同風，千里不同俗。」《漢書・王吉傳》、《風俗通義・序》。銀雀山漢簡 0823：「……古者百里異名，千里異習。」）《史記・貨殖列傳》和《漢書・地理志》記載各地風俗之不同就是大家都熟悉的例子。《漢書・地理志》記政區劃分，以郡國為單位，言風俗則捨郡國，而以秦、魏、周、韓、趙、

---

❿ 內蒙古自治區博物館文物工作隊編，《和林格爾漢墓壁畫》（北京：文物出版社，1978），頁 10–18。

❿ 孝堂山石祠墓主身分，有不同意見。我以為蔣英炬先生所論最可從，參所著，〈孝堂山石祠管見〉，頁 214–218。

燕、齊、魯、宋、衛、楚等春秋戰國以來的舊國為單位。
分法和《史記·貨殖列傳》相同。從此可見政治上的變動
或政區劃分或可於一夕之間，而一地風俗文化的特色往往
持續極久，並不隨政治的異動而同步變化。從春秋戰國以
來，儒學的大本營即在齊魯。秦漢一統，齊魯仍為儒學的
中心，齊魯儒生對儒學鼻祖孔子的尊崇和感情，相沿數百
年，是其他地區所不能及的。這應是孔子見老子畫像獨多
於今山東地區的一個重要原因。

　　孔子魯人，一生並不得志，魯人特別敬重之。《史記·
孔子世家》有一段重要的記述，最能道出其人受尊崇，其
學在魯綿延不絕的情形：

> 孔子葬魯城北泗上，弟子皆服三年……。弟子及魯
> 人往從冢而家者百有餘室，因命曰孔里。魯世世相
> 傳以歲時奉祠孔子冢，而諸儒亦講禮鄉飲大射於孔
> 子冢。孔子冢大一頃。故所居堂弟子內，後世因廟
> 藏孔子衣冠琴車書，至於漢二百餘年不絕。高皇帝
> 過魯，以太牢祠焉。諸侯卿相至，常先謁然後從政。

魯世世奉祠孔子，至於漢二百餘年不絕，以致劉邦過魯，
為拉攏人心，亦須以太牢祠禮。《史記·儒林列傳》和《史
記·叔孫通傳》特別記述魯地儒學之盛：

> 及至秦之季世，焚《詩》《書》，阬術士，六蓺從此
> 缺焉。陳涉之王也，而魯諸儒持孔氏之禮器往歸陳
> 王。……及高皇帝誅項籍，舉兵圍魯，魯中諸儒尚
> 講誦習禮樂，弦歌之音不絕。(《史記・儒林列傳》)

魯地儒生除往歸陳涉，如叔孫通之流也持其術，先求售於
項梁、懷王，再降於漢王。他降漢時，跟從的儒生弟子有
百餘人之多(《史記・叔孫通傳》)。可見確如史遷所說，「天
下並爭於戰國，儒術既絀焉，然齊魯之間，學者獨不廢也」
(《史記・儒林列傳》)。這也是為什麼漢初弛挾書之禁，儒經
復出，而《詩》、《書》、《禮》、《易》、《春秋》之傳幾全自
齊魯。

儒學在齊魯為數百年的舊業，自漢中央設太學，地方
立郡國學以後，始漸普及於各地。前文提到河南洛陽一座
西漢晚期墓中曾出土一方銅鏡，鏡銘曰：「……大哉，孔子
志也；美哉，宣易負也；樂哉，居毋事也……」❺銅鏡是
批量生產的日用之物，鏡銘中出現孔子，這意味著孔子的
教誨和地位已相當普遍地深入人心。雖然如此，儒學在各
地深入的程度和對各地社會風俗造成的影響，恐怕都還無
法和齊魯相比。

這一點可由司馬遷得到證明。他曾親自到魯地觀風，

---

❺　刁淑琴，〈洛陽道北西漢墓出土一件博局紋銅鏡〉，頁 89。

「北涉汶、泗，講業齊、魯之都，觀孔子之遺風，鄉射鄒、嶧」（《史記‧太史公自序》）。他見「仲尼廟堂車服禮器，諸生以時習禮其家」，感動得「祗迴留之不能去」（《史記‧孔子世家論》）。他在〈貨殖列傳〉裡說：「鄒、魯濱洙、泗，猶有周公遺風，俗好儒，備於禮，故其民齪齪。」成帝時，朱贛條風俗，其言魯地之俗，本於史公而稍詳，並謂：「今去聖久遠，周公遺化銷微，孔氏庠序衰壞……喪祭之禮文備實寡，然其好學猶愈於它俗。」（《漢書‧地理志下》）這裡說的周公遺風、遺化，據〈地理志〉是因「周興，以少昊之虛曲阜封周公子伯禽為魯侯，以為周公主。其民有聖人之教化」。孔子學周公，周公之化由孔子繼承而光大，造成魯人好儒、好學、重喪祭禮儀的特殊風教。這是和其他地方不同，也是令來自關中的司馬遷印象深刻之處。他在〈游俠列傳〉提到與高祖同時的朱家，特別說「魯人皆以儒教，而朱家用俠聞」。大約與司馬遷同時或稍早的鄒陽說：「鄒魯守經學，齊楚多辯知，韓魏時有奇節」（《漢書‧鄒陽傳》），可見魯地以儒教為特點，不是史遷一人的偏見。

　　儒學隨著五經博士、太學和郡國學的設立以及無數經師的私人教授，漸漸成為遍及全國的顯學。經師從此源出各地，不再限於齊魯。不過，齊魯為周、孔之教的舊地，仍是經學重鎮。東漢魯國孔僖世傳《古文尚書》、《毛詩》。其長子長彥，好章句學；次子季彥守其家業，門徒數百人（《後漢書‧儒林傳上‧孔僖》）。北海鄭玄、任城何休也都是

一代大儒。齊魯人對孔子的一份特殊感情，終兩漢沒有改
變。東漢以降，地域觀念更趨濃厚，重視表揚鄉邦人物是
十分普遍的風氣。❶《隋書‧經籍志二》說：「後漢光武始
詔南陽，撰作風俗，故沛、三輔有者舊節士之序，魯、廬
江有名德先賢之讚，郡國之書，由是而作。」由此觀之，齊
魯之士與孔子同鄉，以孔子為榮，沒有不標榜孔聖的道理。
今天可考的孔子見老子畫像，以出於嘉祥、泰安、滕州、
臨沂、泗水、汶上等魯國舊地附近的最多，並非偶然的現
象。

結論：仍然待解的謎

漢代畫像石、磚和壁畫不僅是漢代藝術的重要組成部
分，也是了解漢代社會生活和文化思想的寶庫。本文以孔
子見老子畫像為例，試圖以有榜題的為準，找出此圖的基
本構圖格套或模式。目前可考的孔子見老子畫像以在山東

❶ 參劉增貴，〈漢魏士人同鄉關係考論〉，《大陸雜誌》84：1
(1992)，頁 14–24；84：2 (1992)，頁 81–96。

發現的最多，其構圖特色主要在：

一、孔子與老子相對拱身而立，中間立一面對孔子的小童。這三人是基本構成人物。孔、老二人身後的弟子可有可無，並非構成圖像的必要因素。

二、老子常持曲杖，小童常持一輪狀玩具，孔子則或有鳥（雁或雉）在手，但這些也不是必然出現。

三、孔子、老子在容貌、表情、衣冠或身材上通常沒有明顯的特徵，甚至幾乎相同，僅身材上孔子和老子有時比眾弟子高大，或孔子較老子和眾弟子高大，在視覺上突顯出孔、老才是主角。子路和顏淵的衣冠、身材與姿態反而特色較顯著。

四、在整體構圖上，以側面的孔子、老子、小童以及人數不定的眾弟子在同一底線上，水平一字排開為最常見。

以上這些構圖特徵見於西漢中晚期的漢墓壁畫和東漢初的孝堂山石祠，也見於建在百餘年後的武氏祠。這意味著漢代畫匠作畫，通常墨守圖譜成規，在構圖上才出現了這樣明顯的延續性。在漢畫中，孔子見老子、孔子見項橐的畫像可以各自附加弟子而出現，也可以合在一起出現。以目前所見，各自出現的例子遠不及合在一起出現的多。由於各自出現的例子只有二、三，而這二、三例的斷代都不清楚，我們還無法確定各自出現的畫像是否必早於兩個故事合在一起的。從風格上看，各自和合在一起的畫像不無可能同時存在。換言之，東漢營建墓室的主人和工匠在

兩者之間，可有選擇的餘地。

　　和孔子相關的故事甚多，漢人獨喜以孔子見老子一事入畫，可能是因為這個故事在漢代人的認識中具有多面性。它可以隨墓主或家人的理解，作不同或多重的解釋。它可以象徵學聖與尊師，也可以因漢人視老子如神仙，象徵由學聖而成仙的追求。墓主追求的道，可以是儒家理解的道，也可以是道家或神仙家的道。所謂「朝聞道，夕死可矣」，他們如同孔子之聞道於老子，不論其道為何，可依個人心之所安去解釋，然後安心地走向人生的終點。

　　本文考證孔、老二人中間的小童應是項橐，他象徵著生而知之。孔子以他和老子這一少一老為師，象徵聖人無常師。在漢人的傳說中，孔子雖為大聖，卻也有不如這一老一少之處。對一生嚮往成聖的士子儒生而言，這幅畫像中的大聖有不如人處，項橐乃生而知之者，如此學聖不成，非己之過，也就不那麼感到遺憾了。可是另一方面，漢代士人又堅信聖人與常人無異，有為者亦若是。因此圖緯內學所強調的聖人具天生異能異相之說，似乎不那麼受歡迎；圖緯書中描繪的異相聖人也就不曾出現在漢代的畫像中。以目前可考的有孔子見老子畫像的墓葬或祠堂而言，墓主身分皆屬儒生或儒生兼官僚。漢代儒學大興，流播各處，不過齊魯畢竟是儒學的發源地。在地域觀念深重的東漢，孔子見老子畫像獨多於今山東地區，應與孔子乃魯人，弟子多齊魯所產，儒學與齊魯之地淵源較深這三點有關。

回到畫像本身，還有以下幾點須要一提。第一，不論
墓室或祠堂，可供製作畫像的牆、梁、柱，在空間上都是
有限的。畫像題材必然經過考慮和選擇。巫鴻先生曾正確
地指出，要了解選擇畫像背後的思想，須從墓室或祠堂所
有畫像的整體去觀察。他研究武梁祠畫像，發現畫像是由
石室頂的符瑞，山牆頂的神仙世界和四壁的人間故事，表
現出漢人所認知的一個宇宙整體。各部分的畫像並不是相
互獨立，而是彼此關聯的。❺孔子見老子圖雖有它本身的
意義，不過也必須和墓室或祠堂其他的畫像連繫起來，才
能更好地掌握它在整體畫像中的作用。舉例來說，常和孔
子見老子畫像相伴出現的就是「周公輔成王」圖。周公輔
成王圖有明確的格套，它也和孔子見老子圖一樣，是漢代
畫像中幾乎唯一一個有關周公的題材。❺這個題材有時單

❺ Wu Hung, *Wu Liang Shrine*, pp. 69–70, 218–230. 土居淑子的
《古代中國の畫象石》（京都：同朋舍，1986）也認為祠堂
或墓中畫像雖各有象徵意義，但彼此係關聯不可分的整體，
除了出行圖，其餘畫像基本上是在表現墓主在死後世界的生
活與期望，參頁 51–61，191–196。

❺ 傅惜華《漢代畫象全集》二編曾著錄沂州（臨沂）出土，今
藏於日本東京帝室博物館（現稱日本東京國立博物館）東洋
館的一石（圖 214）上有「周公」、「成王」、「南公」、「使
者」和「門亭長」榜題以及一隻似由人牽引的老虎。我曾親
見此石，榜題清晰，但畫面構圖與常見的周公輔成王圖不

獨出現，有時與孔子圖同見於一墓或一祠堂。它們共同反
映了漢儒對周、孔的尊崇。尤其重要的是周公輔成王畫像，
以個人所知，目前可考的絕大多數見於山東和徐州一帶。❶❺❾
如果將兩圖合而觀之，更可以證明周、孔二人和齊魯舊國
的地域性關係。當然隨著儒學成為仕宦的鑰匙，儒生成為
官員的主體，官方圖譜的流傳，相關畫像也多多少少在其
他地方有了蹤影。❶❻⓿蜀郡文翁石室可能很早就有了後人記
述中的周公禮殿，但殿中原本是否有圖畫，圖畫是何模樣？
後人的相關傳述有幾分可信？如今都已難以評估。

　　其次，在畫像整體的布局上，通常墓室頂部或山牆頂
是以西王母或再加上東王公為代表的神仙世界，其下層或
有象徵占問生死或成仙的六博圖、撈鼎圖，❶❻❶或即刻畫孔

　　　同，述說的故事無可考，也不見有其他類似的畫像。參本書
　　　頁 168–179，〈過眼錄〉1。

❶❺❾　徐州之例見武利華編，《徐州漢畫像石》（北京：線裝書局，
　　　2001）圖 20，有「周公」、「成王」榜題。

❶❻⓿　例如 1975 年陝北子洲縣淮寧灣出土的墓門右立柱畫像石上
　　　層，即有頗典型的周公輔成王圖，參《中國畫像石全集》第
　　　五冊，圖 191。但陝北迄今似僅見此一例。

❶❻❶　曹植〈仙人篇〉謂：「仙人攬六著，對博太山隅。」見逯欽立
　　　輯校，《先秦漢魏晉南北朝詩》（北京：中華書局，1983），
　　　頁 434。漢畫像中的博弈圖，或作仙人博弈，或有神獸在
　　　旁，當與曹植詩中所顯示的信仰有關。在漢人的信仰裡，太
　　　山（泰山）主人生死，博於其旁，似意味以六博博生死。又

子見老子。孔子見老子意味學聖、學道與尊師，這代表著
凡人，尤其是士子儒生在人世間活動的極致，因此常被安
排在表現人間活動畫像的最上層。典型例證見於武氏祠。
這種布局雖然不是一律，不過其象徵意義十分值得注意。

　　如果從迄今可考的所有漢畫像來看，畫像中勢力最龐
大、流傳最普遍的主題毫無疑問是象徵生命原始、再生和
不死的伏羲、女媧和西王母、東王公。**[162]** 前引西漢海昏侯

個人相信撈鼎圖和神仙信仰有關。在一些刻畫較細緻的畫像
中，鼎中有一龍探頭而出（如武氏祠左石室圖）。漢人傳說
黃帝曾鑄九鼎，又曾乘龍升天，求鼎得龍，即寓求仙之意。
《史記·封禪書》載齊人公孫卿言，即見鼎與求仙的關係。
其詳請參拙文，〈漢畫解讀方法試探——以 "撈鼎圖" 為例〉，
《畫為心聲》，頁 398–439。一些不同的解釋可參 A.
Bulling, "Three Popular Motives in the Art of the Eastern Han
Period: The Lifting of the Tripod. The Crossing of a Bridge.
Divinities," *Archives of Asian Art*, vol. XX, 1966/1967, pp.
26–34。

[162] 相關研究極多，無法一一細舉。這些神仙不但大量出現在畫
像中，也大量見於漢鏡，應是漢代最具勢力的信仰。參孫作
雲，〈洛陽西漢卜千秋墓壁畫考釋〉，《文物》6 (1977)，頁
17–22；《文物》編輯部，〈關於西漢卜千秋墓壁畫中一些問
題〉，《文物》11 (1979)，頁 84–85；劉志遠、余德章、劉文
杰，《四川漢代畫像磚與漢代社會》（北京：文物出版社，
1983），頁 131–142；吳曾德，《漢代畫象石》（北京：文物

劉賀墓所出銅鏡漆框背板題銘中有孔子和弟子的圖像和文字，但西王母和東王公也雙雙出現在衣鏡賦裡。❶❻❸總體來看，孔子受歡迎的程度遠不如伏羲、女媧和西王母、東王公。孔子見老子對相信神仙，一心期望不死的漢人而言，除了學聖尊師，更重要的意義可能在於孔子也要向神人老子求仙問道。老子由凡人而成仙，他掌握著凡人成仙的祕訣；通過他，則有希望進入上層西王母的不死世界或回到生命的源頭——伏羲和女媧。齊人本以好神仙著名，孔子

出版社，1984），頁 105–113；李淞，《論漢代藝術中的西王母圖像》（長沙：湖南教育出版社，2000）；曾布川寬，《崑崙山への昇仙》；森雅子，〈西王母の原像〉，《史學》五十六卷 3 期 (1986)，頁 61–93；林巳奈夫，《漢代の神神》一書第二，四，五，七章；小南一郎，《西王母と七夕伝承》（東京：平凡社，1991）；Suzanne E. Cahill, *Transcendence & Divine Passion: The Queen Mother of the West in Medieval China* (Stanford: Stanford University Press, 1993)；2000 年以前較詳細的研究書目可參前引李淞書所附參考文獻。此後有如 Elisabeth Benard and Beverly Moon eds., *Goddesses Who Rule* (New York: Oxford University Press, 2000); Victor H. Mair, *Contact and Exchange in the Ancient World* (Honolulu: University of Hawaii Press, 2006)。中文著作參石紅豔、牛天偉編，《中國漢畫文獻目錄》（南陽：南陽漢畫館，2005）。

❶❻❸ 銅鏡賦釋文詳見前引王意樂、徐長青、楊軍、管理，〈海昏侯劉賀墓出土孔子衣鏡〉，頁 64。

見老子畫像具有多方面的象徵意義，也寓意求仙，它大量
出現在齊魯之地應不難理解。一生服膺儒教又希冀成仙不
死的墓主及同一階層的士人，在人生的最後不免要再一次
向孔子看齊，虛心面對甚至跪伏在神人老子的腳下，一探
人生終極的祕密，尋覓些許心理的慰藉。漢墓裝飾在無數
可選的孔子故事中，獨鍾孔子見老子故事的關鍵理由，或
即在此。

　　第三,本文雖嘗試疏解漢代孔子見老子圖的多重意義,
事實上仍有不少矛盾和未解之謎，有待進一步思考。較明
顯的例如：如果我們以為漢人所熟知的孔子見老子與項橐
的故事，具有孔子不如老子或項橐，而對孔子加以嘲笑的
意味，這樣的圖像反絕大多數出現在以孔子為榮的齊魯，
不是很奇怪嗎？又如果我們以為老子在漢末被當作神仙，
或被視作是超乎神仙的人物，為什麼在畫像上的老子形象
和孔子相類，都戴進賢冠，衣儒生之服，而不像漢人想像
中身形削瘦，長耳又四肢帶羽的仙人或羽人？如果東漢畫
像依據的圖譜源自劉向，而已列老子於《列仙傳》者又可
能是劉向，難道《列仙傳》中的老子在形貌上和常人無異？
隨著兩漢老子形象日趨神仙化,為何其外形不見隨之變化？
從和林格爾墓壁畫的整體內容看，孔子見老子的部分是和
其他孝子、孝女故事圖置於同一壁面空間，僅以淡淡不完
整的橫線隔開。這部分壁畫的目的怎能說成是在歌頌老子
或取笑孔子,而不是總體表現對儒家道德典範人物的服膺？

圖21　山東臨沂畫像

類似的布局也見於《漢代畫象全集》二編圖219的山東臨
沂畫像（圖21）。畫中左上端有清晰的老子、孔子及榜題、
居中矮小的項橐，其右有雙人對坐飲酒，以及最少四位手
持鳩杖的老者在觀賞他們前方的百戲。百戲場面的左前方
則有一輛朝右駛來的馬車和從騎。最前方則見一人持刀搏
虎。❽在這樣的布局中，老子、孔子、項橐都好像是居於

---

❽　頗疑持刀搏虎是當時百戲中表演「東海黃公」的故事，因為

邊緣的布景或道具，畫面述說的重點明顯不在於歌頌老子或取笑孔子。對以上這些問題，這篇小文其實都無法完滿回答。

或許如前文所說，某畫像單元一旦和其他畫像單元連結，即可能融入或合而成為一個更大的畫像結構，分潤或衍生出新的意涵。另一個可能是某種畫像母題一旦反複製作，變成了一種程式或格套，原本的寓意趨於淡化或表面化。石工畫匠無非是迎合時尚流行或共同認可的程式，將若干常見或受歡迎的套裝畫面拼湊在一起，工匠和委造者雙方都不再那麼在乎其原有的寓意，裝飾意味反而變得較為濃重。另一種可能是某些人物的造型或構圖布局一旦固定即不易改變。這有點像後世戲曲中的關公以紅臉，曹操以白臉為造型，固定下來百年不能變；一變，演員和觀眾反都不能接受。以孔子、老子和項橐的造型來說，在迄今可考的例子中用以辨別身分的不是他們的面孔或身體的外觀特徵，而是(1)榜題、(2)三人的相對位置或布局結構以及(3)是否持直或曲杖，是否有雉或雁鳥在手，是否手牽鳩車或玩具車。這些在西漢中晚期形成後，可能就像紅臉關公和白臉曹操那般難以改變。

此外，或者也可以說孔子、老子和項橐的形象在漢人

其旁正有樂舞表演，持刀搏虎是表演的一部分。東海黃公故事和百戲的關係詳參邢義田，〈東漢的方士與求仙風氣——肥致碑讀記〉，載《天下一家》，頁 571。

心目中相當複雜，他們三人可以是兩兩組合，也可以三人在同一個敘事脈絡，彼此之間的關係和意義不必然相同，老子的形象也不存在簡單的線性發展——由人而神仙，敘事主軸——問禮、問道、求仙、尊師或嘲諷在不同人的心目中並不是非此即彼，而是共存而分量不一。再者，漢代孔子見老子畫像固然因為圖譜和傳統而有相似的布局特徵，當事的墓主、家人和作坊固然分享一些共同的習俗和信念，實則我們不可忘記，每一座墓葬或祠堂也是個別和獨立的存在，不免會因墓主、家人和作坊間複雜的關係和互動，導致畫像表現有了或多或少的差異，其間出現不諧，甚至矛盾，並不是那麼不可想像或不可解釋。

　　以上僅就孔子見老子畫像的存在和矛盾作了較表層的疏理。深一層看，墓葬藝術在根本上是反映了某個時代人們為解答生命謎語而作的種種試探。這個謎語包括今生的意義、死後的狀態以及身前死後的關係，至今沒有人能完整解答，也沒有任何答案獲得古今中外一致的同意。漢世墓葬藝術所能反映的答案，應該曾在相當長的時期內解答了什麼，獲得地方官吏和儒生士人階層相當程度的認可。不論象徵今生成就的周公或孔子，或象徵生而知之的項橐，或今生之人可如老子化為不死的仙，都頗曾安慰了那個時代這一階層的生人和死者。不過這些答案必然仍有不夠完美和解釋未盡的部分。因為完美的最後答案並不在凡人的手裡。情、智有限的凡人，面對生死之謎，除了世世代代

苦苦追尋，別無他法。

　　當某個時代對生死問題的想像或獲得多數人認可的答案，受到其他新思想或新想像的刺激和挑戰，漸漸不能令人滿意時，反映想像或答案的相關圖像就會自墓葬中漸漸消失，而被其他浮現的新答案和象徵所取代。魏晉南北朝以後，佛教和老莊思想漸盛，儒家思想受到空前的質疑和衝擊，孔子見老子、項橐畫像隨之變形轉化（如南朝墓的「竹林七賢與榮啟期」磚畫、唐墓所出「孔子與榮啟期（奇）答問」銅鏡），或者根本就從墓葬藝術母題中失去了蹤影。 ⓟ

　ⓟ　例如洛陽博物館編，《洛陽出土銅鏡》（北京：文物出版社，1988），圖 87、89；《陝西歷史博物館館刊》9 (2002)，頁 33 補白〈孔子問答鏡〉。在此之前榮啟期已出現在《淮南子》、《說苑‧雜言》、《孔子家語‧六本》、《列子》、《水經注》「汶水」條和南京西善橋南朝墓出土的竹林七賢模印磚上。可見孔子遇榮啟期故事源自漢世而流行於南北朝。此外可注意《歷代名畫記》卷七提到晉世仍有王廙畫孔子十弟子圖，戴逵畫孔子弟子圖，南北朝有宋之陸探微畫孔子像、十弟子像，他也畫榮啟期孔顏圖，宗炳畫孔子弟子像，梁之張僧繇將仲尼十哲和盧舍那佛像同繪於江陵天皇寺。梁武帝覺得奇怪，為何在釋門內畫孔聖，僧繇說：「後當賴此耳。」、「及後周滅佛法，焚天下寺塔，獨以此殿有宣尼像，乃不令毀拆。」從以上記述可見孔子和弟子畫像雖傳之不絕，但或依存於佛寺，或有了新的組成人物——榮啟期。孔子、老子和項橐的組合圖畫卻不再見於南北朝至唐代的記載。

　　再換一個角度看，以上所謂未解的矛盾也可能根本不是矛盾。因為不論古今，人們其實一般並不完全依據理性而行事，常常感情用事，生活在矛盾裡而不自覺，也無不安之感。尤其是在面對生死的問題上，既有理性面，也無疑有信仰和感情面。生死答案背後的因素極為複雜，不是人人能梳理清楚，也不是人人在意於全然明白通透。今人看見的矛盾，在古人的認識裡可能是矛盾，也可能根本不是矛盾，或者古人自有可以接受或心安而為今人不知的另外一番解釋。反而是今天的歷史學者多強調客觀、理性和邏輯，有意或無意地避談主觀的感情和難以捉摸的人性，見到於「理」不合的矛盾，心不自安，力圖對「不合理」作「合理的」解釋。如此常常落得合了自己的「理」，而與古人心思無關。比方說，今人難以理解老子《道德經》明明斥責「禮」乃「忠信之薄而亂之首」，為什麼漢人還會津津樂道並相信老聃知禮？更在一部部的典籍裡大談孔子向老子或老聃問禮的事？再例如：為什麼孔、孟明明力倡治人者應以民意為本，卻又不承認眾庶百姓能自我管理而成為權力的主體，必待聖王的教化而後可？今人看來難解，古人卻安之若素上千年，一直到唐、宋才有人試圖解釋。⓲

　　────────────

⓲　據楠山春樹的研究，較早對這一矛盾提出看法的是北宋的張載，其後朱子也企圖解釋。張、朱之後，直至近世，發表意見的甚多。詳參楠山春樹，〈禮記曾子問篇に見える老聃について〉，載池田末利博士古稀記念事業會實行委員編，《東

漢代畫像中所謂的矛盾或許也是如此。今人如何盡可能放下自己的眼鏡，透過例如畫像石、磚、壁畫之類的視覺性材料和傳世或出土的文字，設身處地，將心比心地去參透古人內心的所信所思所感，所謂「他人有心，予忖度之」（《詩經・小雅・巧言》），仍然是一個艱難的課題。

後記： 此稿初成於 1990 年，因許多疑惑遲遲找不到令自己滿意的答案，也就長年棄之篋笥。如今即將退休，時不我與，也終悟答案並不在自己的手上，不如公諸於世，由世之高賢繼續探索吧。

1990.6.3, 9.27 增補／1990.10.27 三訂／1990.12.3 四訂／1991.1.19 五訂／1991.3.6 六訂，1991.11.12 下篇初稿／1991.12.24 二稿／1992.1.15 三稿／2016.11.4 上下篇合一／2017.11.6 再訂

洋學論集：池田末利博士古稀記念》（廣島：池田末利博士古稀記念事業會，1980），頁 345–360。中譯有李今山譯，《禮記・曾子問》篇中的老聃——論老子傳的形式），載岡田武彥等著、辛冠潔等編，《日本學者論中國哲學史》（臺北：駱駝出版社，1987）。余英時大作《朱熹的歷史世界：宋代士大夫政治文化的研究》（臺北：允晨文化公司，2003）頁 234–236 指出，唐代陸贄早已企圖調和矛盾而為宋儒張載、程頤和陸九淵等所繼承。我曾繼而討論他們所謂的調和其實並沒能真正化解矛盾。參拙著《《太平經》裡的九等人和凡民、奴婢的地位），載《天下一家》，頁 606–608。

下編

畫像石過眼錄

　　歷史論著一般並不會這樣連人帶事地敘述田野考察的經過。我這麼做，主要是因為不能忘懷幾十年中曾有那麼多來自各方面協助我的師長、朋友和學生。人數多到不易一一列名，只能藉著敘述考察過程和刊布照片，留下他們的名和事，以表達我最誠摯的感謝。沒有他們，不可能有這本書。令我傷感的是歲月催人，不少師友如劉敦愿、萬樹瀛、宋守亭、朱錫祿已歸道山，思憶起他們的熱情和音容笑貌，一幕幕猶如昨日。

　　另一方面，依一般學術著作慣例，本不須附那麼多或可省略的資料照片，本編刻意多附，是希望讀者能見到不同的拓片版本，能用拓片和原石照片對照，或看清一般圖錄書中缺乏的細節，也希望有心的讀者留意那些不易見，或根本不見於他處的資料，今後能循線繼續深入追索。

　　末了，我要特別謝謝維紅在 2016 年 10、11 月陪我訪學海德堡大學期間，耐心閱讀本書全稿並提出有益的修改意見。

① 日本東京國立博物館藏孔子見老子及周公輔成王畫像

　　1992 年 8 月 14 日上午參觀上野公園內的東京國立博物館東洋館。在二樓見到兩排羅列的漢代畫像石、磚。畫像磚來自河南，畫像石來自山東長清孝堂山、嘉祥、魚臺、晉陽山慈雲寺天王殿、沂州等地。孝堂山者出自孝堂山下石祠，共三石，於明治四十一年（1908 年）由日人藏田信吉發掘並攜返日本，原藏東京帝國大學工科大學，今歸東京國立博物館（圖 1.1–1.2）。有關此石祠最早的報導見關野貞〈後漢の石廟及び畫像石〉《國華》第 19 編，1909，頁 195–199）。晉陽山者出自濟寧西北三十里慈雲寺天王殿內外壁，共六石，以紋飾為主，報導見關野貞同一文（《國華》第 20 編，1909，頁 107–108；又見關野貞，《支那山東省に於

圖 1.1–1.2　孝堂山下石祠

ける漢代墳墓の表飾》以下簡稱《關野》，1917，頁 76–78；傅惜華，《漢代畫象全集》二編，圖 35–39）。魚臺縣畫像有一石，以舞樂雜技為內容（其著錄見上引《關野》一書，頁 97）。又沂州一石，為羅振玉所贈，內容為羊頭與人物（其著錄亦見《關野》，頁 104）。

　　最引起我注意的是出自嘉祥的孔子見老子畫像。15 日曾再到東洋館仔細考察，並作筆記。回京都後，透過永田英正教授協助，向博物館申請，得到此石全石及局部照片各一張（圖 1.3、1.5）。這是我關注漢代畫像以來，親自見到的第一種孔子見老子畫像原石。完全沒有想到竟是在日本，心中不無感慨。文物流失海外，是禍是福，有時真不好說。

　　有關此石較早的著錄應為大村西崖的《支那美術史雕塑篇》（以下簡稱《大村》，1915，圖 257）及前引《關野》書（頁 101–102）。《大村》謂此石為內堀維文所藏。石高三尺一寸五分（約 90.5 公分），寬二尺三寸二分（約 70 公分）（頁 80–81）。《關野》將此石列在東京帝室博物館藏畫像石之第四石。據其著錄，此石高三尺一寸四分（約 90.3 公分），寬二尺三寸三分（約 70.2 公分），微有不同。

　　此石缺左下一小角，畫面仍保存得相當完整良好。全石以豎線刻紋為底，不完全平整。雕刻技法是在不平整的石面上，以陰線凹下刀法整平畫面主體；邊緣部分刻得稍深，並以平滑的弧度向中央轉淺，使主體略略有些立體感。

畫面主體的細節另以陰線刻出。全石畫面平均分為上下四層，每層以橫線隔開，每層各有主題（圖1.4）。

最上層以西王母為主題；西王母戴勝居中端坐，右側有面向西王母，拱手跪姿人物二，人首獸身怪獸一；左側有面向西王母，同樣姿勢人物二，鳥首背羽人身怪獸一；這些人物和怪獸手中都捧有植物類的東西，狀似仙草。下一層為出行圖，人物車馬皆左向，前有徒步扛戟前導二人，單馬輜車上有二人，馬車後有從騎一人，從騎似受驚作前足躍起狀（馬作前足躍起狀之構圖又見《漢代畫象全集》初編，圖184、193）。

圖1.3　東京國立博物館東洋館藏原石

圖1.4　楊依萍線描圖

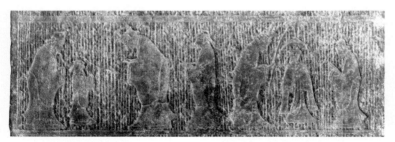

圖 1.5　上圖原石局部

圖 1.6　作者線描圖局部

　　第三層畫像左右有兩個主題，右側為周公輔成王；左側為孔子見老子。周公輔成王圖共由三個人物組成：成王身材較矮小，居中，戴山形王冠，面朝前拱手；右側一人側面朝成王，手中捧有簡冊；左側一人側面向成王，手持華蓋。孔子見老子圖由四個人物組成：老子在左側側面向右，戴進賢冠，有鬚，身微拱，拱手，有曲杖在手；老子之前有昂首披髮拱手面向右小童一人；孔子側面面向左，身軀微拱，較老子稍高大，戴進賢冠，拱手，手中有一鳥；孔子身後有弟子一人，身軀大小與老子相若，戴進賢冠，

拱手，手中有簡冊。

最下一層為狩獵圖。左側有一人牽一獵犬向右，右側有一人扛畢（捕獸器）左向，另一人持杖（或稱殳），二人之前有二往左奔之獵犬，中間有三隻向左奔逃的兔子。

這一石非經科學發掘，缺少出土資料可以查考。《大村》說出土於濟南府附近，《關野》說出於嘉祥縣，確實地點已難查考。可是從石刻技法看，這石和《中國畫像石全集 2》（山東美術出版社，2000）或《山東漢畫像石選集》（齊魯書社，1982）所收嘉祥縣嘉祥村所出一凹面線刻畫像，或1983 年於嘉祥紙坊鎮敬老院出土一石十分接近（參《中國畫像石全集 2》，圖 125）（圖 1.7）。嘉祥村一石分上下五層，

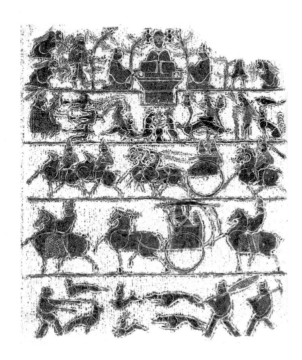

圖 1.7　紙坊鎮敬老院出土畫像石

圖 1.8　《中國畫像石全集 2》，圖 114　　　圖 1.9　《中國畫像石全集 2》，圖 115

上兩層為西王母及怪獸，下兩層為車馬出行，最下一層為狩獵圖。這一狩獵圖和東京博物館者在構圖上幾乎完全一致，稍不同處在嘉祥村一石只有右側最邊一人所持者似為弩而非杖（殳）。兩石之時代應該十分接近。東京博物館的說明標示時代為後漢，二至三世紀，應是不錯的。又此圖和《漢代畫象全集》二編 (1951) 所收晉陽山慈雲寺天王殿一石（圖 34），無論在內容（西王母、車馬出行、狩獵）和刻法上都十分接近。

　　東京這一幅孔子見老子圖較引人注意之處，是在將周公輔成王的畫面和孔子見老子的畫面置於同一層。以我所知，這樣處理的較少見。1983 年嘉祥縣紙坊鎮敬老院出土兩石，兩石上分別有構圖極為類似的孔子見老子、項橐以及周公、召公輔成王畫像。更重要的是其上分別有「老子」、「孔子」和「周公」、「召公」、「成王」的榜題（《中國畫像石全集 2》，圖 114、115）（圖 1.8–1.9）。這不但明確無誤

地證實畫像的內容，更可以從構圖和技法上推證東京這一石應來自嘉祥。

1993.1.27 初稿／1996.5.16 改稿

1992 年參觀東洋館時已注意到有周公輔成王以及另一方《漢代畫象全集》二編（圖 214）曾收錄過有周公榜題的畫像石。可惜當時拍照失敗。2009 年 1 月 20 日有緣再訪東洋館，終於用較好的相機拍下較清楚的照片。兩方周公畫像都有些特色，值得注意。其中一方最上層是西王母圖，其下一層即周公輔成王，最下層為車馬出行圖（圖 1.10–1.11）。周公輔成王圖左側有三位持笏朝右站立的人物，右端成王較矮小，正面朝前，頭戴所謂的山形冠，腰繫綬帶，兩手下垂，成王右側一人站立，手持華蓋，造型都屬常見。唯成王左側一人頭似戴武冠，以下跪的姿勢手扶著成王。這實屬僅見。這石說明牌僅注明來自中國山東省，屬後漢一至二世紀，沒有其他信息。

另一方畫像石則注明由羅振玉氏寄贈，石出山東沂州。這一石明顯是山東東漢石室墓常見的門楣石，左端有一極大高浮雕的羊頭（圖 1.12–1.13）。羊頭下及右方有凹下陰線刻的人物。人物畫面已殘泐嚴重，但「周公」、「成王」、「南? 公」、「使者」、「門亭長」榜題都算完整清晰。周公輔成王圖在山東的漢畫中有相當明確一致，格套化的表現方法。成王身形較矮小，居中，正面朝前，頭戴山形冠；

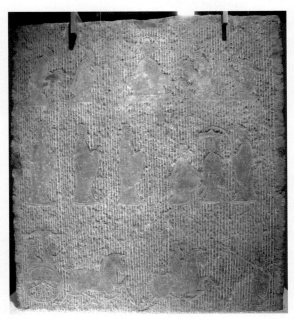

圖 1.10　東洋館藏山東畫像石

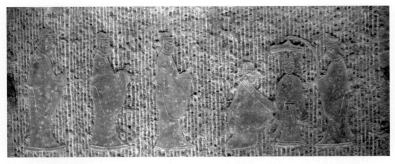

圖 1.11　同上局部

圖 1.12　山東沂州畫像原石

圖 1.13　山東沂州畫像拓本

圖 1.14　周公、成王

兩旁各有側面拱身的人物，其中一人或持華蓋，遮在成王
的頭頂上。但是出土於山東臨沂附近的這件畫像，圖中一
人正面朝前，榜題「成王」；其左側有一人戴冠，側面朝向
成王，榜題「周公」（圖 1.14）。這些布局都和常見的周公
輔成王圖相近。但是成王右側的一人，卻一手後揚，一手
牽一隻虎紋斑斑的老虎，朝左面對著成王，榜題不太好辨
認，可能是「宗公」、「泉公」，漢隸「宗」、「泉」二字字形
上幾不可分，傅惜華釋為「南公」（圖 1.15）。在周公的左
側還有跪著的一人，面朝左，伸手向前，榜題曰「使者」
（圖 1.16）。再向左，有一人，石殘，榜曰「門亭長」
（圖 1.17）；其左又一人，無榜。這方畫像石並不完整，左
端似乎仍有其他的刻畫。以殘存的部分來說，如果沒有榜
題，單從常見的格套，我們無法肯定畫中周公和成王的身
分。當初之所以加上榜題，可能就是因為它的布局和內容，
和一般的周公輔成王圖頗有所不同，是描述另一個和周公
有關的故事。可惜畫面中各部分人物之間是否相互有關或
無關，難以確認。「宗公」、「泉公」於傳世文獻完全無可
考。南公之釋如果正確，比較可以確認的是周公成王和牽
虎的南公應屬同一個主題單元，但主題為何，南公為何人？
又為何牽虎？因乏他例，也無法確定。《史記・項羽本紀》
謂：「居鄹人范增，年七十，素居家，好奇計，往說項梁
曰：『陳勝敗固當。夫秦滅六國，楚最無罪。自懷王入秦不
反，楚人憐之至今，故楚**南公**曰「楚雖三戶，亡秦必楚」

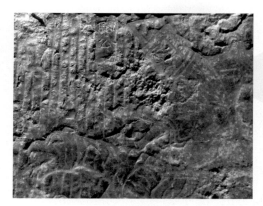

圖 1.15　南公? 及榜題局部

圖 1.16　使者

也。』」《漢書・藝文志》「諸子略」「陰陽家」條著錄有《南公》三十一篇，並謂乃「六國時」著作。這位六國時的南

圖 1.17　門亭長

公是不是畫像中的南公？和周公有何關係？惜無可考。這樣和周公成王有關的畫像，在布局上不同於一般格套的，還有一例見於徐州漢畫像石藝術館，將於本編第 30 節另述。

2017.3.11 增修

② 日本天理參考館藏汶上孫家村孔子見老子畫像

1992 年 8 月 9 日從京都趕往心儀已久的天理參考館。先乘近鐵到奈良,再轉車到奈良縣所轄的天理市。出站遇雨,雨中步行約 2 公里到天理參考館。天理教主張諸教合一,曾廣蒐世界各地的宗教文物,有關中國的收藏十分豐富。不巧遇上參考館因薰蒸殺蟲閉館,只得於 29 日再去一趟(圖 2.1)。在參考館二樓收藏中國文物陳列室外的走廊上,見到從漢代到隋唐時代墓室畫像石、磚及造像碑十餘件(圖 2.2–2.3)。漢代的畫像磚有河南所出以雙馬、鳥、樹為內容的空心磚,千秋萬歲方磚,五銖錢紋方磚。另一重要的收藏為山東滕州市董家村所出,曾為清金石大家端方所有,《漢代畫象全集》二編曾收錄(圖 54),但題為「今不知所在」的荅子管仲畫像。此石之重要在有清晰的榜題「管仲」、「管仲妻」、「荅子母」、「荅子」、「大鴻臚(臚)」等。

在此最引起我注意的當然還是山東汶上孫家村所出的孔子見老子畫像。此畫像中腰橫向斷裂為二,傅惜華《漢代畫象全集》二編曾收錄上下拓本各一,注明拓本一長 57.5 公分,寬 92.5 公分,另一拓本長 57 公分,寬 92 公分,並於八十八號石附說明云:「此拓本與第八十七號,原為一石,今斷二方」。據《全集》所收錄,與此二石同出的,應還有圖八十九的一方。據協助我取得這些畫像照片

圖 2.1　攝於天理參考館大門外

圖 2.2　天理參考館二樓走廊

圖 2.3　天理參考館提供側面照片

　　的佐原康夫教授告知，這三方畫像石都在日本。其中相連
的兩方藏在天理參考館，另一方在東京某私人收藏家手中。
目前這相連的兩石上下相接置於一處展出。佐原請天理參
考館的小田木治太郎先生幫忙，為我取得參考館此石全部
及局部照片（圖 2.4–2.6）。以下說說我觀察原石所得的印
象。

　　天理參考館所藏兩石呈黃褐色。石之四周和中腰斷裂
的邊緣都略有殘損，右下角有一稍大的殘缺，唯畫面主體
大致完好。在雕刻技法上，此石和前述嘉祥一石相同，都
屬凹面線刻，並以陰線刻出細部；唯一不同在這石的底完
全平整，底上沒有豎線刻紋。這石的一個重要特點在畫面

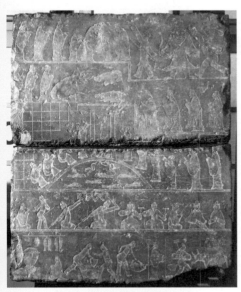

圖 2.4　天理參考館藏原石

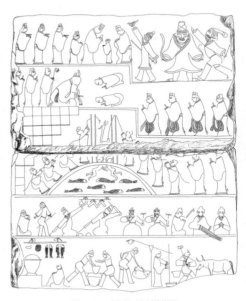

圖 2.5　楊依萍線描圖

圖 2.6　上圖原石局部

布局。它不像一般山東畫像石作橫向平行的畫面分隔，上兩層在近中央處，將分隔的橫線變化成階梯狀，一方面適合安排畫面，另一方面也使得整個畫面不致於因一律平均分隔而顯得死板單調。

　　畫像石的最上層，以階梯為界分為兩部分，右側在較矮的階梯上有三人，居中一人身形較魁梧，正面朝前，頭戴不知名之冠，兩眼圓睜，髭鬚四張，衣右衽，兩腳著長靴及膝，兩手持一彎曲物，部分似藏於身後，其狀若蛇。左右各一人，面容與居中者相似而冠形不同；二人皆右手高舉，左手低垂，作奔走狀；右側一人左手握一柄，柄上為何，因石殘不可知，似為有柄武器；左側一人腰配長劍，右手持一鳥。總之，這三人著短衣，持武器，身分似為力士或武士。

　　較高的階梯上則由七人組成孔子見老子圖。老子在最右側，側面向左，拱身，戴進賢冠，手持一曲杖。和老子同向的是一身形較小，昂首拱手的童子；和童子相對的是孔子。孔子身軀較老子略大，側面向右，戴進賢冠，微微拱身，拱手，手中有一鳥。孔子身後有同方向側面弟子四人。緊跟在孔子後，身材較矮小的是顏回，其餘三人造型相同，一律捧牘在手，拱身拱手，戴進賢冠。

　　下一層佔據的畫面最大，也以階梯橫線分成兩個主題畫面。其上部似為進謁圖。圖中主角是左側面向右，身形較其他人都大，戴冠憑几跪坐的主人，他身後有三位站立

而侍的侍者，其二人持牘，一人持長杖，杖端有一物不識
為何。面對主人的是兩位持牘跪拜中的人，他們之後還有
同方向，在階梯下站立，戴進賢冠，腰佩綬帶，拱手持牘，
等待進謁的人物四位。階梯下則為升鼎圖。在一拱橋上，
兩側各有四人正合力拉繩索，繩索繞過立於橋中央的轆轤，
繫在從水中上升的鼎，鼎中有一龍頭伸出，咬斷了一邊的
繩索。橋下有二裸身游泳的人，仰頭伸手正協助將鼎抬起，
水中則有兩尾左向，五尾右向游水的魚。最右側有二側面
向左持牘的人物，似正在觀看這撈鼎的一幕。由於布局的
巧妙，龍頭上方，兩位跪拜的人物和受拜的主人，似乎也
正在觀看撈鼎。左側有七乘九形成的倒階梯狀方格，這一
形式在山東許多升鼎圖中都曾出現，例如孝堂山石祠，和
有章和元年題記的南武陽功曹闕（分見《漢代畫象全集》初
編，圖 15、210）。但它代表的意義，尚難確定。有人以為這
是表示岸邊。

　　再下一層是橫向一字排開的舞樂圖。共有舞者和樂者
九人，自左至右，或吹塤，或揮舞鼓桴，或擊磬，或雙手
持短桴擊地上兩半圓形樂器，或吹排簫，另有持手鼓的兩
人，吹竽一人，鼓瑟一人，最右一人持何樂器不明，似為
吹笛。

　　最下一層為庖廚圖。共有人物六人。最左側一人，正
面對灶上的釜甑，手持一杖，觀看火候；上懸有倒掛的雙
魚兩組和其他不明的肉食，其右有兩人相對正在糟床上瀝

酒，再右有一人持刀宰豬，再右一人正以桔槔入井打水，
最右側一人則舉椎椎牛，其身後有一準備盛血的盆。

　　孔子見老子畫像在整個畫像石的左上角，雖在最上層，
卻似乎並不居於整個畫面的主體。佔據畫面最多的反而是
升鼎的場面，這是值得注意的地方。此外，孔子見老子部
分，居中的小童並不像其他畫像，手中沒有持一玩具車，
東京國立博物館的一石也沒有（**前一節圖** 1.3）。上層力士
造型和《漢代畫象全集》初編收錄，嘉祥劉村洪福院所出
一石極為類似（**圖** 2.7–2.8）。中間力士所握的彎曲物，在

圖 2.7　史語所拓本

圖 2.8　楊依萍據史語所拓本
所作線描圖

洪福院一石上是完整刻畫在力士的身前，看來似乎像弓，
實際是蛇。這可以從《南陽漢代畫像磚》圖 185 所錄一磚
上之力士一手握蛇頭，一手握蛇尾的清楚刻畫得到證明。
洪福院一石的下層也有構圖相近的升鼎圖，不多述。山東
畫像石中常見庖廚圖，參考館這一石的庖廚場面十分典型。
例如其中瀝酒的場面即見於《漢代畫象全集》初編，圖
163、170、171；二編，圖 6；《山東漢畫像石選集》，圖
88、135、144 等。

　　研究漢代畫像石以來，第一次見到原石不是在畫像石
的原鄉——中國，而是在異域日本的東京和天理。內心有
一種興奮，也有一縷莫名的傷感。這些先祖的傑作不是該
留在中國嗎？為何流落他鄉？回首上個世紀中原大地上的
波波浩劫，又不免為這些流落，卻逃過劫數的文化瑰寶感
到慶幸。畢竟因此，於世紀之末，我們得以相見。

1993.1.28 初稿／1997.5.16 改稿／2003.10.2 三稿／2016.7.31
補圖增修

後記： 感謝東京國立博物館、天理參考館提供照片，也感
謝永田英正、佐原康夫和小田木治太郎先生的協助。以上
1、2 兩節原刊香港《九州學林》二卷 2 期 (2004)，頁 313–
325。

③山東長清孝堂山石祠

　　1992 年 9 月 19 日上午，由山東省文物管理局張鋼先生陪同，小赤駕駛文物局蘇聯造小轎車從濟南西南奔長清。兩地相距約 50 餘公里，九點半出發，十一點到。沿途鄉村景色優美，多為平原和低矮的丘陵，公路平坦寬闊。孝堂山在長清縣南 20 餘公里孝里村的一小山丘上（圖 3.1-3.2），山下孝里村的民屋多以石砌牆，與一般村屋用土和用磚的情形不同。此地從古至今出產豐富的石材，當是漢代畫像石墓出現的重要條件。

　　孝堂山石祠，當地人稱為郭巨廟，至今仍受鄉民崇拜。我們參觀時，就有孝里民婦攜香煙一包，來拜「郭巨爺爺」。郭巨廟原規模甚大，目前只有石祠保留下來。1908 年 9 月，關野貞曾親訪「郭巨廟」。根據他的記述，孝堂山在山東省肥城縣西南約 70 里之孝里鋪。全山為石灰岩所構成，郭巨廟在山頂。廟內石室有近世磚瓦築成的套堂覆蓋，套堂後有高 3 公尺許，徑東西二十九步，南北二十六步之小墳。套堂前約 21 公尺處有石垣，其下約 8.2 公尺處有露出地表隧道之蓋石。距隧道西約 11.5 公尺，另有一稍小的隧道。關野在報導中附有孝堂山遠望、孝堂山石室套堂照片，孝堂山石室墳墓及東西隧道平面圖（〈後漢の石廟及び畫像石〉，《國華》第 19 編，1909，頁 189-195）。時經八十餘年，孝堂山周圍景觀及石祠本身已令人有滄海桑田之感。

圖 3.1　谷歌地球所見的孝堂山（北緯 36°23′55.72″ 東經 116°36′06.64″）

圖 3.2　從丘下看孝堂山石祠院牆

　　關野所說的隧道，是受了趙明誠《金石錄》中「隧道
尚存」說法的影響。根據蔣英炬先生的調查，隧道實際上

是堙沒的石室墓（〈孝堂山石祠管見〉，《漢代畫像石研究》，北京：文物出版社，1987，頁207–209）。石祠本身不大不高，須弓身而入。石祠目前罩在另一建築之下，受到保護。石祠外有院落，院落四周放置不少與郭巨廟有關的後代碑刻。負責管理石祠的宋守亭先生和老伴住在院中的另一棟小屋裡（圖3.3）。承宋先生好意，帶我觀看院落之外原郭巨廟的柱礎遺痕。其原有規模，今人唯能於想像中得之。關野所說的「隧道」或石室墓，也都在院外。那些僅存的痕跡被劃在保護範圍之外，可以想見，不久必將消失於天地之間。

　　宋先生熱愛孝堂山石祠，管理石祠已數十年，平時並不開放參觀。據說他人有些固執，許多人因他拒絕，想看都看不成。為防看不成，張鋼事先特別準備了一張文物局給宋的公文，如此我們不但順利入內參觀，並能夠進入石祠內（祠門外立有「禁止入內」、「嚴禁拍照」木牌），仔細觀看壁上的畫像，宿願因而得償（圖3.4–3.10）。2010年我率學生再訪石祠，石祠門口已架起玻璃板，完全進不去了，大家只能看到石祠外觀和玻璃壁櫃裡展示的拓片。這當然是為加強保護，然而如果拓片能說明一切問題，大家又何必千里迢迢走這一趟？已不在那兒的守亭先生不知贊成如此嗎？如今回看日記，那天中午請張鋼、小赤和守亭夫婦在他們住處吃飯，小赤從村中買來四菜和三瓶啤酒，守亭的老伴作醬油蔥花雞蛋湯，大家邊聊邊吃到下午三點多，十

圖 3.3　與宋守亭先生合影　孝堂山石祠在此背後建築內

圖 3.4　石祠正面

圖 3.5　石祠西側外牆有北齊武平元年 (570) 隴
東王感孝頌

圖 3.6　石祠斜西側

圖 3.7　石祠斜東側

圖 3.8　石祠東側

圖 3.9　石祠東側

圖 3.10　原石畫像局部

分開心。這對老夫婦的厚實，令我至今難以忘懷。

　　孝堂山石祠石材呈黃褐色，畫像雕刻技法屬平面陰線刻，石面平整，畫像是以極淺的細陰線刻出，辨識和摹拓

都很不容易（圖 3.10–3.11）。除了原有的畫像，因石祠受到注意極早，後世胡亂的刻畫不少，十分可惜。自宋代趙明誠以來，歷經著錄，近代有關研究也不少。以孔子見老子畫像來說，過去的人較為忽略這一部分。1961 年，羅哲文先生發表〈孝堂山郭氏墓石祠〉（《文物》4、5 (1961)），記述祠中畫像即沒有提到孔子見老子的部分。1984 年，李發林先生發表〈孝堂山石室畫像舊拓校勘和墓主問題〉（《考古學集刊》第 4 期），才提到石祠北壁有孔子見老子畫像的存在，文中除了記述畫像內容，並附拓片影本。1987 年文物出版社出版的《漢代畫像石研究》收有蔣英炬先生〈孝堂山石祠管見〉一文，也記述了這一畫像，不過沒有附拓片。另外，信立祥先生在其大作〈漢畫像石的分區與分期研究〉（《考古類型學的理論與實踐》，北京：文物出版社，1989）一文中，曾附孔子見老子畫像的局部摹本。這是我所知，目前有關孝堂山孔子見老子畫像較重要的報導。李發林文所附拓片，限於印刷條件，清晰程度不理想；信立祥摹本並不全面。經我仔細比對，有些地方還可略作增補修改。2017 年文物出版社出版蔣英炬、吳文祺、信立祥、楊愛國四人合編的《孝堂山石祠》，才有了十分清晰的圖版和線描圖。

　　先說孔子見老子畫像在石祠中的位置。這一點李發林先生記錄得很清楚，是在石祠北壁，也就是面對祠門的內牆上（圖 3.11）。北壁內牆長一說 3.8 公尺（蔣英炬），一說 3.805 公尺（羅哲文）；北壁上部中央有三角石梁分隔，

下部相連，其上滿是畫像和紋飾。這些畫像和紋飾自上而下的排列順序是：

　　(a)雙層車馬，「大王車」榜題在這一層的最左端
　　　（圖 3.12–3.13）

　　(b)斜線花紋

　　(c)五銖錢紋飾

　　(d)長尾鳳鳥花紋

　　(e)兩層建築，左中右各一棟

　　(f)孔子見老子及弟子圖

　　(g)車馬出行圖

　　從整個畫面看，孔子見老子畫像是在北壁的下部，僅高於最低的車馬出行畫面，但貫穿北壁的東西兩段牆。李發林先生曾詳記孔子見老子畫像的內容，我先引用他的記

圖 3.11　北壁局部　下層為車馬出行，其上為孔子見項橐老子

圖 3.12–3.13　宋守亭贈大王車拓片局部

述，再作些補充：

> 北壁東段……孔子和老子位置稍偏左，孔子頸項背
> 後，有「孔子」兩個隸書刻字，字體與「大王車」、
> 「胡王」、「成王」相同，當係原刻。孔子面向右，
> 老子面向左，均穿著寬大的衣服，頭戴進賢冠，手
> 扶杖。孔子的杖是直的，老子的杖下部是 ξ 形。孔
> 子身後有學生六人（還有二十五人在北壁西段，東、
> 西兩段是一個整體），他們均手捧簡牘，面向右立。
> 老子身後則有十四名學生，也手捧簡牘，面向左立，
> 孔子和老子之間，尚有一個兒童，面對孔子，伸開
> 雙手，應是項橐……北壁西段……所刻是孔子學生，

亦均手捧簡牘共二十五人，其中一人身材矮小。均
面向孔子站立。（〈孝堂山石室〉，頁 314）

可以補充的是孔子手中有一鳥，鳥頭露出，十分清楚。
蔣英炬文提到孔子「手行贄禮」，指的就是手中或為雁的
鳥。孔子身後共有三十一名弟子，李文說東段有六人，西
段有二十五人，是正確的；蔣英炬文報導為三十人，少算
了一人（〈管見〉，頁 217）。另外，可補正信立祥摹本的是弟
子手中皆捧有簡冊，十分清楚，摹本未將簡冊完全摹出。
其次，摹本看起來像是將直杖繪置於小童的手中，實應握
於孔子手中才正確。此外，值得注意的是，此圖孔子和老
子的身形比所有的弟子都稍大，而孔子又較老子稍高大。
在其他的漢畫中並不一定如此。

孝堂山孔子見老子畫像的特殊價值在孔子身後有明確
「孔子」二字榜題，證明這樣構圖的畫像就是孔子見老子
圖。

其次，孝堂山石祠完整，我們可以知道孔子見老子畫
像在石祠中所居的地位，也可以知道它和其他畫像的相對
關係，這對探討漢畫像中孔子見老子這一主題可能有的意
義十分重要。

第三，孝堂山石祠因有順帝永建四年（129 年）題記，
可知其建成年代應在東漢初到順帝初。這為研究漢畫像，
尤其是孔子見老子圖的出現，提供了一個重要的參考定點。

東京和天理兩石在這方面的價值不及孝堂山畫像。

第四，孝堂山石祠較早，在畫像中孔子手持直杖，後來的這類畫像中，孔子多不持杖，只有嘉祥五老洼和紙坊等地發現的畫像有同樣的現象。紙坊有一石，孔子甚至和老子一樣持曲杖（《文物》5 (1986)）。可見孔子持杖畫像可以在孝堂山找到淵源。

1993.1.28 初稿／1996.5.16 二稿／2016.7.17 補附圖

後記： 本文寫成後，1993 年 8 月赴夏威夷大學訪問研究。10 月間忽接孝堂山宋守亭先生一信，附贈拓製甚精的孝堂山石祠孔子見老子局部拓片一張（圖 3.14）。他並不知我人在國外，其信是由王汎森兄自臺灣轉寄。這真是一份意外的禮物。因為據我所知，孝堂山石祠的畫像雖然傳拓甚多，但是孔子見老子這一部分長期為人所忽略。李發林先生首先報導，但所附拓影因製版欠佳，不易辨識。我根據他的拓影所作的摹繪也就不夠完整。現在獲得的拓片雖非全豹，卻是孔子見老子圖最主要的部分。尤其可貴的是原石刻畫的線條極為淺細，拓製十分不易，拓片卻出人意外的精細，纖毫畢露。拓片原長 68.5 公分，寬 27 公分。因為有了這一份清晰的拓片，可以作以下的幾點補充：

⒜老子下頜有刻畫細緻，向前微飄的長鬚；孔子面孔下半部略有缺損，但可以肯定沒有像老子一樣的長鬚。孔子雖無長鬚，但手持直杖，表示見老子時的孔子，已夠格

圖 3.14　宋守亭贈孔子見老子畫像拓片局部

圖 3.15　上圖局部照片

為持杖的老者。因為照漢朝人以及經書（例如《禮記·王
制》）的說法，五十以上的老者才持杖。直杖與曲杖可能也

有不同的意義，值得進一步探究。畫像作者藉老子有鬚、持曲杖，孔子無鬚、行贄禮、持直杖來表現孔老二人不同的地位和身分，其刻畫的細緻性超越其他可考的孔子見老子圖。

(b)項橐雙手自窄袖中伸出，手掌前伸朝上。這樣細緻的刻畫也是其他畫像中所不曾見到的。

(c)「孔子」榜題的書法特點和石祠中「大王車」等榜題一致。「孔」字一撇的粗筆，也用鏤空的線條模仿墨書的效果。從書法的特點我們可以肯定這些榜題應是同時所作。

(d)由於刻畫精細，拓片又清晰，我們可以清楚看到諸弟子所捧的簡冊有兩道編繩，簡冊成卷地捧在手上。這對我們了解漢代的簡冊制度，是一份難得的圖像資料。四川出土的畫像所謂的講經圖磚上也有弟子捧冊的描寫，但可能由於磨損，冊的形制不如孝堂山的清楚。四川講經圖的可貴在於上方左側弟子手中的簡冊是攤開的，四至五簡編在一起的情形還可以分辨出來。下側右方弟子第一人之腰間繫有削簡用的削刀，十分可貴。2010 年到山東省博物館新館，見到長清大街漢墓出土的孔子見老子畫像石，成排弟子手中也持有清晰的簡冊。其詳見本編第 16 節。

1993.10.20 於檀香山 / 1996.5.16 / 2016.8.21 補

補記： 從長清回濟南第二、三天（9 月 20、21 日）曾兩度去山東醫科大學附屬醫院看望因心肌勞損住院療養中的劉敦

愿先生。劉先生雖說養病，
床上仍堆滿書和資料。他
當時最關心的是平陰孟莊
出土尚未發表的畫像，其
中有男女交媾之圖，十分
少見。劉先生給我看了拓
片和他作的摹本，送我一

圖 3.16　在劉敦愿先生家中

小張影印件。後來劉先生將意見寫成論文發表，並收入
1994 年允晨文化公司出版的論文集《美術考古與古代文
明》。1990 年夏我隨史語所訪問團第一次到中國大陸訪問，
訪問濟南時即曾慕名登門拜訪 19。1992 年再去看他，他十
分高興，病中談了兩個多小時。10 月 19 日離開山東前，
再到他家討教並合影（圖 3.16）。在家中見到其子劉善沂先
生。當時他在濟南市文物處工作，知我研究孔子見老子畫
像，贈送我孝堂山孔子見老子畫像原大拓片影印本全份
（圖 3.17–3.18）及陽穀八里廟所出孔子見老子畫像原拓一
份。這一份孝堂山拓片拓製精細，許多細節都顯示出來，
成為我當年研究漢畫像最珍貴的參考之一。陽穀八里廟所
出孔子見老子畫像原拓將於本編第 14 節介紹。

　　2016 年 8 月我隨史語所齊魯文化研習營到山東大學，
18 日由楊愛國帶領，在考古系工作室見到已退休，但仍從
事考古繪圖的劉善沂先生。他小我一歲，精神身體兩旺。
2010 年夏我在山東大學考古系演講時我們再度見面，六年

圖 3.17　劉善沂贈拓片影本　後壁之東壁

圖 3.18　劉善沂贈拓片影本　後壁之西壁

圖 3.19　周公輔成王

後又有緣再見，十分高興。我表達了我對他和他父親深切
的感謝。在山大學生餐廳用餐畢，他踏著月色重回工作室。
因為長年的習慣，也因為必須在 9 月底前完成系中老師交
待的繪圖，忠實厚重的善沂消失在知新樓的玻璃門後……。

再補： 孝堂山石祠畫像中迄今難解的是祠堂後壁為何有形式幾乎一致，左右中並排三幅的堂室和墓主畫像？一般後壁僅有一幅墓主圖而已。曾與楊愛國先生討論此疑問，沒有結論。近日臆想此或為一家族祠堂，族人或因無力像武氏祠那樣為每一位先人各立一祠，而是建一祠供三人合用。為示祠堂所奉祀的先人有三，因而將表現受祀者的格套式圖像重複了三次。可惜沒有其他案例，無法確證，姑錄所思，備考。2017 年 7 月楊愛國寄下新出《孝堂山石祠》，本文得以再稍增刪修改，謹此致謝。《孝堂山石祠》刊出的周公輔成王圖，其上有筆劃工整優美的「成王」榜題（圖 3.19），值得在此補錄。

2017.7.7

◆④山東泰安岱廟藏大汶口漢墓孔子見老子畫像

　　1992 年 9 月 22 日上午九點半，文物局張鋼和小赤開車來歷山劇院招待所，接我南下泰安岱廟。我想一訪岱廟，是因為從報導中知道這裡藏有新發表的孔子見老子畫像石。1989 年第 1 期《文物》上刊載泰安市文物局程繼林的〈泰安大汶口漢畫像石墓〉發掘簡報。簡報中提到該石墓畫像中有孔子見老子的部分，有「孔子」榜題，並附有拓片，可惜圖版很不清楚。簡報中還提到該石自 1984 年起在岱廟陳列。為一探廬山真面目，趁南下曲阜之便，中途經

泰安一觀。濟南和泰安間公路修築甚好，行車一小時餘即
抵泰安。岱廟也就是泰安市博物館。承蒙米運昌館長協助，
開鎖看了岱廟的漢畫像陳列館（圖 4.1）。館中所收基本上
是泰安舊縣城及大汶口一帶出土的畫像石，共展出約三、
四十方。為防止觀眾破壞，在所有展出的畫像石上都蒙有
一層紙，觀眾看見的實際上是蒙在原石上的拓片。見到這
樣的情況，一度感覺失望。幸好參觀時，館中女拓工正將
舊的拓片揭下，換上新紙重拓，得以見到部分原石的情況。
又承張鋼和米運昌館長商量，贈送我拓片兩張。張又私下
與女拓工打交道，以二十元人民幣換得較大拓片兩張，包
括有「盧行亭車」榜題者及大汶口孔子見老子拓片。大喜
過望（圖 4.2–4.3）。

　　岱廟藏石一般呈黃褐色，雕刻技法複雜而成熟。以孔
子見老子畫像來說，技法以減地平雕為主，但也有淺浮雕、
陰線刻。基本上在修整平滑的石面上打樣後，背景部分以
刀淺淺減剔，欲求表現的主體保留，並以陰線刻出細部。
但也有一部分，如雲紋，不減地，只以陰線刻出線條。墓
中石柱刻畫都減地較深，主體較為凸出，柱座刻獸則類似
浮雕。如此畫面不呆板，多少顯出了層次變化。

　　出土孔子見老子畫像的石墓，據程繼林先生報導，位
於泰安汶口鎮東門外約半公里的汶河北岸。全墓以石材建
成，墓門朝北，平面呈倒凸字形，由東、西前室，東、西
耳室和東、西後室組成。墓南北長約 6 公尺，北端寬約 6.4

圖 4.1　作者與張鋼（右）、小赤（左）合影於岱廟漢畫像石陳列館門口

圖 4.2　作者藏拓

圖 4.3　作者線描圖

公尺，南端寬約 4.65 公尺。除兩墓門外，東西前室、耳室與後室之間有門相通，畫像分刻在前、後、耳室的門楣及室間的中柱上。

　　孔子見老子畫像位於東前室墓門門楣。西前室墓門門楣刻的是迎賓圖。孔子見老子畫像高 0.44 公尺，長 2.1 公尺。原拓遠比《文物》上發表的影本清晰。全畫上層有高 12 公分，陰線刻的雲紋裝飾；下層人物在同一平面上一字排開，人物基本上皆側身側面，部分人物的身體呈三分之二朝前，但頭部仍以完全側面的方式處理。畫像右端雖較為漫漶，人數尚可估計出來。畫面中人物共計十六人，除孔子、老子和居二人之間的項橐，老子身後有弟子二人，孔子身後有弟子十一人。人物與人物之間有供題刻用長方形的榜，但只有孔子面前的一榜，題有清晰的「孔子」二字，餘榜皆空白。畫像從最左側起，有四人面朝右，餘皆朝左。作為主角的老子居左朝右，孔子居右朝左，相對而立，項橐居中與老子同方向。孔、老都戴前高後低的進賢冠，衣著基本相同，都弓身拱手，也都面無表情。不同處在老子手持曲杖，孔子無杖但手中有二鳥，一鳥鳥頭及鳥前半身自孔子衣袖中露出。另有一鳥在後，只見鳥頭。此外，孔子腰佩長劍，老子則無。項橐身形較小，昂首披髮，右手持一有輪玩具車，左手高伸前指，狀若與相對的孔子交談。老子身後二人，戴進賢冠，弓身拱手，手中無物。孔子身後弟子造像基本相同，也無物在手。唯身後第二人

作回首狀，右手持笏上舉。程繼林報導孔子身後第一人戴平幘，不確。他戴的很清楚仍是前高後低的進賢冠。孔子身後第三人，身材特矮，冠梁特高。這種造型的人物已發現多件，應是晏子（如此造型而有「晏子」榜題的一石今藏山東省博物館）。孔子身後的第六人頭戴雞冠，腰佩猳豚，身著大袖短衣，從其他有榜題的畫像可證，必是子路無疑。其餘弟子在造型上都頗為一律，不細述。

　　根據程繼林先生的推斷，這一石墓在時代上應屬東漢晚期，與武氏祠時代相近。這方孔老畫像值得特別注意之處在它於墓中所居的位置。它刻在最顯要的墓門門楣上，顯示出這一主題對墓主可能具有的重要意義。其次，孔子佩劍也是我當年所讀漢畫中僅見的二例之一（另一例見紙坊鎮敬老院所出，詳見本編第 8 節介紹）。後世孔子畫像如相傳顧愷之、吳道子所作也都佩劍（參《金石索・石索》），就不無來歷。後來發現孔子佩刀或劍的畫像其實頗多，但老子不見有佩刀帶劍的。

　　　　　　1993.1.29 初稿／1996.5.16 二稿／2016.7.18 三稿

⑤山東嘉祥武氏祠孔子見老子畫像

　　武氏祠和孝堂山石祠畫像一樣早經著錄，廣受矚目。到山東看漢代畫像石，嘉祥武氏祠是不可不去的地方。孝堂山石祠可以代表東漢早至中期的畫像，武氏祠則是東漢

晚期的代表作。二者一大不同在於武氏祠是武氏家族墓地
的祠堂，原本最少有三座，規模也大於孝堂山石祠。孝堂
山石祠建築尚大致完整存在，武氏祠建築則幾已全毀，只
剩兩石闕、石獅和部分的畫像石。近代中外學者（費慰梅
Wilma Fairbank、關野貞、蔣英炬、吳文祺、巫鴻）都根據殘石
作過畫像及建築配置的復原。武氏祠畫像目前收錄較全的
應屬朱錫祿先生所編《武氏祠漢畫像石》（濟南：山東美術出
版社，1986）。朱先生也是武氏墓群石刻的管理負責人。最
新最細緻的研究則屬巫鴻所著《武梁祠：中國古代圖像藝
術的理念》和蔣英炬、吳文祺的《漢代武氏墓群石刻研究》
（濟南：山東美術出版社，1995；修訂本，北京：人民美術出版
社，2014）。

　　1992 年 9 月 25 日清晨，在不到六點的微曦中，我懷
著朝聖的心情，由社科院考古所山東隊胡秉華先生陪同，
乘吉普車從曲阜出發，經濟寧往嘉祥。約八點到嘉祥縣，
吃早飯，拜訪嘉祥縣文物局局長王斯才。由王局長陪同，
再開車約 15 公里到武氏祠所在的武宅山。往武宅山的路
上，見到附近低矮的山丘全是石灰岩石，沿途有很多石材
廠、石雕廠和石灰窯，鄉村建築也多利用石材，盛產石材
的情形和孝堂山附近類似（圖 5.1–5.3）。

　　吉普車行走在鄉間蜿蜒的小路上，我留心著沿途的景
緻，心中毫無準備，車忽然轉入路旁一院落，王局長說：
「我們到了。」這才驚覺我已經來到心儀已久的地方。後來

圖 5.1　赴武宅山途中所
見石灰生產礦場

圖 5.2　嘉祥市街一景
與胡先生在此街邊吃包
子當早飯

圖 5.3　嘉祥路邊的石雕
廠

從資料中得知，自 1972 年起，武氏祠畫像受到保護，即存放在這個院落的陳列室中（圖 5.4）。陳列室旁另有一長形陳列室，展出在嘉祥出土和收集來的畫像石。院落入口內有新修石坊，題曰：「武氏墓群石刻」。朱錫祿先生是這裡的負責人（圖 5.5）。他有不少畫像石著作。承他好意，送

圖 5.4　屋內置嘉祥武氏祠畫像

圖 5.5　與朱錫祿先生合影

我他所編的《武氏祠漢畫像石》和《嘉祥漢畫像石》各一
本。《嘉祥漢畫像石》所收拓片較在其他報導中所附的要完
整，一部分也較為清晰。

　　武氏祠院落和其他村中民屋緊鄰。據朱先生告知，村
民造屋挖地基，經常挖到石墓，證明附近未發現的漢墓尚
多。1981 年 4、5 月在保管所院牆內東南部，即清理出兩
座石室墓（編為一號、二號），是形式稍不同，有前中後室
的多室墓。兩墓早經盜掘，幾無文物出土，墓內也沒有畫
像。但我看見墓門上仍有些雕刻的花紋裝飾（圖 5.6–5.7）。
這些發現可以證實，過去所知的武氏祠只是整個武氏家族
墓園的一部分（兩墓考古報告見前引蔣、吳《漢代武氏墓群石刻
研究》，119–127）。

圖 5.6　一號墓

圖 5.7　二號墓

現在這裡存放了絕大部分武氏祠的殘石畫像。一方有名的孔子見老子畫像則早在前清時即由黃易移往濟寧州學。為了看這方畫像，我們特地從嘉祥返回濟寧，請濟寧市文物局局長宮衍興先生協助，到濟寧市博物館參觀（圖 5.8–5.10）。在這裡不但看到了黃易移來的孔子見老子畫像，還見到了武榮碑、鄭固碑、郭有道碑等著名的漢碑。據宮先生告知，民國十八年濟寧縣教育局局長王大恕在濟寧鐵塔寺東邊建了一座金石館，將原藏濟寧州學明倫

圖 5.8　濟寧市博物館宋代鐵塔

圖 5.9　與宮衍興先生合影

圖 5.10　背牆下側所嵌即武氏祠孔子見老子畫像

堂的畫像及大部分的碑移至金石館，也就是現在藏畫像及
碑的地點。州學明倫堂原位於此館北偏西約 300 公尺處，
已於十餘年前拆除，聞之不禁感傷。宮局長古道熱腸，送
我其新著《濟寧全漢碑》一冊，是意外的收穫。武氏祠畫

像過去已有沙畹、瞿中溶、傅惜華、容庚等多人作過原拓著錄，今人則有朱錫祿、蔣英炬等的詳細報導，這裡不再重複。以下只著重說說我察看刻石，尤其是對孔子見老子畫像的觀感。

武氏祠石刻大概因幾百年間有太多人摹拓，石面已一片漆黑。陳列室雖甚高大，窗戶也不少，但畫像石沿室內四牆及室中放置，在若干光線不足之處，要看清楚畫面細節，十分吃力。武氏祠各室石刻因陸續修成，工匠不一，在技法上不完全一致。前、左二室都是所謂的減地線刻，刻工都極為精緻。石面先打磨光潔，以規整的豎鑿線剔地，前石室的鑿紋較細密，左石室剔地較粗疏。減地以後使主體畫面凸出，再以陰線刻出主體上的細節。以刻工之細緻、畫像造型之優美、榜題數量之多和題寫內容之豐富而論，武氏祠無疑仍是迄今可考，所有東漢畫像藝術最精彩和成熟的作品。

依據蔣英炬先生對武氏各祠畫像及建築配置的復原（參〈武氏祠畫像石建築配置考〉；或其《漢代武氏墓群石刻研究》第四章），孔子見老子及弟子畫像出現在前石室和左石室的後壁及東西壁相同的位置上。孔子、老子及眾弟子一字橫排，連貫三牆。這一層之下的畫像是車騎圖，之上的只有山牆上的東王公和西王母。在神仙之下，孔子、老子和眾弟子可以說被安排在刻畫人間世界的最上層。這種情形和孝堂山石祠的孔子見老子及弟子畫像處於下層位置頗不相

同。值得注意的是孔子見老子這一主題卻不見於武梁祠。

　　武氏祠前石室西壁所刻弟子有二十一人，東壁弟子十九人，後壁右段刻弟子十六人，左段為孔子見老子圖，孔子身後弟子一人，老子後弟子三人，共有弟子六十人。左石室東壁有弟子十八人，後壁右側有十三人，後壁左側之石遺失，西壁弟子有二十人，最少有五十一人。這是目前所知人數最多，陣容最完整的孔子見老子及弟子圖石刻。左石室後壁左側之石雖遺失，但與前石室完整的畫像比較，加上這類畫像例據一定的格套，我們幾可完全肯定遺失的一石上必有孔子與老子相見，身後各有若干弟子的畫面。

　　武氏祠孔子見老子圖在布局上和東漢其他的孔、老圖有共通之處，基本都以孔、老相對拱手而揖為核心，童子項橐居中面對孔子而與老子同向，孔子身後各有弟子，所有人物水平一列橫排。武氏祠孔、老圖的特殊處在於孔子和老子身後多了其他畫像中所沒有的馬車，除了明確有「孔子也」、「老子」的榜題，還有榜題「孔子車」。在濟寧市博物館的這方孔子見老子及車馬畫像目前嵌在陳列室的邊牆上。據蔣英炬先生測量，此石寬 0.39 公尺，長 1.68 公尺。曾與此石合照一張，但因石面甚黑，照片洗出，烏黑一片，很難看出什麼（圖 5.10）。史語所傅斯年圖書館藏有原拓一幅，反倒十分精美（圖 5.11–5.12）。

　　比較武氏祠左石室及前石室孔、老圖的弟子部分，就可以發現雖同為孔子見老子畫像，畫匠在布局上可有若干

圖 5.11　史語所藏武氏祠孔子見老子畫像拓本

圖 5.12　楊依萍線描圖

自由發揮的空間。在前石室，孔子和老子兩位主角被安排在後壁的左側；在左石室，顯然只有後壁的右側可以安排這兩位主角。再以有榜題可證，服裝最特殊的子路來說，子路位於左石室後壁的左側，卻位於前石室的東壁。兩石室的子路在造型上幾乎完全相同，但前石室的面朝左，左石室的卻面朝右。左石室的弟子中有四位身材較矮，其頭頂的空白處，有三位是以飛鳥，有一位是以榜題補白。前石室弟子的身材被刻畫得較為一致，沒有太多的空白處，因此也沒有補白的飛鳥。只有前石室的孔、老之間，因小童較矮，在空白處刻上了一隻飛鳥。此外，如果將相應的各牆畫面相比較，可以說沒有一個片段是完全相同的。如果再稍比較兩室山牆上的東王公和西王母看似相同，卻不

盡相同的畫面，就可以知道即使是表現同一主題，工匠只
要將主題的主體結構和角色掌握住，在細節的安排上實際
是不厭其變化。左石室和前石室建造時間不同，兩者的畫
像主題頗多雷同，但在造型和布局細節上千變萬化。當時
的工匠應曾有意避免重複，也可能有意展示自我風格。這
些都值得作更多深入的研究。

　　在武氏祠的石闕上還有兩幅圖，我懷疑是將孔子見老
子的畫面分割為二而成。石闕高達 3.4 公尺，孔子見老子
畫像在闕的上部。這次考察並沒有機會爬高細看，不過如
果《武氏祠漢畫像石》所收為新近的拓片，則這兩幅畫像
原石的情況已明顯不如早期沙畹 (Édouard Chavannes)《中國
兩漢石刻》(*La sculpture sur pierre en Chine au temps des deux
dynasties Han*, Paris, 1893) 一書或傅惜華《漢代畫象全集》二
編所收的拓本。細察《全集》中兩圖的內容和布局，相信
這原可能是依據孔子見老子的故事而來，各圖仍保有部分
孔子見老子圖的結構特色，但也有些不同的變化。

　　這兩圖一在西闕闕身南面的最上層，一在同闕闕身北
面從上往下的第二層（圖 5.13–5.14）。南面一幅表現的可
能是孔子見老子。左側一人朝右，拱手，手持曲杖，這應
是老子的通常造型。右側五人朝左，戴進賢冠，拱手作施
禮狀；與老子相對最前方的一人應是孔子，其身後四人手
持簡冊，應是弟子。此圖令人較疑惑的是孔子的身材看起
來似乎較矮，這和記載中孔子高 9 尺 6 寸不合（《史記·孔

圖 5.13　作者再訪武氏祠時攝

圖 5.14　作者再訪武氏祠時攝

子世家》），山東漢畫像中的孔子一般也刻畫得較老子高大，
頗不合當時描繪孔子的通例。朱錫祿在《武氏祠漢畫像石》
中對此圖有不同的觀察。他認為較矮的人物是跪著的。
1945 至 1953 年間陳志農曾作武氏祠畫像線描圖，他所畫
這一石上的孔子即明確畫成跪姿（參陳沛箴整理，《山東漢畫
像石匯編》，濟南：山東畫報出版社，2012，頁391）。從姿勢上
看，孔子確實是跪著。如此，此圖仍以解釋作孔子見老子
為妥，只是孔子不像一般畫像採站立之姿，而是面對老子
而下跪（圖 5.15）。

圖 5.15　作者再訪武氏祠時攝

　　孔子以跪姿見老子在滕州市龍陽店所出一石上也可見
到。1992 年曾有機會隨蔣英炬先生同觀（圖 5.16–5.18）。
在這一石上，孔子的跪姿十分清楚，和孔子相對的老子持
曲杖；孔子身後有弟子二人：一人拱手著進賢冠，另一人
帶劍，著大袖短衣，應是子路。不過，蔣先生認為這不是

圖 5.16　作者攝於山東省博物館　　圖 5.17　左圖拓片

圖 5.18　原石局部

孔子見老子圖，因為和一般所見有異。明顯的差別一則在於孔子不立而跪，二則在於沒有項橐居中。可是如果我們考慮畫師可能有不止一套的圖譜，孔子見老子和孔子、項

橐相問原本就是兩個不相干的故事，以及東漢末高漲的老子地位，那麼見老子的孔子竟以跪姿出現，或圖中沒有項橐，都並不是不可理解。最少嘉祥武氏祠和滕州市龍陽店已出現了兩個跪姿，沒有項橐居中的例子，其可能的意義就很值得再進一步推敲。

回頭說武氏祠石闕。石闕北面的一幅由四人組成。最右側一人朝左，身材矮小，披髮，一手持獨輪玩具車，這是項橐的標準造型，和項橐相對的一人只可能是孔子。孔子身後弟子二人面面相對，似乎正在交談。在其他的孔子見老子畫像中也常有弟子相對的情形。因此，這一幅較能肯定為孔子與項橐圖。朱錫祿先生在《武氏祠漢畫像石》的解說中也持這種看法（頁 131）。

如果以上對石闕孔子見老子及孔子、項橐相問兩畫像的理解無誤，則武氏祠除了左石室及前石室，就還有西闕上別具一格的孔子、老子及項橐畫像了。如果再細考東西兩闕上畫像的內容和布局，我敢說建和元年（147 年）造作石闕的武氏後人及石工，並不真正在乎如何在石闕上展現對受祠祀的先人有特殊意義的內容：

第一，東西兩闕畫像內容頗多重複，各部畫像也不一定有對稱的關係。例如，東闕闕身西面第一層，東闕闕身北面第三層，西闕闕身北面最下一層都有鋪首銜環。東闕在不同的位置上有二鋪首銜環，與西闕的鋪首銜環也不對稱。東子闕闕身北面第二層有周公輔成王圖，西子闕闕身

南面第二層也有同樣的畫像。相對揖拜的人物圖見於東闕闕身南面第三、四層，東子闕闕身南面第三、四層，西闕闕身南面第三層。兩闕的車騎圖在不同的位置共多達七處。如果聳立於祠堂之前的雙闕畫像真的受到重視，實難想像竟以如此草率重複的內容來填塞畫面，而缺乏更有秩序的畫面布局。

　　第二，從上述鋪首銜環、人物及車騎圖出現的層位看，也看不出一定的規律，頗有隨意之感。以我特別注意的孔子見老子圖來說，石工將通常由孔子、老子、項橐及弟子構成的畫像割裂為二（也可說孔子見老子和孔子、項橐相問本來就是兩個不相干的故事，其他畫像將二者合而為一了），一在闕南面的最上層，一在北面的第二層。如果確曾用心布局，這兩面畫像最少應置於同一層位才是。

　　布局隨意的另一個證據即闕上的兩處周公輔成王圖。其中東子闕北面的一處如通例，成王居中，兩側有人側面弓身拱手施禮，其中右側一人手持華蓋；但西子闕南面的一處卻將成王左側的一人移至右邊，畫面變成成王在左，一人面向成王手持華蓋，右側兩人相互而揖，頗失周公輔成王原本構圖的意義。

　　再說闕是位在祠堂之前一對造型相同的建築。雙闕之間是陵園的入口。在入口的左右兩闕上有石刻的鋪首銜環，和一般墓門上的鋪首銜環有著象徵和守護入口的相同作用。漢墓雙門上的鋪首銜環，在布局上幾無例外都是以對

稱的形式出現。但是武氏祠雙闕上的鋪首銜環，一在西闕畫像的最下層，一在東闕畫像的中層，在視覺上明顯一高一低，並不對稱。西闕鋪首銜環的上層已漫漶不清，和西闕鋪首銜環相對的東闕下層則是有名的造闕銘文。以上兩闕這種令人感覺十分隨意的布局和三座石室中畫像布局的嚴謹慎重，大不相同。這是很有趣也很值得注意的現象。我的觀察或許不對，姑且提出來，請專家指教。

1993.1.30 初稿／2016.7.20 二稿

⑥ 山東濟寧市郊城南張村出土孔子見老子畫像

1992 年在濟寧市博物館，除見到原屬武氏祠的孔子見老子畫像，在另外一棟建築裡還幸運看到兩方《漢代畫象全集二編》曾經著錄的疑似孔子見老子畫像（圖 6.1–6.4）。這兩方舊題為濟寧縣城東南兩城山畫像（其五——其八），濟寧市博物館專家說是濟寧市郊喻屯鄉城南張村，亢父故城南王氏家族墓地發現的。

《文物》1983 年第 5 期有夏忠潤先生〈山東濟寧縣發現一組漢畫像石〉一文。文中報導 1973 年濟寧縣文化館進行文物普查，在濟寧市南約 25 公里，亢父故城附近墓群中出土了這一組漢畫像石。2000 年出版的《中國畫像石全集 2》著錄這十三石（圖 3-15）的說明中說：「一九七〇年濟寧市喻屯鎮城南張出土」（圖版說明頁 1–5）。如果畫像石確

圖 6.1　濟寧市郊喻屯鄉城南張村畫像石拓本

圖 6.2　濟寧市郊喻屯鄉城南張村畫像原石左端部分

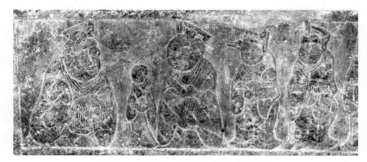

圖 6.3　同上　畫像左端上欄局部

於 1970 年或 1973 年才挖出，為何 1950 年出版的《全集二編》老早就有著錄？又據《山東漢畫像石選集》的著錄說明，1970 年在濟寧縣城南喻屯公社城南張村的一座漢墓出土十三石，並說有些畫面在《漢代畫象全集二編》中有片斷的著錄，說明此墓早已被發現並有人傳拓云云（《選集》，頁 22）。

如果說此墓早已被發現並有畫像傳拓，為何同樣的畫像，出土地點卻有兩城山和城南張村二說？為此我曾寫信給濟寧市文物局宮衍興先生討教。據宮先生 1993 年 4 月 3 日回信，城南張村和兩城山是不同的地點。城南張村的城不是指今天的濟寧而是漢代亢父故城，在今濟寧城正南，南陽湖之西；兩城山則在濟寧東南，南陽湖東岸，兩地隔湖相對。宮先生提到是因民眾修排水站，偶然掘出，文物部門趕到時，現場已擾亂。出土確切地點，已不明朗。不論如何，如果比較《全集二編》和我所見原石，可以明確知道它們為同一石，但現存原石下欄中央已缺損，缺損部分略呈三角形（參圖 6.1）。從《全集二編》所收拓本看，拓製時的下欄中央已破成三角形，但這一三角殘塊原本仍然存在。

我去參觀時，這兩幅畫像石和其他一些漢畫像都嵌在博物館一室的牆壁四周，該室已不開放展覽。承館內人員移開牆邊沙發等傢俱，才見到這兩幅長條畫像（圖 6.2–6.7）。目睹原石，才知《全集二編》中的拓片是

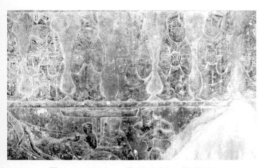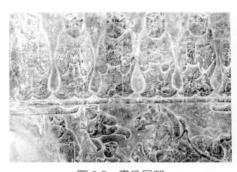

圖 6.4　同上　畫像右端上欄局部　　　　　　　圖 6.5　　畫像局部

圖 6.6　城南張村同墓所出另一石線描圖　下欄表現獻俘百戲圖

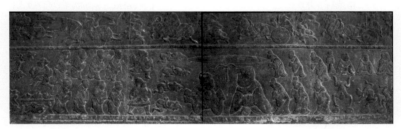

圖 6.7　作者攝原石局部

將原完整的一幅分成上下左右四片,《全集二編》圖 12、
13 原應左右相連, 圖 14、15 是圖 12、13 的下半欄; 圖
16、17、18、22 則是同一墓所出相連的另一方畫像石。畫
像下半欄是車馬出行圖, 上半是橫排的人物共二十人。另
一方上半欄是橫排的人物共二十四人, 下半也是車馬出行

圖。兩方畫像的完整拓片見《山東漢畫像石選集》圖 150、151，長寬分別是 2.43×0.59、2.15×0.57 公尺。可惜《選集》將 2 公尺長的畫像縮印成不到 30 公分，畫面細節已不可辨。《中國畫像石全集 2》則未收錄。

　　這兩方畫像石石材呈黃褐色。畫像四周有框，框外有斜線花紋，框內橫線均分為上下兩欄。在雕刻技法上屬減地平面線刻。剔地不深且整平不留鑿紋。凸出的主體邊緣稍有弧度，使主體略具立體感。畫面的部分細節如鬍鬚和手中的簡冊僅以細線刻出。畫面不以題榜、鳥或其他紋飾填補空白，留白不少。總體而言，刻工精緻的程度不及武氏祠。

　　不過，這兩方畫像的人物造型甚具特色。觀看者最直接的感覺是畫像中人物都較為圓滾矮胖，身體正面朝前而人臉呈三分之二朝前，人物姿勢表情都較刻板無變化。最左側兩人身材稍大，戴進賢冠，拱手相對，中間有一童子，披髮正面朝前。這三人手中都沒有持杖或其他物品。從布局上看，這像是孔子、老子和項橐三人，可是因為缺少榜題、曲杖或玩具車等辨識的依據，並不能真正完全肯定。其餘人物著進賢冠，一律捧簡冊在手，像是弟子。另一特殊點是畫中人物多刻畫有鬍鬚，「孔子」和「老子」也不例外。博物館的研究人員相信這兩石應是孔子見老子圖。據博物館夏忠潤先生說，該墓還有相連的兩石，沒搬到博物館來，仍在張村原地。我限於時間和行程，未能下鄉。這

圖 6.8　後方破屋即存放孔子見老子畫像處

圖 6.9　孔子見老子畫像未依應有位置隨意置放屋內

圖 6.10　仿武氏祠畫像的近人製品

圖 6.11　史語所藏武氏祠拓本

到底是不是孔子見老子畫像，曾一度懷疑，現在覺得可以納入考慮。因為後來在山東省博物館看到類似上下欄布局，上欄為孔子、老子及眾弟子，下欄為胡漢交戰或出行圖，在表現允文允武的用意上，兩件布局有近似之處（見〈過眼錄〉15）。

2010 年夏天我率學生再到濟寧，濟寧已修起宏偉的新博物館，院子中堆放了不少新徵集的畫像石。但不知為何，原置於室內的畫像石全被移置室外長滿雜草的院中。我們關注的幾方孔子見老子畫像被放置在院子角落的一破屋中（圖 6.8–6.9）。屋無門，堆放著其他雜物，灰塵滿布，十分可惜。此外我發現有一方置於室外的畫像竟明顯是仿製武氏祠的（圖 6.10–6.11）。或許是警方破獲的假貨而被送到博物館暫存了。其他還有些尚未刻畫完成的半成品，看來也是近年的仿作。❶

1993.2.1 初稿／1996.5.16 二稿／2016.10.24 三稿

---

❶ 自清末民初以來山東和河南等地即已出現偽作的畫像石。參李衛星，〈淺論漢畫像石作偽的有關問題〉，《中原文物》3 (1991)，頁 102–106。

⑦ 山東嘉祥齊山村所出孔子見老子畫像

　　在武氏祠保護建築的西邊，另有一長條形陳列室，室
內存放著不少嘉祥附近收集及出土的畫像石。其中有一方
是齊山村所出的孔子見老子畫像。我心儀已久。據朱錫祿
及蔣英炬先生報導，1977 年在嘉祥縣城西南，距縣城約 18
公里的齊山村出土漢畫像石三塊。孔子見老子這一塊長
2.85 公尺，寬 0.56 公尺，左側斷裂，略殘。《中國美術全
集·繪畫編 18》（上海：上海人民美術出版社，1988）的圖版
說明謂該石藏於山東石刻藝術博物館，可是我是在嘉祥武
氏祠看到原石（圖 7.1–7.7）。《中國美術全集》所記可能是
該石拓片的收藏處。關於此石出土，並沒有正式的考古報
告。不過，拓片著錄已見於《山東漢畫像石選集》、《中國
美術全集·繪畫編 18》以及《嘉祥漢畫像石》。其中以《中
國美術全集》揭載的拓片篇幅最大，也最清晰。

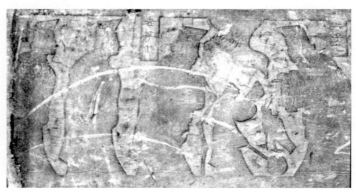

圖 7.1　嘉祥齊山村畫像原石局部

畫外之意

圖 7.2　嘉祥齊山村畫像原石局部

圖 7.3　顏回圖

圖 7.4　子路

圖 7.5　林保堯攝

圖 7.6　林保堯攝

圖 7.7　作者線描圖

　　該石質地呈灰黑色。斷裂處為斜面缺角，在畫像老子及身後兩弟子的身上有兩道後來的弧形刮痕。據蔣英炬先生的形容，雕刻技法為「減地平鈒，減地採用不規整的鏟地刀法」。據我目驗，減地甚淺，刻刀鏟地的痕跡仍然保留，或橫或豎或斜，並無一定方向，似乎但以用刀方便為準。人物等畫面主體的細節和其他漢畫像一樣，以陰線刻

表現。

　　畫像分為三層，以橫線隔開。最上層為精緻有變化的流雲紋，雲上有鳥、龍、背羽的神仙以及帶羽的神獸。中層為孔子、老子及弟子畫像。老子身後有「老子也」三字榜題，老子側面朝右，戴進賢冠，弓身拱手持曲杖，後有同方向同裝束弟子七人。孔子和老子相對，衣裝和老子無異，亦弓身拱手，手中有二鳥，身後有榜題「孔子也」三字。此圖較具匠心的是孔、老二人中間畫面的處理。中間照例有與老子同向，昂首左手前舉，右手持獨輪小車的項橐，但在項橐頭上及前方與孔子之間，多了兩隻鳥。前方的一隻站立回首向孔子，另一隻下身有雲紋與上層的流雲相接，生動地表現一隻鳥從雲端探頭而下，處理方式相當優美。孔子身後的一人，身材較瘦小，有榜題「顏回」二字（圖7.3、7.8），明確證明漢畫是以瘦小為顏回的造型特徵。在陋巷一簞食、一瓢飲又早死的顏回，在漢人的想像裡無疑是既弱又瘦小。右數第七人有「子路」二字榜題（圖7.4、7.9、7.13–7.14），其造型和武氏祠所見完全一致。另外較特別的是最右側一人的身後，在邊框上刻有隸書「子張」二字，二字刻畫甚淺（圖7.10–7.12）。子張二字沒有刻在預留的榜額上，不知二字是由後人補刻或原刻者發現漏刻而補在邊框上。如果確為原榜題，子張的造型和其他弟子相比，可以說沒有特殊之處。這一層雖有三個人物的頭部殘泐，但總人數很清楚為三十人。第三層的車

圖 7.8　作者線描圖局部　老子也、孔子也、顏回

圖 7.9　子路　　　　　　圖 7.10　子張

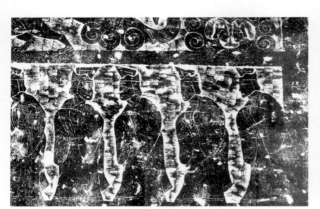

圖 7.11　王培永拓本局部

圖 7.12　子張

圖 7.13　王培永拓本局部

圖 7.14　子路

馬出行圖，和濟寧張村、孝堂山、武氏祠的都類似。由於
早期相機性能有限，所攝黑白照片效果欠佳，本文特借
1998 年臺北藝術大學林保堯教授所攝彩色照片作為補充。
謹誌謝忱。

　　　1993.2.2 初稿 / 1996.5.16 二稿 / 2016.7.31 三稿

後記：1998 年初某日，忽接廣州某古董商一信，欲售某件
來路不明的古物。信內除附古物照片，更有漢畫拓片兩張。
一望即知其為近人仿刻，其中一件明顯仿自齊山村這一石
（圖 7.15–7.16）。特附記於此，以誌讀畫生涯之趣事。

圖 7.15　近世仿刻品

圖 7.16　近世仿刻品局部

⑧山東紙坊鎮敬老院出土的孔子見老子畫像

在武氏祠旁同一個陳列室裡，還存放著兩方嘉祥紙坊鎮敬老院出土的孔子見老子畫像。出土經過見嘉祥文管所，〈山東嘉祥紙坊畫像石墓〉（朱錫祿執筆），《文物》1986 年第 5 期）。此墓座落於紙坊鎮上五嶺的北山坡上，東南距武氏祠約 5 公里。墓門朝西，墓葬由墓道、墓門、前室、後室組成。可惜此墓全遭破壞，墓內畫像石共二十三塊，部分早已遭盜墓者砸壞，原砌築位置也已不明。不過，朱先生根據墓葬的情況，指出該墓應是魏晉時期的人拆毀漢代祠堂，利用其石材而修建。兩塊有孔子見老子圖的畫像石可能原是祠堂門兩邊的立石，分屬兩座小祠堂。其中一方在堂下人物頭頂有疑為「楚王」的榜題。這應是後世再利用時所加刻。1998 年 9 月 3 日我曾再訪武氏祠，攝得敬老院第四石較好的照片，可與拓本相參照（圖 8.1、8.3）。

猶記 1998 年 9 月 3 日再訪朱錫祿先生，朱先生老了不少，五年不見，他已記不得我。他好酒，帶著酒氣為我們解說武氏祠畫像，口若懸河，言辭清醒，全不誤事，十分佩服（圖 8.4）。以前他不准我們照像，這回允許，因此得以補拍了不少照片。我和楊愛國在他住處喝茶聊天，溫馨愉快（圖 8.5）。等到 2010 年三度重遊舊地，這位一生熱愛漢畫像的老前輩已遠離我們而去，整個武氏祠環境建設也和過去大不相同，令人有滄海桑田之感。

圖 8.1　敬老院第四石　　　圖 8.2　敬老院第四石拓本

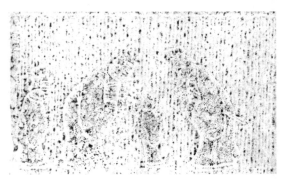

圖 8.3　敬老院第四石底層放大

圖 8.4　朱錫祿先生

圖 8.5　朱錫祿（中）、楊愛國（右）與作者

圖 8.6　敬老院第一石

圖 8.7　敬老院第一
石線描圖

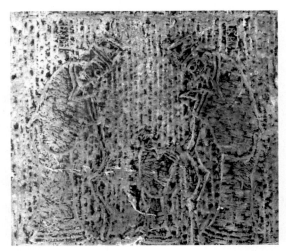

圖 8.8　第一石原石局部　孔子（右）老子（左）

　　在朱錫祿簡報中列為紙坊鎮敬老院畫像第一石上即有孔子見老子的畫像（圖 8.6–8.8）。此石寬 0.45–0.46 公尺，長 1.11 公尺，厚 0.18 公尺。石的右緣有較寬的邊，因殘損而不規整，寬邊似乎是供與其他畫像石相銜接之用。在刻石技法上，朱先生的描述是「採用在陰陽線條的底子上刻出凹下的人物輪廓，再刻出陰陽線細部的技法。一般認為這是漢畫像石中的早期風格」。（前引〈山東嘉祥紙坊畫像石墓〉，頁 39）

　　畫面以橫線均分為上下三層。孔子見老子畫面是在中層。上層據朱錫祿的描述「刻一神人居中站立，頭戴山形冠，三角眼，闊嘴露齒，下身著長裾，裾下露雙足，中間垂一尾，左右手攬抱伏羲、女媧。伏羲、女媧手中分別持

矩和規。伏羲、女媧的長尾向身後上方卷曲。他們頭頂上方空處刻兩隻相對而立的鳳凰」。這樣造型的伏羲女媧圖，也見於《沂南古畫像石墓發掘報告》(1956，圖版 25) 和《嘉祥漢畫像石》所錄花林村第二石 (圖 105)。《南陽漢代畫像石》(北京：文物出版社，1985) 所錄南陽縣所出一石 (圖 314) 以及《山東漢畫像石選集》所錄滕縣龍陽店出土一石 (圖 277，圖版 120)，可能也是同一主題，但伏羲和女媧沒有手持規和矩。《南陽漢代畫像石》在圖版說明中認為中間的神人是盤古，也以伏羲、女媧、盤古為標題。訪問滕州市博物館時，曾向館長萬樹瀛先生請教龍陽店這一石的内容。萬先生也認為居中的可能是盤古。如果這個說法正確，從神話的發展看，這樣由盤古居中，雙手結合伏羲和女媧的形式只能是在盤古與伏羲、女媧兩個原本無關的神話合一以後才出現。換言之，這些畫像的時代應該較晚，應在東漢晚期至魏晉。

不過，又不盡然如此，學者也曾有不同的意見。林巳奈夫即認為上述沂南古畫像石墓墓門東側支柱上手抱伏羲、女媧的是高禖 (林巳奈夫，〈漢代鬼神の世界〉，原刊《東方學報》第四十六冊，1974；收入《漢代の神神》，京都；臨川書店，1989，頁 136)。前述南陽一石，在《南陽兩漢畫像石》(北京：文物出版社，1990) 一書中 (圖 166)，也被解釋為高禖與伏羲、女媧。又可以補充的是，伏羲和女媧由一居中的神人托抱在手的畫像，已見於山東平邑所出，有明確紀

年——東漢章帝章和元年（87 年）所建的功曹闕（《漢代畫象全集》初編，圖 212）。

中層即孔子見老子畫像。這一畫像的特點是人物簡單，只有左右相對的孔子和老子、中間的小童項橐共三人。右側的孔子和左側的老子身後上方分有榜題「孔子」、「老子」。另一特點是孔子手中也持有和老子同樣的曲杖。孔子和老子的冠式、衣著、姿勢、身材幾乎完全一樣。最下層為構圖較為簡單的升鼎圖。橋上兩邊各有兩人牽繩升鼎，橋下有游魚，鼎中有探出的龍頭，咬斷繩索。鼎的右上方有二人踞坐，觀看升鼎，左上方則有向左飛的兩隻飛鳥。在朱先生簡報及《嘉祥漢畫像石》一書中列為第四石的畫像石上，有另一幅孔子見老子圖。此石長 1.03 公尺，寬 0.47 公尺。石的左緣有較寬的邊，因殘損而不規則，原來當也是和他石相銜接的邊緣部分。

雕刻方法和前一石相同。畫面橫向分為三層，但不均等。中層所佔畫面最大，上層次之，下層最小，孔子見老子圖即在最下層。這一孔子見老子畫像的特色在畫像由四人組成，除孔子、老子、項橐，老子身後尚有弟子一人。孔子與老子身材相若，老子身後弟子身材較矮。項橐與老子同向，居中面對孔子，手中未持任何物品。老子持曲杖，孔子拱手，但腰間佩劍一柄。這是前述泰安大汶口一石以外，孔子佩劍的又一例。

中層為升鼎圖，基本構圖和前一石相同，所不同的是

拱橋下有魚四尾，右上方觀升鼎的二人，換成和左側相對
而飛的兩隻鳥，從鼎中探頭的龍，前身伸出鼎的部分較長，
一雙前爪也已伸出來。

　　上層為一有雙柱的房屋，屋上有一雙相對的鳳鳥，屋
中有一人面左憑几而坐，頭上有榜題「楚（?）王」二字。
柱外左右各有一人，拱手相對作施禮狀。有趣的是同一批
的另一石上（朱簡報第三石），有類似的畫面，屋中人頭上
的榜題為「吳王」；另五老洼所出有類似構圖的一石上，屋
中人身上刻「故太守」三字（《嘉祥漢畫像石》，圖87）。誠如
朱先生指出，這些畫像石為魏晉人拆毀漢代祠堂，利用石
材另外修墓。因為他們已不了解畫像的意義，不無可能隨
意加上些榜題，不但與畫像內容不一定相合，也徒然製造
了後世研究者的困擾和猜測。例如吳王顯係無據的猜測（另
前文提到一例在類似的畫面上題「楚王」二字），但故太守三字
或許值得參考。因為魏晉去漢未遠，當時人多少還能知道
這類畫像的意義和這類人物的身分。但魏晉人借用石材為
何要補刻榜題? 卻是一個不易解釋的難題。

　　不論如何，紙坊鎮敬老院兩石的重要意義在於提供了
漢代孔子見老子畫像在構圖上最簡單的例證，亦即只要孔
子、老子和居間的項橐三人即可構成基本內容，而兩側的
弟子，視情況可以全省略。其次，值得注意的是如果兩石
原是祠堂門兩旁的立石，其中第四石的孔子見老子圖是安
排在最下層，其上為升鼎圖；而第一石的孔子見老子圖在

中層，其下為升鼎圖。兩石的最上層分別是謁見圖和伏羲、女媧、高禖（?）圖。這樣的畫面之間，以及主題上下位置的安排，到底是經過仔細考慮，像許多學者所相信的那樣寓有深意，還是流行的題材被隨意地組合在一起而已，這是一個須要深究的問題。請工匠刻石耗時耗錢，修建這樣的墓當然不可能太隨便，但一座墓中的刻畫是如何選定主題，如何安排成我們見到的樣子，造墓者和工匠各扮演什麼樣的角色，都仍待研究和解答。

　　1993.2.7 初稿／1996.5.17 二稿／2016.8.1 三稿

◆⑨嘉祥武氏祠藏孔子見老子及周公輔成王畫像

　　2010 年 7 月 5 日率學生數人再訪武氏祠，意外看見兩方過去朱錫祿《嘉祥漢畫像石》一書和《中國畫像石全集2》都沒收錄的孔子見老子畫像石。其中一方置於室內，另一方置於室外廊廡之下。這兩方畫像石旁沒有任何文字說明，我懷疑為近年新入藏者。置於室內的一方，姑名之為出土不明畫像石㈠，其大小和其他嘉祥敬老院所出者相若，畫面也是上下分為三層（圖 9.1–9.4）。最上層左端有二人正面朝前，其中靠右者臉部兩側似有極長的鬍鬚或又似蛇，無法確認為何。右端有三人，靠左一人頭戴進賢冠，拱手朝右；其右有一較矮小的披髮童子朝右而立，無鳩車或玩具車在手，頭上空處有一飛鳥，最右一人朝左拱手，手上

有一鳥，又似持有一杖，不太能確認。右端這三人應是構
圖最簡單的孔子見老子和項橐圖。中間一層是常見的建鼓
樂舞圖。最下一層所佔面積最大，是典型的撈鼎圖，不贅
述。

　　另一方是偶然在一房舍牆腳下見到。房舍沿牆排放著
成列的畫像石。其中有一方畫面刻鑿十分淺細，又已相當
漫漶，若不仔細觀察，極不易認出（圖 9.5–9.8），姑名之
為出土不明畫像石㈡，此石大致完好，僅邊緣有小缺損，
石色發白，質地明顯鬆脆易蝕。畫面分上下四層。最高一

圖 9.1　出土不明畫像石㈠

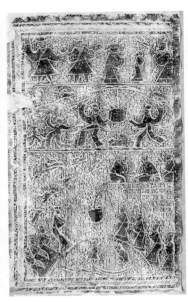

圖 9.2　出土不明畫像石㈠　馬怡贈

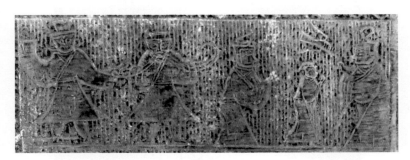

圖 9.3

圖 9.4

圖 9.5 出土不明畫像石㈡

圖 9.6 孔子見老子和項橐 前圖第三層並經黑白反轉處理

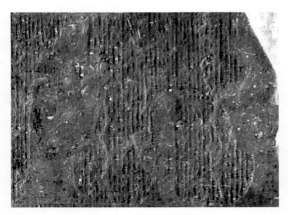

圖 9.7　前圖右端局部

層為不甚典型的周公輔成王圖，周公、成王和召公出現在
成排人物的最右端。成王頭頂有從旁撐出的華蓋。不很典
型之處在於持華蓋的左側一人背後有一人手持一鳥，這是
從未在周公輔成王圖中見過的。又其後有一人身材奇矮，
矮者左側有並排三人成列跪拜，跪拜者左側另又有立姿朝
右的三人。這樣的人物序列安排方式，可謂自創一格。這
石另一個特別處是其下一層畫面為典型的二桃殺三士，再
下一層，也就是第三層才是孔子見老子和項橐。第三層人
物共九人，老子朝左在最右端，石稍殘，其前有同方向，
身材較小的項橐，手中未持鳩車或玩具車，孔子在左朝向
項橐和老子，孔、老皆持曲杖在手，但孔子手上另多一小
鳥。孔子身後有相隨同方向的弟子六人，六人持簡在手，
但沒有造型較特殊的子路、晏子或顏回。最下層則是面積

較大，人物較多，常見的撈鼎圖。撈鼎圖右旁上端似有人坐於織機前，旁有人物及馬、狗，不甚清晰，這裡不去多說。

2010 年在嘉祥武氏祠也拍到紙坊鎮敬老院第二石上較清晰的周公輔成王畫像（圖 9.8-9.9）。沒想到不久到滕州漢畫像石館，見到這一方石極精美的拓本展出，便隨手拍了下來（圖 9.10）。這一周公輔成王圖有清晰的榜題「周公」、「成王」和「召公」，周公手持華蓋，與召公相對而揖，成王居中正面朝前，腰佩綬帶，雙手下垂於身側，構圖頗有典型意義，十分珍貴。有趣的是其上層為九頭怪獸和在旁的朱雀，下層為成排的戟和武士。這樣的上下組合，

圖 9.8　紙坊鎮敬老院畫像第二石

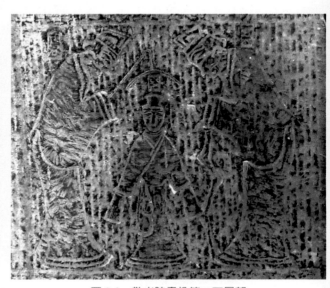

圖 9.9　敬老院畫像第二石局部

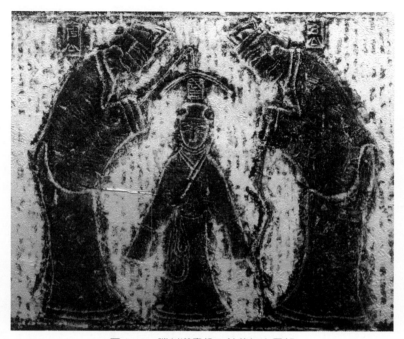

圖 9.10　滕州漢畫像石館藏拓本局部

不多見。

　　武氏祠還藏有另一方較漫漶的周公輔成王畫像石，名為紙坊鎮敬老院第三石（圖 9.11–9.13）。周公輔成王的畫面被安排在較低下的第三層，空間比上兩層的武士圖和堂中人物圖都小，值得注意。畫面左側多了一人，但基本構圖和前述的一方相同，雖沒題榜，其為周公輔成王圖可以確認。這兩石也出於嘉祥紙坊鎮，久經著錄，其上有「吳王」、「太子」榜題，顯係後人加刻。

　　　　　　1993.2.16 初稿／1996.5.17 二稿／2016.7.22 三稿

圖 9.11　紙坊鎮敬老院畫像第三石

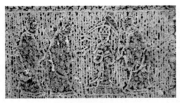

圖 9.12　紙坊鎮敬老院畫像第三石局部

圖 9.13　紙坊鎮敬老院第三石拓本

⑩山東安丘縣博物館藏董家莊漢墓孔子見老子畫像

　　1992 年 9 月 29 日晨，原本打算從莒縣直奔安丘，不意大霧，能見度不及 5 公尺，只好半路停車，等霧稍散再上路。考慮時間，放棄安丘，先到諸城，不意路上遇到兩起車禍，狹窄的路上兩頭來車誰也不讓。到諸城已十點，

住進密州賓館。放下行李即去諸城縣博物館。博物館所藏以恐龍化石為主，但這裡有著名的涼臺出土漢畫像石，陰線刻的「髡笞」圖、庖廚圖、墓主圖等。目前這些畫像都置於庫房，承韓崗先生好意，我們能入庫一睹為快。因那時海峽兩岸還不能通郵，經約一年左右的聯繫和設法，輾轉經由上海的親戚，我才買到了諸城全套畫像拓片。其場面之盛大和線條刻畫之精細都令人驚豔。而所謂的「髡笞」圖，實為獻俘圖，詳見我所寫的胡漢戰爭圖研究（見《畫為心聲》，北京：中華書局，1911，頁315-397），這裡不多述。

下午一點半，從諸城赴 60 公里外的安丘縣博物館。在此看到另一方我過去忽略的孔子見老子畫像。這個畫像頗為殘缺，是否一定是孔子見老子還不敢完全確定。承安丘縣博物館館長陳立興允許，由館員王秀德先生帶領我們參觀博物館內最重要的重建復原的董家莊漢畫像石墓（圖 10.1–10.2）。這墓是 1959 年 12 月，在安丘縣西南 9 公里汶河南岸的董家莊發現。發掘簡報見《文物》1960 年第 5 期及 1964

圖 10.1　作者於安丘董家莊漢墓前室

年第 4 期。正式的報告《安丘董家莊漢畫像石墓》已由濟
南出版社於 1992 年 10 月出版。《山東漢畫像石選集》曾選
錄 八 石， 疑 似 孔 子 見 老 子 圖 的 一 石 也 在 其 中
（圖 10.3–10.8）。1995 年顏娟英曾率團隊赴安丘拍攝墓內
各室畫像。因我當年所攝照片品質遠遠不如，這裡的附圖
全是借用他們辛苦的成果，謹在此表示衷心的感謝。

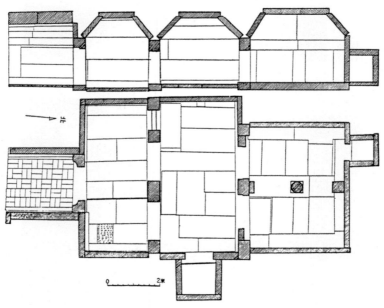

圖 10.2　安丘董家莊漢墓平面圖

圖 10.3　安丘董家莊漢墓前室

圖 10.4　前、中室之間方柱

圖 10.5　中室南壁橫梁右石上的疑似孔子見老子及弟子畫像

圖 10.6　中室南壁橫梁右石上的疑似孔子見老子畫像

圖 10.7　中室南壁橫梁右石上部分弟子畫像

圖 10.8　安丘漢墓中室南壁東側橫梁畫像拓本局部

　　以下先據正式報告，簡述石墓大致的結構。該墓是石灰岩所建的多室墓。墓室南北包括甬道長 14.3 公尺，東西寬 7.91 公尺。整體結構分為甬道、前室、中室、後室，中室東壁附有耳室，後室西間附廁所。前室東西寬 5.67 公尺，南北長 2.4 公尺，頂高 2.7 公尺；中室東西寬 5.76 公尺，南北長 2.94 公尺，頂高 2.76 公尺；後室東西寬 4.62 公尺，南北長 3.55 公尺，頂高 2.51 公尺。中室南壁以方形雕柱為中心開兩門，孔子見老子畫像即在中室南壁東側門的橫梁上。

　　中室南壁門上的橫梁是由一長共達 5.77 公尺的兩方
巨石構成，其上畫像分為東西兩段：西段是車馬出行，東
段是孔子見老子。兩石均用鑿地凹面陰線刻技法雕出主體
畫面。孔子見老子這一部分畫面長 2.2 公尺，高 0.45 公尺。
東段有一字橫排的人物共二十一人。疑似孔子、項橐、老
子的部分在畫像的最左端，這一端可惜下半截殘泐。最左
一人戴進賢冠，朝右拱手，其前有面朝右身材矮小的童子
一人；和他們相對，面朝左拱手戴進賢冠的人物有十九人。
這十九人的間隔疏密不等。

　　《山東漢畫像石選集》在圖版說明中認為這二十一人
是周公輔成王的故事。經我仔細察看原石及拓片，似以解
釋作孔子見老子圖較妥。理由有三：

　　⑴周公輔成王畫像不見有二十餘人構成的例子，孔子
見老子圖則常見；

　　⑵周公輔成王畫像中的成王通常正面朝前，不作側面，
這一畫像中小童的姿勢應是側面的，孔子見老子圖裡的項
橐通常正是側面；

　　⑶周公輔成王畫像裡，成王頭頂上往往有華蓋，這一
畫像沒有。周公輔成王和孔子見老子圖最典型的差異，正
好可在本編所介紹東京國立博物館所藏那方兩圖並列的畫
像上明白看出來（〈過眼錄〉1 圖 1.1）。《安丘董家莊漢畫像
石墓》（頁 13）將這幅畫像解釋為孔子見老子圖是正確的。

　　安丘董家莊孔子見老子畫像的重要性在於它出現在一

個完整的畫像石墓中，我們可以將它在墓中所居的位置和
其他畫像的位置及內容相比較，較全面地評估孔子見老子
畫像在這一墓中所可能有的地位和意義。董家莊漢墓在前、
中、後室的封頂、四面坡頂和四壁上有很多他處少見的大
面積雕畫。其雕工之精美，構圖之別緻，內容之豐富遠在
許多漢墓之上。尤其是前中室之間及東西兩後室之間的立
柱上有費工極大，構圖十分繁複，幾乎立體的人物及瑞獸
高浮雕。走進墓室，恐怕很少人能夠不立即被這些立柱上
的浮雕吸引住。相對來說，孔子見老子畫像所居的位置和
所佔的面積，在這個墓中都只能算居於相對次要的地位。
墓主或家人是否真的認識到這幅畫像的意義，或僅隨俗而
刻畫，並不在乎畫像代表的寓意，須要進一步推敲。

1993.2.16 初稿／1996.5.17 二稿／2016.7.22 三稿

⑪山東平邑縣文化館藏漢功曹闕孔子見老子畫像

1992 年 9 月 30 日晨五點半離諸城，取道莒縣，經沂
水、蒙陰到平邑。從諸城到蒙陰的 200 多公里經過有名的
沂蒙山區，全為凹凸不平的土路，吉普車時速只在 20、30
公里之間，因顛簸，頭時時會撞到車頂。沿途村莊生活十
分貧困，山多半光禿禿或僅有雜草而已。人家頗多養兔，
以販兔毛和兔肉為生。從蒙陰到平邑有 41 公里，為柏油路
面。在蒙陰城外路邊「酒家」打尖（圖 11.1），吃碗雞蛋麵

圖 11.1　赴蒙陰途中在此酒家吃早餐

當早餐，十一點到平邑。

　　為我們開車的小王，老家在平邑。他帶我們順利找到平邑縣文化館。在文化館後院，看到平邑東埠陰漢墓出土極精彩的高浮雕，部分甚至是透雕的立柱（圖 11.2–11.8）。

圖 11.2　　　　　　　　　　　圖 11.3

這些畫像石已在《考古》9(1990) 發表（圖 11.9–11.10），
但是似乎沒有受到應有的重視。1992 年去參觀時，畫像石
堆放在後院，周圍都是垃圾，十分遺憾。幸而據文化館館
長告知，平邑縣正在籌建新的博物館。2001 年縣博物館在

圖 11.4　　　　　　　　　　圖 11.5

圖 11.6　　　　圖 11.7　　　　圖 11.8

以上圖 11.2–11.8 為平邑縣文化館後院散置的高浮雕漢畫像石

圖 11.9　《考古》1990 第 9 期所刊圖版

圖 11.10　《考古》1990 第 9 期所刊圖版

蓮花山公園內建成，現在這批畫像石和著名的功曹闕、皇
聖卿闕都在館中展出。

　　我們到平邑主要是希望一睹著名的漢功曹闕和皇聖卿
闕。這些石闕早在宋代趙明誠的《金石錄》中即已著錄，
拓片收錄在《漢代畫像石全集》初編，1992 年時藏在平邑
縣立第二小學的一間專室中（圖 11.11–11.12）。❷專室中
有三闕，依照《全集》初編的稱法分別是南武陽皇聖卿闕，
南武陽功曹闕，南武陽東闕（圖 11.13），都出自山東費縣

圖 11.11 （左二）皇聖卿闕 （右）功曹闕　　　圖 11.12　功曹闕

平邑集八埠頂。據劉敦楨先生的記述，八埠頂是座小山，
又名北陵，在平邑縣城北約 1 公里半。山的東側原有一廟，
廟東有皇聖卿闕二座，廟南則有功曹闕。1932 年，米式民
先生將它們遷到平邑城內的小學校內，一直保存到現在。
1951 年 4 月，劉先生是在平邑中心小學東南角的院子裡，
見到這三個灰青色石灰石作的石闕。當時石闕仍在室外，
功曹闕的臺基大半還埋在土中（參劉敦楨，〈山東平邑縣漢
闕〉，《文物參考資料》，5(1954)，頁 29–32）。有孔子見老子畫

---

❷　按王相臣和唐仕英所寫〈山東平邑縣皇聖卿闕、功曹闕〉謂
　　三闕在平邑縣第三小學院內，見《華夏考古》3 (2003) 頁
　　15。不知為何有第二、第三的差異。頗疑當地小學第一、
　　二、三等排序在十年中發生了改變。

圖 11.13　作者據史語所藏拓本所製功曹闕四面線描圖及局部放大

像的一闕即是功曹闕。

　　功曹闕四面有畫像，畫像剝蝕甚烈，多已漫漶不清。
其上有百餘字隸書題記，仍可釋讀的部分有「章和元年二
月十六日」的日期（圖 11.14）。這是孔子見老子畫像有明

確紀年,為時最早的一幅。闕的石質較粗,呈黃褐色。孔
子見老子畫像在闕身畫像的最上一層。闕的這一面共均分
為上下四層。因為闕的保存不佳,目前闕上畫像漫漶的程
度比《全集》初編所收拓片要嚴重得多。我在現場雖拍了
些照片,效果奇差,畫面幾乎無法辨識。孔子見老子圖可
能因為在最上層,比較而言,情形還算稍好。據《全集》
初編的說明,第二層的內容為漁獵(實為胡漢戰爭和獻俘
圖),第三層為人物,最下層為「行旅」。最上層《全集》
初編稱之為故事類歷史之屬。

圖 11.14　史語所藏功曹闕拓本　題記部分

　　最上層的上半部右側清楚有馬一匹,馬頭朝左;馬前
有一人物,作行走狀,似為牽馬伕;馬伕左側有兩隻相對
的鳳鳥。下半有人物七人:右側一人拱手朝左,其前有朝

左小兒一人，手持玩具車，可惜車輪部分已漫漶，但手握
著的車柄還清晰，小童的姿勢和其他畫像中手持玩具車的
項橐一致。這是我確認此畫是孔子見老子圖的主要證據。
和小童相對，拱手而立的應是孔子，孔子手中有一鳥，有
趣的是鳥頭朝向孔子自己。其後則有與孔子同向朝右捧簡
在手的弟子四人。由於構圖的特徵和其他常見的孔子見老
子圖殊無二致，可以肯定這是目前所知，年代可考最早的
一幅孔子見老子畫像。

　　功曹闕的重要除在有明確紀年，證明其上有現存最早
的孔子見老子畫像（圖 11.15）；另外一個意義在它是目前

圖 11.15　史語所藏功曹闕拓本　孔子見老子畫像部分

所知二十餘個漢闕中，除武氏祠石闕之外，另一個在闕上
有孔子見老子畫像的例子。祠堂前雙闕高聳，任何人進入
祠堂，第一眼先看到闕，闕上的題記和畫像應特別引人注
目。沂南古墓中室南壁上橫額西段刻畫的建築就是前方立

有雙闕的祠堂，許多活動即在祠堂前舉行（《沂南古畫像石墓發掘報告》，圖版 49；信立祥認為此圖即祠堂圖，參所著〈論漢代的墓上祠堂及其畫像〉，《漢代畫像石研究》，頁 184–191）。在這樣重要的位置上刻畫孔子見老子的故事，自然有其意義。不過進行任何評估之前，似乎都須要先仔細考量各闕各面畫像的內容和布局，最好也能將不同的闕放在一起作比較，才易較正確地掌握漢人對闕的看法，以及闕上畫像可能有的意義（關於漢闕的初步討論：參陳明達，〈漢代的石闕〉，《文物》12(1961)；長広敏雄，《漢代畫象の研究》，東京：中央公論美術，1965，頁 48–58；唐長壽，〈漢代墓葬門闕考辨〉，《中原文物》3(1991)，頁 67–74）。1980 年代在四川簡陽鬼頭山東漢崖墓中發現兩闕上有「天門」榜題的畫像石，又在四川巫山東漢墓中發現雙闕間有西王母，闕上有「天門」榜題，原鑲於木棺上的鎏金銅飾牌（雷建金，〈簡陽縣鬼頭山發現榜題畫像石棺〉，《四川文物》6 (1988)；趙殿增、袁曙光，〈天門考——兼論四川漢畫像磚（石）的組合與主題〉，《四川文物》6 (1990)，頁 3–11；〈四川簡陽縣鬼頭山東漢崖墓〉，《文物》3 (1991)，頁 20–25），這引發了漢畫中「闕」為天門，也就是升天入天國必經之路的新解釋。

到平邑要拍功曹闕時，才發現自嘉祥出發後所拍黑白照片，因捲片未曾捲好，整捲底片泡湯。暗暗叫苦，但已無可挽回。

1993.2.15 初稿／1996.5.17 二稿／2016.7.21 三稿

⑫山東鄒城孟廟藏兩方孔子見老子畫像

　　1992 年 10 月 1 日早上九點半乘吉普車離開曲阜，南奔 30 公里外的鄒縣。這裡是孟子的故里。從道路建設和市面繁榮的情況來看，發展程度不如曲阜；不過，鄒縣正準備升格為鄒城市。鄒縣文物保管所（今為鄒城市文物局）在孟廟之內，在孟廟見到保管所夏廣泰主任及研究員王軒。王先生很熱心，送我他著作的《孟子》一書，並陪同我們參觀孟廟。

　　孟廟收藏鄒縣附近出土及收集來的漢畫像有一百三十餘方，大部分陳列在東西兩廡，有些置於室外，其中有不少未曾收入《山東漢畫像石選集》，十分精彩。例如 1990 年在高李村南方漢墓出土的胡漢交戰圖、樂舞圖、升鼎圖都很有特色，也都不曾發表。孔子見老子畫像則有兩件，一件較能肯定，一件則在疑似之間，都見於東廡。

　　兩石都呈黃褐色，石質較粗鬆，風化都十分嚴重。其中保存較好的一石，《漢代畫象全集》二編曾著錄（圖 55）。著錄說明標為「曹王墓畫像」，出於滕縣城東 50 里。保管所人員說是出於野店，野店位於今鄒城市西南約 7、8 公里，滕州市西北約 30 公里。此石全長 0.95 公尺，寬 0.77 公尺，厚 0.2 公尺（圖 12.1–12.3）。二編所錄拓片長 0.825 公尺，寬 0.71 公尺，這是因為拓片僅拓了畫面部分。

　　此石在雕刻技法上屬淺浮雕。原石石面不完全平整，

圖 12.1　鄒縣野店畫像石　作者攝 1992.10.1

圖 12.2　此石已由室外移置博物館內　作者攝 2010

圖 12.3　作者藏拓　胡新立贈

減地使人物等主體突出，主體邊緣有弧度，使主體稍具立
體感。細節刻痕較深，刻痕兩側有弧度，因此略有浮雕的
感覺。總體而言，刻工較武氏祠等地所見粗糙甚多。

　　畫像四周有邊框和菱形紋飾。畫面以橫線分為上下兩
層。下層右側為四魚牽引的車一輛，左側為一似龍頭虎尾
怪獸牽引的車。上層共有人物八人組成。左側兩人面向右，
餘六人面朝左。左側兩人弓身拱手相對，著進賢冠，手中
是否持物，已難辨識。兩人中間有一小童，與左側者同向。
左側者應為老子，中為項橐，右側為孔子。孔子身後有衣
冠、姿態一致的弟子五人。

　　孔子見老子畫像經常和車馬出行圖同時出現，但將表

現神仙世界的魚車、怪獸車安排在下層，而將人間世界的孔子見老子置於上層是很少見的布局。不少學者認為漢畫像，無論是壁畫、帛畫或畫像石，通常將神仙或神獸安排在最上層，中層為人間的人物和故事，幽都等地下世界的描繪則安排在最下層；這上下的次序是有意的安排，反映出漢代人的宇宙觀。孟廟此石上下的安排顯然沒有這樣的用意。下文將介紹滕州市博物館的另一方畫像石（圖 13.2-13.3），也是人物在上，神仙在下，看不出有意表現什麼宇宙觀。這些可以提醒我們，漢代畫像的內容和安排，不必然都是刻意經營，不必然幅幅都反映墓主或其家人的思想。許多時候可能只是跟隨時尚，將若干流行和格套化的內容拼刻在一方石頭上罷了。漢代孔子見老子畫像會和哪些類型的其他畫像同時出現，各居什麼位置，都還是值得注意的有趣問題。

　　孟廟有另一石未見著錄（按：2008 年胡新立編，文物出版社出版的《鄒城漢畫像石》已收錄為圖 140），保存情況較差。長方形石塊左上角已殘，畫面也剝蝕得很厲害。據我所測，此石寬 0.8 公尺，上端殘長 1.02 公尺，下端長 1.46 公尺，厚 0.21 公尺（圖 12.4-12.5）。此石雕刻技法和前一石相同，但因剝蝕較為嚴重，畫面看起來像是刻劃較淺。有趣的是胡新立先生曾贈送我一張此石拓片（圖 12.6）。比較這張拓片和《鄒城漢畫像石》所錄拓本，可以明顯看出因拓工不同所造成拓製內容和效果的差異，有些失拓，有些又可能

拓得太多。拓本有時不可完全信據，必得查核原石，此可
為一例。

圖 12.4　孟廟藏畫像石　作者攝 1992.10.1

圖 12.5　孟廟藏畫像石　採自《鄒城漢畫像石》，圖 140

圖 12.6　孟廟藏畫像石　胡新立贈拓本

　　和前一石一樣，此石四周也有邊框和紋飾，畫面也以
橫線分為上下兩層。下層有左向馬車兩乘，馬車前有導騎
二人，畫面刻畫已不很清晰。上層左側殘，殘餘人物共九
人。右側有朝右人物五人，戴進賢冠，弓身拱手，左端最
左側一人只見下半身，從左至右數第四人漫漶特甚，幾已
難辨。左側四人朝左，冠式、姿勢與右側者相同，唯向右
數第四人身材甚矮小，為一小童。這樣的布局似乎應該是
孔子見老子的畫像，居於相對兩人之間的矮小者似即項橐，
和他相對的應是孔子。《鄒城漢畫像石》即認為畫像內容為
孔子見老子。但這幅圖是否為孔子見老子在疑似之間。因
為孔老之間的矮小人物既戴冠又下跪，和一般山東漢畫所
見披髮站立並持鳩車的項橐明顯不同。再者老子身後第二
人持杖，也不常見。第三，孔子身後弟子特別矮小，比較

像一小兒而不像晏子或顏回。姑存此，以待高賢另考。

　　1992 年曾參觀孟廟所藏漢畫像石，但重要的孔子弟子畫像石要到 1993 年才出土。1993 年 5 月出土後，1994 年劉培桂等發表了有關畫像的弟子榜題拓本和釋文。❸這石出土於一座北宋末年墓，該墓東壁上層利用了漢代畫像石材。這件石材原應屬一座東漢中晚期墓的墓門橫額或墓室間的過梁石。石寬 0.45 公尺，長 2.45 公尺，厚 0.21 至 0.23 公尺。石兩面有畫像，一面為牛耕、人物、大象、駱駝、鬥牛等畫像，另一面即孔子弟子圖。

　　1998 年 9 月 4 日由鄒城市文物局副局長胡新立陪同，再度參觀孟廟內新整理過的漢畫像石陳列館。畫像石整齊排放在露天的院子裡，光線甚好，便於觀賞和拍照。胡新立先生為人極熱情，很願意分享所知，曾主持過王村和臥虎山漢墓的發掘，臥虎山所出畫像石棺即陳列在院子裡，大開眼界。他告訴我將出版鄒城漢畫像石選集和論集。2008 年《鄒城漢畫像石》終於由文物出版社出版，令人高興。1998 年參觀，胡先生還引導我參觀附近崗山和鐵山的摩崖佛經刻石，印象極為深刻（圖 12.7）。最重要的是在此看到了宋墓借用的漢刻孔子弟子畫像（圖 12.8–12.12）。胡新立告知原應有三橫梁，共刻弟子七十二人，二石已佚，

---

❸　劉培桂、鄭建芳、王彥，〈鄒城出土東漢畫像石〉，《文物》6 (1994)，頁 32–36。

圖 12.7　與胡新立合影於鐵山摩崖刻經前

僅剩一石上的二十四人。

　　2010 年三訪鄒城，鄒城博物館已移入一座規模宏大的新館，胡新立極熱心地安排在週末閉館期間，開館讓我們師生參觀，我因而得以再拍了孔子弟子畫像原石照片（圖 12.13–12.14）。1998 年時，畫像石全置於露天的院子裡，石面乾淨，未經墨拓，我在大太陽下拍照；2010 年時，所有畫像石已移置在博物館內，石面已有墨拓後的遺痕。

　　孔子弟子圖這一面分上下兩層，上層為有榜題的孔子弟子二十四人，下層左端有射獵場面，右半部有成排禽和獸。二十四人中有些榜題已漫漶難釋，有些還清晰可辨，較可確定的有「琴牢」、「庾苢」、「顏僑」、「商瞿」、「孔思」、「公冶長」、「顏幸」、「上書者」等（圖 12.15–12.17）。

其中有些見於《史記·仲尼弟子列傳》，有些則不見經傳。
由於此石兩頭都殘留有和其他石材相接的接面，可知原本
還有其他相連弟子畫像，甚至有孔子、老子等，共同構成
一幅完整的孔子見老子圖。胡新立說原本應有三石，應有
可能。這一石最珍貴的地方是每一弟子都題刻其名，有些
雖已漫漶，但不難想像其他橫梁石如果存在，其上的弟子
也應該各有名字。較難以理解的是為何有一榜題作「上書
者」（圖 12.17 **最右一榜**）? 劉培桂和胡新立等正確釋出「上
書」二字，我據殘存筆劃，推測其下一字應為「者」。但這
是什麼典故呢? 仍待研究。

圖 12.8　攝畫像右端 1998.9.4

圖 12.9　畫像左端

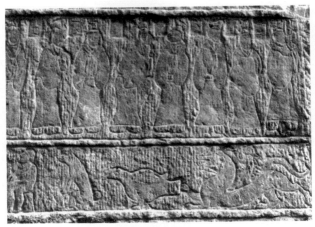

圖 12.10　局部一

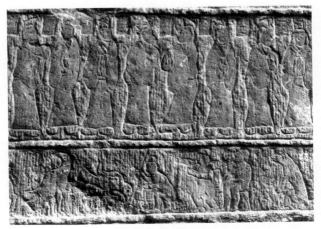

圖 12.11　局部二

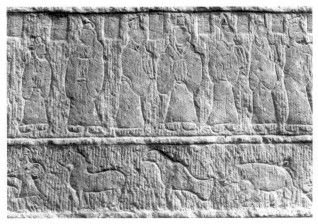

圖 12.12　局部三

圖 12.13　2010 年作者攝全石　鄒城市博物館

圖 12.14　採自《鄒城漢畫像石》，圖 156

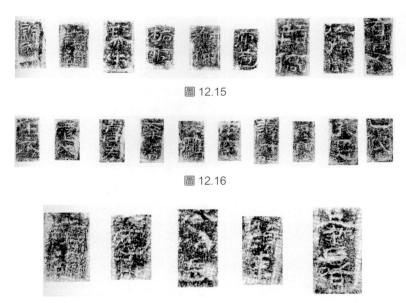

圖 12.15

圖 12.16

圖 12.17　12.15–12.17 採自《鄒城漢畫像石》，圖 158

　　必須一提的是胡新立先生是我在研究畫像的道路上，大力相助的一位。我們雖僅偶有書信和電子郵件聯繫，但常收到他的贈書，得知他最新的研究成果。他編寫的《鄒城漢畫像石》尤其重要。2016 年 8 月 17 日我到濟南山東省石刻藝術博物館拜訪老友賴非，萬萬沒想到巧遇胡先生。他來此是為和賴非共商如何恢復破壞已久的尖山佛教摩崖刻經。賴非曾全面考察山東摩崖佛教刻經，也是書法家，贈我墨寶兩種，濃情厚誼難以忘懷。那天相談合影甚歡，並得知胡先生和北大朱青生合編的《漢畫總錄──鄒城卷》即將出版。這真是大好消息。

1993.2.8 初稿 ／ 1996.5.17 二稿 ／ 2016.9.7 三稿

⟨13⟩山東滕州市西戶口出土的孔子見老子畫像

在滕州有個重要的意外收穫，看到一方結構不尋常的孔子見老子畫像。1992 年 10 月 3 日清晨七點，冒著雨，在棗莊市街上吃了包子和豆汁，奔往滕州市。滕州在棗莊的西北，是墨子的故里。清晨一路上人車不多，吉普車九點半順利抵滕州市博物館。館址原是前清某王姓進士的宅第，十分古樸幽雅。館長萬樹瀛先生是與我同行胡秉華先生的數十年老友（圖 13.1）。他極為熱情地接待我們，讓我們觀賞他收藏的近百張漢畫原拓，眼界為之一開。

萬先生是有心人，對畫像石蒐集極為注意。滕州市博物館現藏漢畫像石三百餘方，都是 1950 年代以後蒐集的，其中有二百餘方為新近出土或收集而來。不少新收的因場地不足，目前還堆放在博物館的院子裡。滕州市過去為滕縣，有個著名的宏道院，宏道院毀於對日抗戰時期的一場火災；宏道院所藏的畫像據《山東漢畫像石選集》所錄，仍有九方在北京中國歷史博物館（今名國家博物館）。

滕州市的漢畫像石除藏於市博物

圖 13.1　與萬樹瀛（中）、胡秉華（右）合影於滕州市博物館

館，另有九十餘方藏於舊縣文化館的漢畫館（今移充市文化局辦公室），也有些在龍泉塔。萬先生除了引導我們參觀博物館，還親自陪同我們到舊漢畫館，在這裡看見了我要看的孔子見老子畫像。

舊漢畫館的畫像石都一排排嵌在牆壁上，這大概是博物館成立以後，這批畫像石卻無法遷入博物館的原因吧。藏有孔子見老子畫像的那棟建築目前隔為數間，作為繪畫寫生班的教室。館員小心移開若干牆邊的傢俱，一幅令我覺得稀奇的孔子見老子畫像出現在眼前（圖 13.2–13.4）。牆上還有以前展覽時的標題：「孔子問禮老子圖，西戶口出土」。

圖 13.2　西戶口出土孔子見老子畫像石

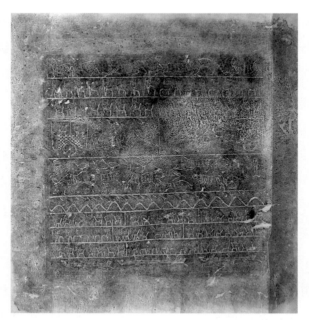

圖 13.3　萬樹瀛先生所贈拓片

圖 13.4　楊依萍線描圖

　　這一方畫像石為正方形，石質呈黃褐色。雕刻技法與孝堂山接近，都在極光滑平整的石面上以單純的陰線刻，淺淺刻出畫面。《山東漢畫像石選集》著錄的圖版說明（圖230，圖版100）中說：

> 石面縱 83 釐米，橫 83 釐米。畫面漫漶，十層：一層，鹿、異獸。二層，儒生授經。三層，人物相會。四層，車騎。五層，狩獵。六層，群山及獸。七層至九層，人物。十層，水上行船、釣魚。

經我測量，長寬皆為 76 公分。《選集》所錄不知是拓片原本不理想，或印刷不佳，完全沒提原石上有榜題。萬先生和我細讀原畫，發現有清楚的榜題「孔子」、「老子」、「東王父」、「泰山君」四處（圖 13.5–13.10），這真是令我驚喜的發現。過去我讀《選集》時，因圖版不明，榜題不可見，使我忽略了這方孔子見老子畫像。更令我驚喜的是萬先生在臨行時竟慷慨贈送了我一幅拓片。這張拓片甚精，唯一的遺憾是拓工疏忽了「東王父」三個字的榜題，未曾拓出。因為《選集》說明頗為簡略，以下根據拓片和當時的筆記，對畫像內容作一稍詳的報導。由於我當時所拍照片效果欠佳，2010 年再訪時，學棣林宛儒和我各攝得較好的照片，選擇若干附在這裡供參考。考慮到原拓線條極細，縮印後效果不佳，這裡僅附局部照片和據拓片所作的線描圖。

圖 13.5–13.6　原石上的孔子、老子榜題

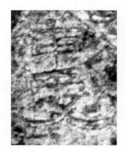  

圖 13.7　東王父　　　　圖 13.8　東王父　　　　圖 13.9　泰山君

圖 13.10　泰山君榜題及乘鹿車的泰山君

　　《選集》謂這方畫像石分十層是正確的。可以補充的
是每層寬度並不完全一樣，第四、五層約為其他層的兩倍
寬。第四、七、八、九層又有分隔的豎線，這是其他漢畫
像石中不常見的。雕刻風格和構圖都極具特色。在風格上，
線條簡單自然，顯得特別樸拙，不像武氏祠所見那樣刻意
經營，講究技巧。在構圖上，全石中間偏上的第四、五層
較寬，最能吸引觀者的視線。第二、三、七、八、九層的
人物都只刻上半身，大致上以左右相對和對稱的方式安排
這些木偶般的人物。在內容上，上下各層描述性的、故事
性的和較具裝飾性的都有。

　　最上層左側是兩隻向左帶角的鹿，其右有三隻左向人
頭獸身的怪獸。下一層就是有「孔子」和「老子」榜題的
孔子見老子圖。孔子和老子相對居中，身後各有弟子七名。
孔子身後弟子一律戴進賢冠，持簡冊，拱手側面向右；孔
子亦向右拱手，但臉卻和老子及老子身後的弟子一樣，一
律正面朝前。老子和身後弟子雖面孔朝前，身子卻又側面
朝左。孔子和老子手中都沒有東西，兩人之間也沒有常見
的小童項囊。這樣的孔子見老子圖布局，目前所知僅此一
幅；如果不是有明確的榜題為證，實在不敢確認。《選集》
解釋這一層為儒生授經，就是因為所錄拓片榜題不明所造
成的。

　　第三層右側一半原石漫漶，從殘跡可約略分辨是八位
戴冠，面朝前，側身朝左，拱手持笏或持便面的人物；左

側有戴進賢冠，側面向右，拱手持笏的人物八人。

第四層有豎線中分畫面為左右兩半。左半是兩隻鹿：一隻拉車，一隻有人乘坐為前導。拉車的鹿腹下有一隻回首蹲伏的狗或小鹿；車上有一前一後二人；前一人一手持韁繩，一手揚鞭趕鹿，後一人正面朝前，戴進賢冠，手持便面。車前鹿的上方空處有清楚榜題「泰山君」三字。據個人所知，這是目前唯一有關漢代泰山君的榜題資料，極為可貴。

右半有相對向左的魚車一乘。這一部分石面壞蝕嚴重，極為漫漶，魚數不可確知，車上似乎也有一前一後兩人。最重要的是魚的上方有清楚的榜題「東王父」三字（圖 13.7–13.8），東王父即東王公。萬先生和我曾一再細辨，一致確認無誤。過去學者都將魚車上的人物視為河伯，可是這裡卻有榜題東王父，不能說不是一件值得注意的稀奇事。

陳秀慧在其《滕州祠堂畫像石空間配置復原及其他地域子傳統》(臺北藝術大學美術史研究所碩士論文，2002 頁 121) 曾指出東王父榜和魚車無關，東王父應指其左側持便面的人物，畫面上應另外有乘魚車的河伯。

2010 年我再仔細檢視畫面，仍感覺東王父榜所在的位置十分奇怪。這一石的題榜「孔子」、「老子」和「泰山君」都出現在相關人物的左或右上方，「東王父」三字反在持便面人物右下側。如果持便面者是東王公，其兩側全不見神

獸之類，反而是成排手持笏板，戴進賢冠的人物。類似裝束和持便面的成排人物也出現在同一石倒數第二至四層。這完全有違東王父或東王公構圖的格套。其次，即以東王公造型本身而言，東王父頭戴進賢冠，手持便面，無異於其他畫中人物，也有違當時刻畫東王公的模式。

另外必須一提的是我注意到孔子、老子、泰山君和東王父四處榜題，書體、刻法一致，應為原刻而非後人所補。我猜想當時造作畫像時可能已發現漏刻東王公，因下方空間已為泰山君和河伯分佔左右，為了要和另一牆上的西王母對稱，就在泰山君和河伯的上一層，持便面人物的右下勉強補了東王父三個字。河伯畫面的左上方石面漫漶，即便未曾漫漶，應該也沒有可以刻畫東王公的空間。

第五層是狩獵圖。右側有一牛車，牛車上一人，手持弓弩，另一手以韁繩控制前進中的牛。牛車後有一人也持弩跟隨。牛車前有四隻追趕野獸中的獵犬。獵犬前則是逃跑的鹿、兔子和野禽。有兩隻小鹿、一隻兔子是刻畫在大鹿的腹下，蹲伏著未作奔跑狀。整體而言，這雖是一幅狩獵的景像，但人物和動物的姿態比較不像其他漢畫中那樣充滿動感。

第六層的內容具有較強烈的裝飾性。在圖案式連續三角形的山頭後，有幾乎完全相同，向左的馬頭伸出。馬頭後也有相同的花紋裝飾。

第七、八、九層是和第三層類似持笏拱手的半身人物。

只是也有人持便面（七層有三人，八層有二人，九層有二人），冠式除前高後低的進賢冠，也有一人戴武弁大冠（七層，左數第十人），另有八人（九層，左數第八人至十五人）似光頭，未戴冠。第七層共十九人，八層二十人，九層二十一人。

第十層也是最下一層有三艘釣魚的船。船上有三或四人，一人在船首釣魚，兩人各持槳居船中和船尾。船下水中各有三尾游魚，船上則有已釣獲的魚。

從以上內容來看，各層的安排之間似乎沒有什麼必要關連。最上層的神獸和泰山君、東王父一層之間，夾著兩層人物；下層狩獵和釣魚圖之間也夾著幾層人物。這一石四周有邊框花紋；換言之，這石的畫像並不是與他石連續構成更大畫面的一部分，而是獨立的。因而我們可以說，這石的創作者顯然無意在這一石上表現什麼整體的意念。據滕州市博物館展出的說明，此石原是某一祠堂的左壁。其他部分據陳秀慧尋訪，發現在上海博物院，她因而得以復原了部分石祠。

在風格上，類似風格的畫像在西戶口墓還有另外兩方，今藏山東省博物館，這次也幸運看到（參《山東漢畫像石選集》圖 228、229，圖版 98、99）。隨蔣英炬先生在山東省博物館看這兩方畫像時，蔣先生提到不少人認為這幾石拙樸的風格表現應是較早期的作品，但他相信拙樸的並不一定較早，這些仍應是晚期的畫像。我同意這種看法。

1993.2.15 初稿／1996.5.17 二稿／2016.7.23 補圖

⑭山東陽穀八里廟漢墓出土的孔子見老子畫像

　　1983 年 7 月，陽穀縣壽張鄉八里廟農民在廟東發現兩
座漢墓，其中一號墓後室中間立柱上有清楚的孔子見老子
畫像。聊城地區博物館曾在《文物》1989 年第 8 期上發表
發掘簡報。

　　1992 年到山東，曾將聊城列入行程。可是到了濟南，
拜訪藝術史也是漢畫的專家劉敦愿先生，才知這批畫像石
並不在聊城地區博物館，而仍在極偏僻的陽穀，交通十分
不易。幸好寫上述發掘簡報的劉善沂先生正是劉敦愿先生
的公子，承兩位劉先生的好意，當我考察完河南等地畫像
回程再經濟南時，他們已特地準備了一份拓片贈送給我
（圖 14.1–14.2）。這真是一份大大意外的禮物。拓片遠較
《文物》上發表的清晰，加上這是一座完整墓葬的發掘，
畫像的位置可以知道，因此很有詳細介紹的價值。

　　一號墓為磚石墓，由前室和後室組成，總長 7.6 公尺。
墓門和後室門為石造，其餘為磚砌。前室長 4.1 公尺，南
端寬 2.06 公尺，北端寬 2.8 公尺。後室門正中由一立柱隔
開，成為二門。後室為長方形，長 3.5 公尺，寬 2.53 公尺。
一號墓共出石刻畫像十四方，分別刻在墓門和前、後室過
門的九塊石料上。孔子見老子畫像是在後室門正中的立柱
上。立柱四面有畫，孔子見老子是在朝北的一面。換言之，
由墓門進入，過前室，進入後室回頭才能見到立柱上孔子

圖 14.1　八里廟漢墓後室中柱北
面原拓

圖 14.2　楊依萍線描圖

見老子的畫像。從墓中出土器物、貨幣及雕刻風格看，可以推定此墓時代當屬東漢晚期。

這方形立柱高 1.2 公尺，寬 0.42 公尺，厚 0.34 公尺。立柱的雕刻技法為淺浮雕和陰線刻，減地後留下豎線鑿紋。朝南一面的柱上有重臺樓閣、對話的人物、帶羽仙人等；朝東一面柱上有雲氣，雲氣中露出的九隻鳥和兩隻神獸，還有兩隻虎，其中一隻背上有雙翼，下層有鋪首銜環，環中有雙魚，環旁有帶羽仙人。朝西一面柱上分四層，每層各有人物三人。

立柱朝北的一面也分為四層，但上兩層的高度只有下兩層的一半。最上層即孔子見老子圖。共由六個人物組成。小童項橐在畫面正中，面朝右披髮，手持獨輪玩具車。其後是戴進賢冠，拱手弓身，手持曲杖的老子；老子身後有榜額，但無字；又有同向，相同裝束的弟子二人。和項橐相對，面朝左，戴進賢冠，弓身拱手的是孔子，他手中有兩隻鳥的鳥頭。在這幅畫像中，老子和孔子弓身的角度都比一般大，尤其是孔子弓身幾近九十度，這是比較特別的。孔子身後有榜額，也沒有題字，另有同向弟子一人。整體而言，這是一幅相當典型的孔子見老子畫像，具有明顯孔子見老子圖的構圖特徵（圖 14.1、14.5）。

第二層是描寫荊軻刺秦王的故事。荊軻在右，擲劍擊中立柱，一衛士攔腰阻止荊軻；秦王轉身而逃，其後有二衛士持盾舉劍前來迎擊荊軻。

　　第三層畫面為上兩層的一倍。主要內容是百戲。畫面下半有一輛三匹馬拉的車，馬前蹲一犬，車上坐五人，從車上豎立兩竿，左側一竿竿頂有一人，一手持鞀鼓，一手持排簫；另一竿頂也有一人，手持不知名的器物，竿旁各有一人似正表演竿上功夫。左側有一人騎馬遠去，手上有一鳥，其後有一獸似正追撲中。兩竿之間有一榜題（圖14.3–14.4），其上約有三字，可惜因石面殘泐太甚，筆劃和裂紋相混，幾不可辨。我的一個猜測是「功曹車」三字。一則功曹車常見於山東畫像石。二則如果拓本和照片兩相參照，排除一些裂紋，將看似不連的筆劃連上，就部分殘筆看和功曹車三字相近。三則如釋為功曹車，和以馬車為主的畫面內容即可相合。功字左側的「工」旁和曹字上半部因拓本和照片差別較大，難以準確拿捏，因此試擬了筆劃上有出入的兩個釋讀方案（圖14.6–14.7），很難說何者為是。石面裂紋較多，如能從不同角度打光拍照，多幾張照片或許能增加辨識的可能性。以上先姑妄釋之，以待後考。

　　最下一層是常見的枝葉相交的大樹，樹中有鳥五隻，樹下停一

圖14.3　拓本榜題　　圖14.4　原石榜題

圖 14.5　局部　孔子見老子

圖 14.6–14.7　榜題釋讀試擬方案　　　　圖 14.8　漢簡曹字舉例

車，車前有一馬，馬下蹲一犬，馬前蹲一人，馬背上方的樹上則懸有供馬食用的馬料。

總體而言，下兩層畫面佔據了這一面的三分之二。孔子見老子圖雖在最上層，但所佔面積有限。不過，我們必

須考慮立柱高 1.2 公尺，一般身高約 1.6、7 公尺的人進入
墓室，最容易看見的不是立柱的下層，而是較高的上層。
下層佔較大的面積，上層較小，如果站立著觀看，從視覺
效果上說，大小的差距會縮小。我們不能因孔子見老子畫
面較小，以為這一畫面較不重要，事實可能正相反。畫匠
是將孔子見老子安排在最容易觀看的位置上。假使這個觀
察是正確的，墓中畫像是為活人而非死者準備，似乎就多
了一項證據。

　　2016 年 8 月 15 日隨齊魯文化研習營曾到聊城，可惜
因隨團行動，未能到相距不遠的陽穀。不意數日後楊愛國
兄特地到陽穀縣文管所庫房見到了原石，並傳示榜題照片
（圖 14.4）。存放在庫房内的畫像石有十餘塊堆疊在一起，
楊兄無法拍攝到全石。最少可以確認原石仍好好地保存在
陽穀縣文管所。楊兄的幫助永誌難忘。

　　　　1993.2.16 初稿／1996.5.17 二稿／2016.10.23 補圖

⑮山東省博物館藏疑出嘉祥的孔子見老子畫像

　　追索山東省博物館這方孔子見老子畫像有一個頗為曲
折漫長且滿懷感恩的過程。1990 年 8 月 18 日第一次參觀
山東省博物館時，承盧傳貞館長厚意，得在博物館最裡一
進建築的走廊上，見到數十方尚待整理的畫像石，其中有
一方孔子見老子畫像從不見於著錄。當時我曾無意中拍下

圖 15.1　1990 年 8 月無意間拍攝到的照片

照片，可惜效果欠佳，夾在照片簿中，全然忘了它的存在（圖 15.1）。1992 年再訪山東省博物館，不巧正值遷館，許多曾排放在走廊上的畫像石已裝箱，無緣一見。如此一等十二年，要到 2004 年三訪山東省博物館，才得重逢舊識。

　　不過這十二年中另有一連串意想之外的因緣。1992 年，美國密西根大學包華石 (Martin J. Powers) 教授來史語所訪問，以其大作《古代中國的藝術和政治表述》(*Art and Political Expression in Early China*, Yale University Press, 1991) 相贈，其書即以山東省博物館的這方孔子見老子畫像局部為封底，見之大喜。包教授以我為同好，慷慨出借底片，允我複製一份（圖 15.2）。更出乎意外的是 1993 年 2 月 17 日，我和同事在史語所傅斯年圖書館清理舊拓片，竟然發現此石的一張殘拓。殘片上層為孔子見老子，有「孔子」、「老子」榜題；下層為朝左，上下兩排，頭戴尖頂帽，反身射箭中的馬上騎士（圖 15.3）。

　　由於包教授的照片僅為局部，史語所發現的拓片亦殘缺不全，為求了解畫像全貌與畫像上孔子和老子之外另一

圖 15.2　包華石所贈照片兩張拼接成一張

圖 15.3　史語所傅斯年圖書館藏殘拓

個不敢確定的榜題，遂寫信向蔣英炬先生求助。蔣先生極
熱心，親自赴山東省博物館，從裝箱的畫像石中找出這一
石，不但代為拓製了不明的榜題，更於 1993 年 7 月 14 日
寄下一張全石拓片的照片（圖 15.4）。一經比對，證實
1990 年我無意中所拍的照片缺了左側近一半，也不夠清

晰。2002 年 12 月 17 日多年老友鄭岩來臺灣開會，慷慨贈
送相關兩石的原拓兩張，我因而終於有了目前最清晰的拓
片。兩位的濃情厚誼，令人感動。經仔細觀察，我發現這
石斷為三截，三截間有缺損，原本無疑應為左右畫面和內
容都相連續的同一石（圖 15.5–15.8）。2003 年我曾為此寫
信給鄭岩，向他求證。鄭岩來信表示同意我的看法。2004、
2010 和 2016 年三度去山東省博物館參觀，發現殘石三方
色澤和厚度相若，益可證明原為左右相連的同一石，唯已
無法密接而已。

　　這一畫像未經著錄，據包教授書說，原出於嘉祥。左
石長 1.08 公尺，寬 0.47 公尺。右石寬同左石，因斷缺而長
度已無法準確知道。畫面四周有框，分上下兩層。技法屬
豎紋鑿地，平面淺浮雕，人物細部以陰線勾勒。比較史語
所殘拓、蔣英炬和鄭岩所贈拓片、包教授 1992 年所贈照片
和我十餘年後所攝照片，可以發現原石漸有剝蝕，下層左
段尤為漫漶。2016 年 8 月我曾仔細觀察原石，發現少數陰
刻細線仍極明晰，但不知為何也有些畫面即便在博物館中
保護，仍變得更為漫漶，孔子、老子榜題的筆劃已明顯不
如二十幾年前包教授拍照時所見（圖 15.9–15.11）。

　　此石左側一半畫像上下分層不完全平均，上層稍窄，
下層稍寬。下層內容和右石相連，無疑是常見的胡漢交戰
及獻俘圖。左側右端有七騎，其中六騎分上下兩排，正奔
馳前進，馬首向左，騎上有戴尖頂帽騎士正回首彎弓射箭，

圖 15.4　蔣英炬寄下的拓片照片

圖 15.5　鄭岩贈拓片

圖 15.6　鄭岩贈拓片

圖 15.7　左石　　　　　　　　　圖 15.8　右二石（中有斷缺）

圖 15.7–15.8　作者線描圖

圖 15.9　作者攝 2016.8.17　山東省博物館

圖 15.10　同上左段局部

圖 15.11　同上右段局部

最右側有一騎同向，但騎士未回首，彎弓與六騎相對；下層左端有上下兩排，馬首朝右的六騎，馬亦快速奔馳，動感十足；馬上騎士正面朝前，頭戴武弁，手持弓箭。對馳的騎士之間，有一具有頂簷的闕狀物，將畫面分隔為不完全平均的左右兩部分。

　　左側上層即孔子見老子圖，共有人物十四人，有字榜題三處。最右端為一面朝左之弟子，其前即戴進賢冠，弓身拱手，面朝左持曲杖的老子，身後有隸書榜題「老子」二字（圖 15.7、15.9、15.12、15.20）；老子前有同方向，一手持輪狀玩具車，一手上舉前伸，披髮較矮小的童子項橐。與項橐相對，戴進賢冠，拱手弓身，手中有雙鳥的是孔子，其身後有榜題「孔子」二字（圖 15.7、15.13、

15.20）。有趣的是孔、老二人都有鬚。孔子身後一弟子正回首揚手向左，與他相對的是頭戴雞冠，身佩猳豚，大袖旁張，造型最為特殊的子路（圖15.14）。子路左側又是一回首的弟子，和這個弟子相對的是一身形稍矮，有「案子」（圖15.15–15.17）二字榜題的人物。這一榜題原不敢確辨，經分別請教蔣英炬及曾到史語所訪問的裘錫圭先生，他們一致認為是「案子」二字，並一致認為「案」即「晏」字通假，案子即晏子。這一榜題的確定，可以說為孔子見老子圖增添了新內容。這是目前所知兩件有晏子榜題的孔子見老子畫像中的一件。傳世文獻從不曾提到孔子七十二弟子中有晏子，為何出現在畫像中，耐人尋味。晏子左側有六位面向右，戴進賢冠，微微弓身拱手，姿勢一致的弟子。

這一畫像有孔子和老子明確的榜題，有造型上十分典型的子路和項橐，可以說為山東典型的孔子見老子畫像增添了明確的例證。其最重要處在於明確證明了這樣的畫像中也會有晏子出現。晏子如傳世文獻《晏子春秋》所說，身材矮小，其造型特點一在矮小，二在所戴之冠較他人為高，又佩上和矮小身材不稱的長劍，高冠和長劍益發顯得其人之矮。這不禁使我注意到嘉祥宋山第七石（參朱錫祿，《嘉祥漢畫像石》，山東美術出版社，1992，圖49）孔子身後第三人，以及後文將提到的長清大街出土孔子見老子畫像中身材特矮、高冠、佩長劍的，應該也都是晏子。另一點可

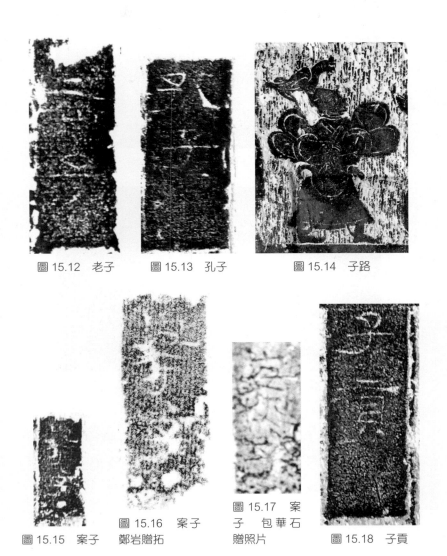

圖 15.12　老子　　圖 15.13　孔子　　　　　圖 15.14　子路

圖 15.15　案子　　圖 15.16　案子　　圖 15.17　案
　　　　　　　　　鄭岩贈拓　　　子　包華石
　　　　　　　　　　　　　　　　贈照片　　圖 15.18　子貢

畫外之意

圖 15.19　子貢榜題　作者攝 2004

圖 15.20　老子（右）孔子（左）榜題　作者攝 2004

注意的是孔子手中持有二鳥，一般僅持一鳥，或一鳥在手，一鳥在飛。但手持兩鳥的例子也有，已見前文提到的泰安岱廟一石以及後文將提到的長清大街孔老畫像。

右石上半為與左石相連續的孔子諸弟子。較特殊的是右石左端有一戴進賢冠者與其左已殘去的另一人手持同一簡冊的左右端，並有榜題「子貢」二字完整清晰

（圖 15.17–15.18）。這樣的子貢實屬僅見。又這位孔子的大弟子竟然不出現在孔子弟子之列，反持簡冊列於老子身後。為何如此？十分難解。

下欄畫面從人物有些頭戴盔，身披鎧甲，手持刀劍，另有方向相對的戴著尖頂帽，雙手反縛於背後，可知是漢畫中常見的獻俘圖，這和右石共同構成胡漢交戰及獻俘的畫面。左石斷裂處有朝左的騎士二人（可見者二人，實際原人數因石斷不可知），正張弩追擊右石上反身而射的胡騎。這構成了頗為常見的胡漢交戰場面。

此石分上下兩欄，上欄為頗典型的孔子見老子項橐畫像，下欄則是典型的胡漢交戰畫像。同一石上這樣的畫像組合，不正反映了多年前我曾提出漢代官員仍以兼擅文武為典型的觀察？孔老圖代表了文治，胡漢交戰與獻俘象徵著武功。我們雖不能明確知道此石在墓中的位置，此石所刻無疑是用來讚頌墓主的文治和武功。前文第 6 節我曾提到濟寧城南張村畫像石上也見上下分欄，分別描述孔子見老子以及出行獻俘的布局。

1993.8.2 初稿／1996.5.17 二稿／2016.8.20 補圖

⑯山東長清孝里大街村東漢墓出土孔子見老子畫像

2010 年 6、7 月率學棣數人進行一趟山東畫像之旅。6月 30 日在新開幕極豪華氣派的山東省博物館新館

（圖 16.1），看到 2005 年長清孝里鎮大街村西北東漢晚期
墓出土的大型畫像石。此墓為頗具規模的多室墓，墓道寬
1.6 公尺，墓壙東西長 10.1 公尺，南北寬約 9 公尺，深約
3.2 公尺。墓室由磚石混築，有雙墓門、雙前室及後、側
室，石質橫梁上布滿剔地平面線雕畫像（圖 16.2–16.3），
有四神、狩獵、收租、出行和胡漢戰爭等內容。這裡要說
的當然是孔子見老子畫像。

孔子見老子畫像出現在一長達 4.4 公尺，寬 52，厚 64
公分的橫樑石上。上半為菱形花格紋，下半是多達四十人
的孔子見老子圖。同一石上橫列達四十人，其規模僅次於
孝堂山石祠（圖 16.4–16.14）。其中孔子、老子、項橐、子
路和晏子明顯可辨。老子持曲杖，項橐持玩具車，子路頭
戴雞冠，腰繫猳豚，晏子身材較矮小、佩長劍，唯未戴高

圖 16.1 右起：林宛儒、高震寰、邢義田、楊愛國、游逸飛　攝
影：劉欣寧 2010.6.30

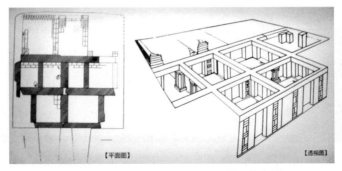

圖 16.2　山東省博物館展出的墓平面和透視圖　作者攝 2010.6.30

圖 16.3　發掘現場

圖 16.4　山東省博物館展出的原石

圖 16.5　山東省博物館展出的拓本

圖 16.6 　原石左端下半

圖 16.7 　原石　弟子局部

圖 16.8 　原石孔子見老子、項橐部分

圖 16.9　拓本孔子見老子、項橐部分　作者攝 2010.6.30

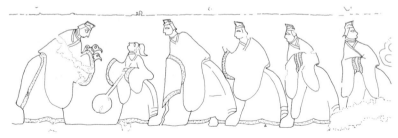

圖 16.10　作者線描圖

圖 16.11　子路及晏子部分　作者攝 2010.6.30

圖 16.12　子路

圖 16.13　矮小佩長劍的晏子

圖 16.14　作者線描圖

冠。其餘弟子一律戴進賢冠，手持簡冊。全圖人物造型特
徵基本上符合東漢晚期魯地孔子見老子畫像的格套。

　　此外，據王培永《孔子漢畫像集》頁 38，山東省博物
館另藏有一方長清大街出土的孔子見老子畫像，因未展出，
不曾親見，這裡不多說（圖 16.15）。

　　又據網上《中國文物報》消息，❹2006 年 7 月，在長
清區大柿園村東南 1 公里半處，發現東漢中晚期畫像石墓，

圖 16.15　長清大街漢墓出土孔子見老子畫像

圖 16.16　長清大柿園東漢中晚期墓前室東壁門楣孔子見老子畫像

由墓道、前室、中室、後室和左右耳室、側室組成。前室
南北長 190 公分，東西寬 190 公分，四壁都有畫像，東壁
門楣高 42 公分，寬 170 公分，刻有孔子見老子圖。南壁門
楣高 124 公分，寬 108 公分，也有孔子見老子畫像。《孔子
漢畫像集》附有前室東壁畫像拓本（圖 16.16），其為孔子
見老子圖無疑，唯乏正式報告，也未曾見，暫附於此。

2016.8.18 增補

---

⑰山東嘉祥宋山、五老洼孔子見老子及周公輔成王畫像

1992 年再到濟南，有緣參觀館址尚在紅萬字會舊址的山東省博物館，並認識了蔣英炬先生。蔣先生曾引領我參觀羅列在廊廡下的漢代畫像石（圖 17.1），並得知還有一個山東省石刻藝術博物館。

這時山東省博物館正搬遷，石刻館也正改建，文物多已打包，十分遺憾。幸好省博仍有些畫像石羅列在廊廡四周，得以拍到一些照片。1998 年再訪山東，這回終於在石刻館看到幾方重要的孔子見老子畫像，這些畫像以出土於嘉祥宋山的為主。宋山村位於武氏祠西南約 24 公里，1978 和 1980 年先後發現三座墓，均出土了漢代畫像石。這些石面都塗有一層石灰，畫像一度被掩蓋掉。朱錫祿據此指出應為後人利用漢代祠堂石材再修墓時所為。雕刻技法除了

圖 17.1　與蔣英炬先生合影於山東省博物館舊址　1992.9.18

有和武氏祠相同的平面淺浮雕，也出現武氏祠所無的凹入平面雕。朱錫祿在他的《嘉祥漢畫像石》一書中稱 1978 年出自宋山一號墓的為宋山畫像石，1980 年二號和三號墓所出者，稱之為宋山第二批畫像石。以下先介紹宋山第二批的第一石（圖 17.2–17.4）。此石約在中心位置，已自上而下縱裂為二。其雕刻技法即朱先生所說凹入平面雕。石面有縱向細紋打底，畫面人物等較底紋為凹下，呈平面，又以細線刻出畫面紋路。畫面下層是常見的樹及車馬，中層為晉獻公和申生故事，上層為弓身拱手的孔子，持曲杖的老子，手推玩具車的項橐和戴雞冠、大袖旁張的子路。孔子身後有較矮小的一人，按常例應為顏回。最上層還有朝左一人，與孔子見老子畫面的關係不明。其左側底紋大致完好，或許準備刻其他人物但未完成吧。這種未完工的情形時有所見，五老洼第十石就是明顯的一個例子（《嘉祥漢畫像石》圖 94）。第十石有上下兩方欄，下一欄邊框已就，內容幾乎空白未刻。

　　這一石的雕刻技法和有孔老畫像所謂的宋山第七石完全不同（圖 17.5–17.6）。第七石和武氏祠畫像技法一致，都屬平面淺浮雕。有趣的是第七石在孔子老子相見的畫面中也出現了晏子。此石分四層，最上層為西王母，下一層有人物對弈六博和飲酒，左端有一雙頭神獸。最下層為左行的兩車馬，第三層為孔子、老子、項橐、晏子及弟子圖。老子手持曲杖，身材比相對的孔子稍高大，孔子手持雙雁

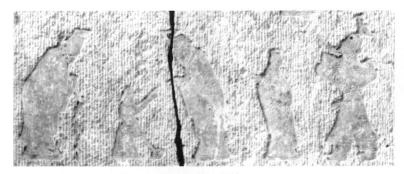

圖 17.2　作者攝於石刻館 1998.8.29

圖 17.3　宋山第二批畫像第一石
作者攝於山博 2016.8.18

為贄禮，兩人中間為持玩具車的項橐。孔子身後除了晏子，有弟子三人，頭戴與孔老同式的進賢冠，捧簡冊在手。唯有晏子身材特別矮小，頭戴高冠，佩長劍，特徵和山東省博物館藏有「案子」榜題者相同，無疑就是晏子。

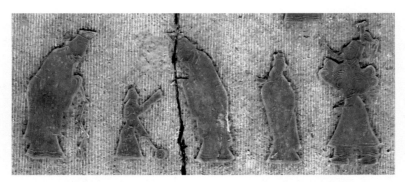

圖 17.4　前圖局部　部分人物如子路和子路左側一人的線條已不如十八年前清晰

　　1998 年參觀石刻藝術館時，有些畫像已移入石刻館室內，有些仍在室外。焦德森館長陪同我參觀排放在後院，以宋山為主的畫像石以及來自青州高近三公尺的巨大胡人石像。這次在石刻館買了史語所前所未藏的新出宋山和五老洼畫像拓片二十九種，算是此行一大意外收穫。回臺北後我將這些拓片全部轉交傅斯年圖書館，並納入 2002 年出版的《中央研究院歷史語言研究所藏漢代石刻畫像拓本目錄》。

　　另外在石刻館也看到了嘉祥五老洼出土的孔子見老子畫像兩件，即朱錫祿著錄的五老洼第七石（圖 17.7、17.9–17.10）和第九石（圖 17.8、17.11、17.13）。這兩石石質、畫面結構和雕刻技法都相似，應屬同一時期，但出自不同石工之手的作品。其不同在於人物有繁有簡，周公輔成王、孔子見老子二主題畫像，位置互有上下，都在撈鼎圖之下，第七石最下一層多出一排相對拱手，意義

圖 17.5　宋山第七石局部

圖 17.6　宋山第七石　劉曉芸線描圖

不明的人物。在五老洼第一石和紙坊鎮敬老院舊藏的一石上（《嘉祥漢畫像石》圖 85、126），可以見到周公輔成王圖或孔子見老子、項橐圖又安排在最下層的撈鼎圖之上。由此可知，對石匠或委託雕石者而言，他們似乎並不在意撈鼎、周公和孔子這三個主題畫像的故事有什麼高低前後或重要性之別。這種任意性從五老洼第九石周公輔成王圖中的周公或召公竟手持曲杖（圖 17.13）中也可窺見端倪。曲杖通常是老子或孔子才持有的格套配件。

圖 17.7　五老洼第七石　　　　　圖 17.8　五老洼第九石

圖 17.9　五老洼第七石　孔子見老子圖局部

圖 17.10　五老洼第七石　周公輔成王圖局部

圖 17.11　五老洼第九石　孔子見老子圖局部

圖 17.12　同上局部

圖 17.13　五老洼第九石　周公輔成王圖局部

　　在這兒另外看見 1978 年出土的宋山畫像第五石。原石
長 74 公分，寬 68 公分。朱錫祿先生在《嘉祥漢畫像石》
一書中對畫面內容已有詳細描述，這裡不再重複。以前看
《嘉祥漢畫像石》，感謝拓片上的畫面十分精緻，以為石面
十分光滑平整。2016 年 8 月在山東省博物館細審畫面其實
已剝蝕十分嚴重，以孔子見老子部分的畫面為例
（圖 17.14–17.16），刻畫人物細節的線條幾已全遭剝蝕，
無以分辨。其所以如此，感覺並不是因為不斷拓製拓片，
而是石質不佳。1978 和 1980 年宋山三墓所出的畫像石，

圖 17.14　宋山畫像第五石

圖 17.15　劉曉芸線描圖

圖 17.16　宋山畫像第五石原石局部

原分存嘉祥武氏祠和濟南山東省石刻藝術博物館，2010 年
去參觀時，發現石刻館者已移置新開幕不久的山東省博物
館新館展廳。

2016.8.20

⑱山東省博物館藏嘉祥洪家廟孔子見老子畫像

這一石久經著錄，原出嘉祥縣城東北約 2.5 公里的洪家廟。後移置濟南金石保存所，編為「畫像九」，石下緣有「畫像九　出嘉祥洪家廟」字樣。後歸山東省立圖書館，今藏山東省博物館。以前曾多次拍照失敗。2016 年 8 月才拍到較可用的照片（圖 18.1–18.2）。比較原石照片和傅惜華等書所錄拓片，可知原石保存情況良好。上層為朝左戴進賢冠，拱身行禮的孔子，手持一鳥，中間有面向孔子的披髮小童項橐。他一手上舉，狀似與孔子對話，另一手下垂，似在身後牽有一兩輪的玩具車，唯車已極漫漶，僅有兩輪的輪軸和若干車輻尚隱約可辨（圖 18.3–18.5）。這是在所有拓本上都看不清的。項橐之左為面向孔子的老子，衣冠與孔子同式，有鬍鬚，手持曲杖。畫面下層為一休憩中的軺車，車轅向右，右方一馬向左佇立。此石似還有左側一半，如今不可知。

1993.8.5 初稿 / 1996.5.17 二稿 / 2016.7.25 三稿

圖 18.1　洪家廟畫像原石

圖 18.2　洪家廟畫像

圖 18.3　作者攝局部 2016.8.17

圖 18.4　史語所拓本局部

圖 18.5　圖 18.2 的局部
隱約可見的兩輪軸和車輻

⑲陝西西安碑林博物館藏綏德出土孔子見老子畫像

　　陝北米脂、綏德一帶是漢代畫像石另一個重要的出土
地區。綏德縣有漢畫像石博物館，米脂縣有米脂縣博物館，
都有畫像石的收藏與陳列。可惜沒能去參觀（後來於 2001 年
曾有緣隨榆林市文管會康蘭英女士走訪一次）。陝北畫像石自
1959 年有陝西省博物館所編《陝北東漢畫像石刻選集》、
1995 年《陝北漢代畫像石》兩書出版以後，十餘年沒有成
系統的集子。這十年來不斷有新的發現。自 1996 年開始北
京大學漢畫研究所朱青生教授啟動一個龐大計畫，要對全
中國所有的漢代畫像作一次完整的調查、攝製和登錄詳細
資料，並以省份為單位出版。經十幾年努力，2013 年成功
出版了《漢畫總錄——米脂綏德神木卷》（桂林：廣西師範大
學出版社，2012–2013），這真是大功一件。

　　我有緣一睹陝北畫像最早是在西安的陝西省博物館。

1990 年 8 月 8 日第一次參觀原為北宋文廟的陝西省博物
館，此館以碑林著稱。1993 年 7 月 21 日再去參觀時，陝
西省博物館已另建新館，原館改稱碑林博物館，綏德出土
的孔子見老子畫像石即在原館原地陳列（圖 19.1）。這方滿
堂川鄉劉家溝前川崖底出土的畫像石長 88 公分，寬 34 公
分。石質呈青黑色，剔地部分呈黃褐色，保存十分良好。
雕刻風格和其他綏德出土的一致，為剔地淺浮雕。

　　2004 年康蘭英女士來臺灣開會，贈送我一張綏德出土
孔子見老子畫像拓片（圖 19.2–19.3），大喜過望。2011 年
與學棣數人走訪西安，得在碑林新建的博物館中親見心儀
已久，卻不易見到的大量陝北畫像石。綏德出土的孔子見
老子畫像也在其中，遂得攝下較好的照片（圖 19.4–19.5）。

　　像陝北出土的其他畫像一樣，綏德此石畫像在結構和內容上可分為幾個部分：右側上部三分之一是對稱的花紋裝飾；左側上部三分之二是上下數層的動態人物；全石下部的四分之一是以橫線區隔開來的另一部分，內容是雙

圖 19.1　參觀陝西省博物館

圖 19.2　康蘭英贈拓片

圖 19.3　康蘭英贈拓片局部

圖 19.4–19.5　綏德出土孔子見老子畫像石照片及局部

首連身神獸和龜蛇構成的玄武圖。

以人物部分來說，可上下分為五層。最上層不完整，僅存畫面下端一小部分。拓片尚可見到左側人物的下裳和雙足，如今原石上端又有殘泐，只存一小部分蛇尾和人物雙足底部。我懷疑原有一神人或武士手握長蛇。

其下一層即頗為典型的孔子見老子圖（圖 19.3、19.5）。孔子居右面左，弓身拱手，手中有一鳥，鳥頭朝向孔子；老子居左朝右，拱手與孔子相對。中間有一小童，與老子同向，揚首面向孔子，手中持一雙輪玩具車。這幅

圖在布局結構上，基本上和山東地區所見可以說十分一致。
人物構成上，只有最基本的孔、老和項橐三人，完全沒有
弟子，畫面精簡扼要。較特別處在：(1)項橐所持玩具車以
平行兩輪的形態呈現，而不是一般獨輪或重疊的兩輪；(2)
孔子所持的鳥，首尾俱全，鳥頭朝向孔子；一般山東畫像
所見只露出鳥頭，不見鳥身，鳥頭朝外。

　　再下一層為二人相鬥，右側一人持戟，傾身前刺，左
側一人持劍曲身防守。這一層的內容和下兩層的內容似乎
是關聯的，都是兩人相對，持不同武器比武的場面。

　　陝北畫像石中以孔子見老子為題材的，迄今僅此一見。
但自從在綏德黃家塔發現漢代當地刻石使用模板複製的方
法，❺可以斷言只要有孔子見老子畫像存在，當時綏德一
帶曾存在過的孔子見老子刻石應絕不止一件。再者，近年
已在陝北靖邊楊橋畔王莽至東漢初墓中，發現孔子見老子
壁畫（圖 19.6-19.9），可見這一題材曾以不同的形式存在
於漢代的關中，人們應該並不陌生。

　　無獨有偶，前述楊橋畔墓資料公布之後，2009 年北京
文物出版社出版的《2008 中國重要考古發現》上，又刊布
了陝西靖邊老墳梁四十二號漢墓出土的孔子見老子壁畫，
其上也有清晰的孔子、老子和童子項橐，項橐手中牽著一

---

❺　　戴應新、魏遂志，〈陝西綏德黃家塔東漢畫像石墓群發掘簡
　　報〉，《考古與文物》5、6 (1988)，頁 251-261。

圖 19.6　墓前室東壁上層左側有由七人構成的孔子見老子壁畫

件造型幾乎一樣的鳩車（圖 19.10–19.14）。❻

　　老墳梁墓群中四十二號墓的時代約屬西漢中晚期至新莽時代，比前述的楊橋畔東漢墓為早，西距靖邊縣城 25 公里，和前述靖邊楊橋畔鎮相距僅約 1 公里。墓壁上有保存大致完整的孔子見老子壁畫。壁畫左側一人面向右，手扶曲杖，其頭部左側有清楚榜題「老子」二字，右側有側身人物拱手向左，無疑是孔子，孔子身後還有一人，惜較為殘缺。重要的是在二人中間有身軀較矮小的小童一人，無榜題，但牽引著一輛玩具鳩車。鳩車有鳩首、車輪和鳩尾，十分完整清楚，和楊橋畔壁畫上的幾乎一模一樣。這一墓

❻　關於鳩車，請參邢義田，〈項橐手中的鳩車〉，《文史知識》1 (2011)，頁 120–123。

畫外之意

圖 19.7　壁畫左端為孔子見老子　項橐居中牽玩具鳩車

圖 19.8–19.9　孔子身後或右側有捧簡冊弟子四人

圖 19.10　靖邊老墳梁四十二號漢墓壁畫

圖 19.11–19.12　同上局部　老子頭部左側上端有墨書「老子」二字

圖 19.13　楊橋畔二村南側渠樹壕新莽墓壁畫及局部

的發現再度證實孔子見老子這一題材，在漢代關中應非過去印象中的那般稀罕。

1993.8.5 初稿／1996.5.17 二校／2016.7.25 三稿

⑳河南新野樊集出土孔子見老子畫像磚

　　《路加福音》第四章第二十四節曾引述耶穌的話：「先知在本鄉本土沒有受到歡迎的。」這句話或許適用於耶穌，卻不適用於孔子。出生於春秋時代魯國的孔子，一直到漢代，都受到家鄉及附近地區百姓極大的尊崇。生在關中地區的司馬遷曾遊歷汶水、泗水等地，親眼見到孔門弟子及魯人如何尊孔並受到孔子的影響。魯地風俗好儒好禮，和其他的地方大不一樣。孔子死後，葬於魯城北泗上，魯人世世歲時奉祠孔子冢，「至於漢二百餘年不絕」（《史記・孔子世家》）。

　　另一項孔子在家鄉受尊崇的證據，就是至今可考有關
孔子的漢代畫像絕大部分見於現在的山東，也就是舊日的
齊魯之地。齊魯以外的地區，也能找到孔子畫像，但數量
上少很多。漢代以磚、石或壁畫裝飾墓室的習慣遍及現在
山東、江蘇、河南、四川、陝西、河北、山西、安徽、內
蒙古等省或自治區。我們在這些地區發現的漢畫像石、畫
像磚或壁畫數量都很多，可是相對來說，這些地區以孔子
為題材的就少得多。以河南為例，1992 年到河南旅行，在
商丘、鄭州、密縣、偃師、南陽、新野等地請教當地的專
家：是否見過以孔子與老子為主題的畫像？他們的答案都
是否定的。只有新野樊集三十八號墓所出的一方畫像磚，
看來像是孔子見老子圖。

　　此磚早有著錄和報導。❼我原來以為此磚在新野，到
了新野才知原磚已移存南陽地區文物研究所。10 月 12 日
晨，南陽地區文物研究所所長趙成甫先生親來我下榻的南
陽賓館，極熱情地接我去文物研究所參觀。研究所在南陽
市市郊，是一幢 1991 年新建四層的大樓，環境十分優美。
在樓上庫房裡，看到大量以新野出土為主的畫像磚，那方
孔子見老子畫像磚也在其中。庫房內不允許拍照。幸好
2009 年學棣施品曲有緣拍到照片，得附原磚相關部分於後

---

❼　參趙成甫，〈新野樊集漢畫像磚墓〉，《考古學報》4 (1990)；
　　《南陽漢代畫像磚》(北京：文物出版社，1990)，圖 169。

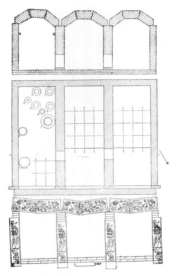

圖 20.1　樊集二十四號墓平面圖　三十八號墓與此同類型

文（圖 20.4）。趙先生是新野樊集漢墓的發掘人，他仔細介紹了墓葬的情況。以下依據他的介紹和他的考古報告，對三十八號墓作一簡單描述。

　　1985 年，新野縣文化局在新野縣城北約 12 公里的樊集徵集到不少畫像磚，陸續幾年進行發掘，共清理出漢墓四十七座，其中畫像磚墓有三十七座，餘為一般磚室墓。三十八號墓的墓型與報告中有平面圖的二十四號墓相同（圖 20.1）。這一型墓是由並列的東、中、西三個墓室組成。三十八號墓道長 9 公尺，寬 2.3 公尺，墓室長 3.12 公尺，寬 3.74 公尺，高 1.39 公尺。墓門由四門柱、三門楣構

成。門柱和門楣都是用畫像磚構築。據趙先生見告，孔子
見老子一磚即在該墓的東門柱上，畫面向外。

此磚長 1.09 公尺，寬 0.225 公尺。畫面線條突起，為
模製的淺浮雕。磚面呈黃褐色，可見燒製溫度並不很高。
此磚為模造，趙先生相信當時製造時必不止一塊，只是目
前發現以孔子見老子為內容的僅此一塊（圖 20.2–20.4）。

圖 20.2　新野樊集畫像磚原石　圖 20.3　左圖拓本

　　此磚內容由三部分構成。最下一部分是一雙手持戟站立的門吏，面朝右，張口，髭髮四張。他的高度幾佔去畫面的一半。其上是兩尾相交，各持華蓋的伏羲和女媧。這對伏羲和女媧上半身像人，下半身除像龍的尾，還有像龍的一對腿爪。最上一部分有相對的兩人，中間有一披髮，臉朝左，拱手的小童。右側一人左手持曲杖，右手前指，冠式不明；左側一人右手持一直杖，左手前指，冠式也不清楚。從發表的原石照片和拓本看，右側老子的曲杖不很明晰，但施品曲所攝照片（圖 20.4）可以證明為曲杖無疑，也可以清楚看出老子頭部已殘損。從兩人持杖相對，小童居中的畫像結構看，這是典型孔子見老子的場面。持曲杖

圖 20.4　新野樊集畫像磚局部照片　施品曲攝 2009.9.26

的老子和小童同方向，也合於孔子見老子圖的常例。因此，將此畫像定為孔子見老子、項橐圖應該沒有問題。

如果這確是孔子見老子圖，則此磚的布局竟然也是人物在上層，伏羲、女媧之神仙在下層。此外，孔子見老子的場面雖在面積上不及在下層的門吏，但是如果我們考慮一般人的身高，及這一立磚的高度（1.09 公尺），人進墓門時，最容易看見的應是在上層的孔子見老子畫像。孔子見老子畫像的重要性似乎應從這一角度去衡量。前文介紹陽穀八里廟的立柱，孔子見老子畫面不大，卻在最上層，似乎也應是基於同樣的理由。另外，重要的是這是燒製的磚，當時應曾大量製作。那麼我們就有理由相信，孔子見老子這一故事在新野一帶也曾存在，甚至流行。2004 年遊鄭州河南博物院，見到另一方新野出土，以孔子、老子、項橐為主題的畫像磚，證明孔子在漢代南陽地區確實並不寂寞。

1993.2.17 初稿／1996.5.17 二稿／2016.7.27 三稿

㉑河南新野出土孔子見老子畫像空心磚

2004 年 7 月 13 日，和學棣楊俊峰由河南省文物局陳彥堂兄陪同參觀河南博物院，發現了這方令我一直拿捏不定的孔子見老子空心磚（圖 21.1）。因為博物館的說明牌標明是「煉丹畫像磚」（圖 21.2），2012 年 8 月 8 日再度參觀，河南博物院的展覽方式已重新調整，我從不同角度又

拍了照片（圖21.3）。磚已局部殘損，經修復，畫面仍基本
清楚。從畫面上看，一老者有鬍鬚，側身向左，雙手前伸，
頭戴進賢冠，腰佩環首刀，背後有雲氣紋；其前有一小童
頭頂梳髻而披髮，下半身殘損，上方有雲氣紋。他們共同
面對另一朝右的老者。老者面部已殘，但還可看清楚右手
持著長杖。杖頭伸到磚的邊緣而有損，但仍可看見杖頭有
部分突出之物。如參照其他漢畫像，我懷疑這可能是帶鳥
首的鳩杖（圖21.4）。

　　為何博物院的專家認為它可能是煉丹畫像？可能是因
為人物之間有明顯的雲氣紋。漢代畫像常見仙人在雲氣之
中，仙人、童子又都與煉丹或求藥故事有關，因此被認為
是煉丹畫像並不令人感覺意外。因為有這樣的可能，我也
一直不敢認定它就是孔子見老子畫像。這個疑團等到看見

圖 21.1　新野畫像磚　作者攝 2004.7.13

圖 21.2　河南博物院說明牌　作者攝 2012.8.8

前文已提過的靖邊老墳梁四十二號墓壁畫中的孔子、老子、項橐圖（見前圖 19.11–19.12），才豁然開朗。老墳梁壁畫和新野這方畫像關鍵部分的構圖幾乎完全一樣，人物之間也有大同小異的雲氣，老墳梁壁畫居中小童手牽鳩車，無疑是項橐，左側老者頭後側有明確榜題「老子」。不論持鳩杖或曲杖，在漢代畫像中都是為了表現其為年長者的身分。這點小差異無礙認定畫中老者相類的身分。從構圖格套來說，這方新野畫像應是孔子見老子、項橐圖才是。多年疑惑因新材料而一朝解開，大感快慰。

　　另外，還有幾點須要澄清。第一磚上右側這一位人物是孔子嗎？為何沒戴進賢冠？腰上佩的是環首刀或如四川畫像磚上所見官吏腰上佩的削刀？為何不是佩長劍？老子通常持曲杖，也有持鳩杖的嗎？首先，如不注意看，很容

圖 21.3　作者攝 2012.8.8

圖 21.4　新野畫像磚拓本

易疏忽新野磚上孔子頭頂存在些淺細的橫向痕跡，這些痕跡應是孔子頭冠的線條。其冠式和山東畫像中習見的進賢冠看起來確實不同，但也有可能是因畫面磨損而使冠式不明。值得注意的是他的側身姿勢、冠式和洛陽西漢壁畫墓中出現的孔子十分相像，雙手都前伸而未持雁或雉為贄禮（圖 21.5）。和孔子相對的是持杖的老子和居中的項橐，構圖幾乎一樣，壁畫只少了雲氣。❽孔子腰佩的是環首刀而非刀筆吏繫於腰側的削刀。這可從原磚孔子身前環首和在同一直線上另一側身後露出的刀尾看出來（可惜前引拓本未拓出刀尾部分）；如為刀筆吏的削刀，甚短，不可能有刀尾出現在身後另一側。又畫像中孔子佩環首刀，雖有些奇特，但在漢畫像中並非僅見。另外兩個明顯的例子可參滕州後掌大和嘉祥五老洼出土的孔子見老子畫像。畫像中孔子腰上清楚佩著環首刀，老子身後有一人代老子持著鳩杖（圖 21.6–21.8）。老子有鳩杖的例子也見於沂南北寨漢墓中室西壁南段上的疑似孔子見老子畫像。但沂南的畫面結構較不典型，我還不敢認定它就是孔子見老子圖。

2016.8.10 補寫

---

❽　〈洛陽西漢壁畫墓發掘簡報〉，《考古學報》2 (1964)，頁
　　115 圖 7 墓室隔牆橫梁壁畫線描圖。

圖 21.5　洛陽西漢墓壁畫線描圖

圖 21.6　作者攝於滕州漢畫像石館 2010.7.6

圖 21.7　前圖局部

圖 21.8　五老洼第七石

⟨22⟩中研院史語所藏寶應射陽孔子見老子畫像拓片

　　寶應射陽孔子見老子圖是一幅心儀已久，在大陸沒見到，卻意外在史語所傅斯年圖書館見到的畫像。以前讀翁方綱《兩漢金石記》卷十四，我第一次知道有這麼一幅畫像存在。《金石萃編》卷二十一也曾著錄，但這些書都沒有附拓片，畫像的真面目一直未能見到。法國漢學家沙畹 (É. Chavannes) 所著《華北考古記》(*Mission Archeologique dans la Chine Septentrionale*, Paris, Ernest Leroux, Éditeur, 1913) 曾轉錄 1907 年《國粹學報》上一幅失真頗大的摹刻本 (pl.DIII)；刻本完全忽略了畫上的榜題。在歐洲著名的漢學刊物《通報》(*Toung P'ao*) 1913 年第 14 期上，曾有穆勒 (Herbert Mueller) 發表〈漢代雕刻芻論〉(Beiträge zur kenntnis der Han-skulpturen) 一文，較詳細介紹了射陽石門畫像兩面的拓片（原圖版六，圖 12）。但不解為何 1966 年芬斯特布霍 (Käte Finsterbusch) 所編《漢代圖像藝術彙目及主題索引》(*Verzeichnis und Motivindex der Han-darstellungen*, Wiesbaden) 一書，明明知道穆勒曾發表拓片，卻收錄上述失真的摹刻本和僅僅原石一面的拓片（原圖 551、552）。❾穆勒拓片受期刊版面限制，縮印之後，畫面細節很難看清楚。較早收錄此畫的日本著錄則是 1915 年

---

❾　本書所用德文資料概由紀安諾 (Enno Giele) 代為翻譯，謹此誌謝。

大村西崖的《支那美術史雕塑篇》(圖 263、264)。

　　1992 年我在日本京都大學旁的朋友書店見到北京魯迅博物館與上海魯迅博物館合編之《魯迅藏漢畫像二》(上海：上海人民出版社，1991)，才第一次目睹畫像清楚的拓影(圖 249)。這書在日本售價極昂，當時捨不得買，後來到大陸沒想到竟遍尋不獲，黯黯然回臺灣。

　　回臺後與南京博物院的張浦生先生聯絡，因為我知道南博所編《東南文化》上有尤振堯先生著文介紹這一畫像石。當時很冒昧地請張先生代為影印尤文及魯迅一書中的拓片影本。不意就在張先生熱心寄來文章和影本的同一天中午(1993 年 1 月 13 日)，我到中央研究院活動中心吃飯，遇見剛自傅斯年圖書館退休的余壽雲先生。余先生負責館中善本書數十年，對館中藏書極為熟悉。他在聊天中提到館內有尚未整理的漢畫像拓片極多。下午，承他好意帶我到圖書館庫房一觀。他從臨時綑紮一包包未裱的漢畫中隨意抽出一包。打開一看，無巧不成書，第一張竟然就是寶應射陽的畫像！當時的興奮，難以言表。因為我從尤振堯的論文裡得知，原石已不存，而存世的拓片也不多，傅斯年圖書館能有一份，十分珍貴。

　　有關射陽畫像的著錄，尤振堯先生在〈寶應射陽漢石門畫像考釋〉一文中記述甚詳，不贅。❿以下略記史語所

---

❿　《東南文化》1 (1985)，頁 62–69。

圖書館所藏的拓片。拓片曾經
裝裱，背面有黃花底標簽「漢
寶應射陽故城孔子畫像」，下
署「包安吳諸名家題」
（圖 22.1）。包安吳即包世臣。
包世臣安徽涇縣人，涇縣古名
安吳。標簽旁有朱印「首都經
古舍」，右上角有另一朱印「京
內政部斜對面卅五號」。「京」
指國民政府首都南京，卅五號
是經古舍的地址，拓片是由他

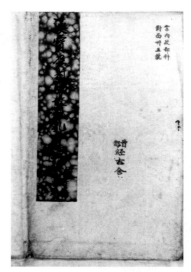

圖 22.1　拓本封面題簽

們出售。打開拓片，拓片右上角有另紙標簽，云：「江蘇特
產，江甯縣，第 35 號」。拓片正上方有陰書橫題「漢射陽
石門畫像」（圖 22.2）。拓片是將兩石及包世臣的題記並列，
裱成一張。包世臣題記在最左側，這一點和尤振堯所見題
記裱在中間的拓本有所不同。在並列兩石中左側的一石左
下角有朱印「江甯張啟桂所拓金石文字印」（圖 22.3）。尤
振堯所錄題記與我所見稍有出入，今再錄如下（圖 22.4）：

石門舊在寶應縣射陽故城。乾隆五十年江都拔貢生
汪中昇歸。道光十年夏，其子戶部員外喜孫移置寶
應學宮。涇包世臣、儀徵劉文淇、吳廷颺、涇包慎
言、江都梅植之，同觀。世臣記。

畫外之意

圖 22.2　拓本上段及「漢射陽石門畫像」題簽

　　尤振堯文記述畫像內容甚詳，下文只作若干補充並說說我一些不同的觀察。兩拓片大小相近，左側上有鳳鳥的一片，高 1.18 公尺，寬 0.41 公尺；右側有孔子見老子畫像的一片，高 1.19 公尺，寬 0.45 公尺。

　　左側一幅有邊框，無紋飾；畫面均分為上下三層，每層幾近正方形（圖 22.5 左）。最上層為頭朝右，展翅欲飛的鳳鳥；中層為戴三山冠的獸面鋪首銜環；下層是一位右手舉環首刀，左手持長方楯，頭戴平幘，身著短衣、長褲，作朝右前進狀的門吏或武士。

　　右側一幅有邊框，左右邊有菱形花紋，上框有水波狀加圓點及弧線花紋，下框有三角花紋。框內均分為上下三層，層與層之間也有不同花樣的裝飾：上、中層之間花紋

圖 22.3　江甯張啟桂所拓金石文字印

較不清楚，似為菱形格紋；中、下層之
間為狀若絞線之紋飾。畫像內容上，最
上層為孔子見老子圖（**圖 22.5 右**、
22.6）。畫像上緣有一橫列幃幔狀邊飾。
其下有人物三，自左至右在各人右上方
有隸書榜題「老子」、「孔子」、「弟子」。
三人皆戴進賢冠，弟子手中持簡策，孔
子和老子相對拱手，但兩人身體幾乎完
全正面朝前，畫面左側下端稍有剝泐。
這一幅孔子見老子畫像的特色在於布
局上：⑴沒有居中的小童項橐，⑵孔子
居中央位置。

　　中層畫面較為漫漶，應是以擊建鼓
為主的百戲圖。畫面主題是一建鼓，鼓
有座，兩側有人揚棰擊鼓，鼓上兩側有

圖 22.4　包世臣題記

圖 22.5 左　原石正面拓本　右　原石背面拓本

彎曲下垂的飾物；❶鼓上立柱的頂端有朝前蹲坐，兩手旁
伸的獻藝者一人，其旁左右又各有一位站立的人物；左側
一位已難以看清，右側一位戴冠，側身，拱手。

　　下層為清楚的庖廚圖。畫像上端從左至右懸有一兔、
一犬、一豬頭和一豬腿。其下右側有一人站在灶前以長杆
添柴，灶上有鑊，蒸煮的熱氣正騰騰而升。灶身有穿璧紋
飾，其端有突，正裊裊而上。左側有一人持刀，在俎上料

---

❶　這樣的飾物又見徐州睢寧雙溝畫像上的建鼓，參《徐州漢畫
　　象石》（南京：江蘇美術出版社，1987），圖 247。

圖 22.6　孔子、老子、弟子部分

理一尾魚，和他相對的一人站著持一圓盤，兩人上端圓案上有六個耳杯和四雙箸。

　　以上兩件畫像無論在雕刻技法和表現風格上的差異可以說一眼就可以看出。右側一圖為平面陰線刻，線條十分圓滑成熟；左側一圖上兩層也是平面陰線刻，但陰線刻痕相當粗且深，減地也甚深，成為淺浮雕。減地後，地未完全磨平，鑿痕仍可見。最下層技法似有不同，部分線條非凹下之陰線，而是突出的陽線。我觀察幾份不同的拓片（詳見下文），最下層陽線的情形都相同，可見這似乎不是拓製不良，而是原石的刻法上下層有差異。

　　在表現風格上，兩畫像可以說完全不同。右側畫像邊飾極為繁複多變化，左側畫像的邊框幾乎一無紋飾。畫面的布局和表現，右側也是極為繁複，幾不留任何空白；反之，左側除一鳳、一鋪首銜環和一持刀盾門吏，其餘畫面都留白，畫面十分清爽。尤振堯先生大作討論技法和風格，將兩面視為一體，未曾作區分。

　　由於未作區分，尤文自然不會討論刻法和藝術風格大不相同的畫像是否可能在同一石的兩面出現的問題。過去一直有兩幅畫像分屬兩石或屬一石之兩面的不同著錄和爭論，這一點須要先加澄清。最早著錄這兩幅畫像的王昶和翁方綱，以及稍晚的洪頤都說是「二石」(見《兩漢金石記》、《金石萃編》、《平津讀碑記》)。翁、洪是否見過原石不見記載，王昶所見據《萃編》的著錄，確知是其門人汪中送他的拓片而已。據阮元《廣陵詩事》，知汪中從射陽取歸江都的其實只有一石，另一石「為寶應縣令沉之水中，不知其處」。❷較明確的證據是汪中之子汪喜孫為射陽畫像所作的跋尾。汪中過世，喜孫繼續保有畫像原物，其跋中提到「此石蒼黑色，質甚堅，叩之其聲清越」，從這樣的描寫可證他曾親見原石；跋中又云此石「高五尺五寸，闊二尺三寸，刻像二面」(跋見《彙攷》，頁6上)，跋中所記二面的刻像正

---

❷　見張寶德輯，《漢射陽石門畫像彙攷》，金陵叢刻本，頁5上。

是我們所見兩幅拓片的內容。曾親見原石的劉寶楠、朱士端也都曾明確辨正翁、王著錄為二石的錯誤（見《彙攷》，頁8上–13下）。

因此這兩幅畫像原屬同一石的兩面應無疑問，尤振堯也這樣認為。他推測這方石刻應屬墓內石門性質，並據畫像的方向以為這石是石門的左扇，有鳳鳥畫像的一面朝外，有孔子見老子的一面朝內（〈考釋〉，頁68）。這是非常正確的看法。❸

不過，我想進一步追問的是：為什麼同一石的兩面畫像會有這麼大雕刻和風格表現上的差異？漢畫像石兩面有畫的情形很多，尤其是墓門和有隔間作用的石材上，經常

---

❸　附記一段和尤振堯先生見面的事。2004年8月1日到南京博物院參觀，透過奚三采先生聯繫，見到已退休的尤先生。當時是向他打聽他在《中原文物》上發表的一方孔子見老子畫像磚。他在文中說畫像磚出自高淳固城，有一反書的「孔」字。這引起我的注意。可惜期刊所附拓本不夠清晰，反字尤其看不出。我想看看原物。尤先生說他當時是根據拓本照片，沒見過原物。那天又是星期天，南博庫房管理員不在，遂無緣見到。參尤振堯文〈蘇南地區東漢畫像磚墓及其相關問題的探析〉，《中原文物》3 (1991)，頁50–59。又可參南京市博物館，〈江蘇高淳固城東漢畫像磚墓〉，《考古》5 (1989)，頁423–429及圖版參.3、附圖七.5。南京市博物館一文沒說有反書孔字，從較清晰的原磚圖版看，也看不出有反書的字。

是兩面刻畫。兩面刻畫的風格一般都頗為一致，還不曾見到像射陽這樣兩面相異的情況。舉例來說，在安丘縣博物館所復原的董家莊漢墓，及商丘博物館所藏永城縣固上所出兩面刻鋪首銜環的墓門，兩面的雕刻手法和風格可以說完全一樣，顯然都是同一位石匠的手藝。因曾親見這些墓門，印象特別深刻。我不禁因而懷疑射陽石門風格的差異，會不會是後人利用了前人墓的石材，因不喜歡某一面的內容，將其中一面重雕，卻保留了另一面所造成的。以風格言，兩面的刻法都見於東漢晚期；有孔子見老子的一面，從榜題的八分書法看似乎要更晚一些。由於原石已失，整個墓葬情況不明，以上所說都不過是有待驗證的猜測而已。

　　這兩幅畫像的個別內容和布局，幾全可以和其他漢墓畫像相聯繫。鳳鳥、鋪首銜環和門吏是漢墓石門最常見的內容；建鼓百戲和庖廚圖在山東地區也十分普遍，無勞舉例。只有孔子見老子的部分最具特色，在布局上可以說自創一格，又刻於墓門，也不見其他例子。它有什麼特殊意義，還值得更進一步研究。

1993.2.21 初稿／1996.5.17 二稿／2016.7.27 三稿

補記：

　　本文寫成後，1993 年 3 月 19 日同事劉淑芬小姐告知，她發現在傅斯年圖書館已裝裱的拓片中，有編過號的寶應射陽畫像，並以編號見示。我大喜過望，第二天即到圖書

館調閱，果然又找到不同的拓本共三張。現在補錄如下。

　　⑴一份登記號為02896，有拓片兩張，分別是石門兩面的畫像。一張登記標題作「漢射陽石門孔子見老子畫像并陰」，裝裱邊緣有「史語所藏金石拓片之章」朱印。拓片上端及左右上端邊緣略有破損，餘尚完好。拓片左側邊緣中段空缺處有朱印二：「周星貽」、「季貺」。周星貽 (1833–1904) 是晚清藏書家，史語所有不少拓片出自周氏收藏。拓片紙長 1.26 公尺，畫像上下邊框之間 1.2 公尺；寬 0.488 公尺，左右邊框之間 0.455 公尺。拓片內容上層為孔子、老子、弟子；中層為百戲，下層為庖廚圖。拓片在拓製上只拓畫像本身，不拓減地部分，因此畫像本身較為明晰突出，不過中層百戲圖因而也有部分失拓。

　　⑵另一張登記標題作「漢射陽碑陰畫像」，有同樣史語所藏拓朱印。拓片上端邊緣，左側邊緣及畫像上部鳳鳥腳部稍有破損，餘完好。拓片右側邊框空缺處有同樣周氏二印。拓片背面邊緣有墨書「寶應畫像石門畫像二張　三〇」字樣的註記殘文。拓片紙長 1.22 公尺，畫像上下邊框之間 1.19 公尺；寬 0.45 公尺，左右邊框之間 0.41 公尺。內容上層為鳳鳥，中層為鋪首銜環，下層為持盾門史。

　　⑶另一份登記號為03013，只有拓片一張，登記標題為「漢射陽孔子見老子畫像」。裝裱邊緣有史語所藏拓朱印，拓片本身右上角有長形「漢射陽石門畫像」篆字朱印。拓片上端及右上端邊緣稍損，餘尚完好。拓片紙長 1.23 公

尺，畫像上下邊框之間 1.21 公尺；寬 0.485 公尺，左右邊框之間 0.45 公尺。內容為上層孔子見老子及弟子，中層百戲，下層庖廚圖。這一拓本拓製方式與經古舍者相同，除畫像本身，減地部分亦拓出，清晰程度大體相近。

　　總體而言，經古舍拓本所拓邊緣紋飾最完整，拓片本身破損最少，又有包世臣題記，是上述拓片中最好的一份。

1993.3.22／1996.5.17

再補：

　　1995 年 5 月 20 日承中央圖書館善本室主任盧錦堂賜贈所編《國立中央圖書館拓片目錄——金石部份》(1990)。閱讀目錄，才知央圖也藏有射陽石門畫像。著錄云：

> 漢射陽石門畫像四幅　隸書　漢無年月　江蘇寶應
> 墨拓本　有清包世臣等人題記　㈠ 113 × 43 ㈡
> 119.5 × 44.5 ㈢ 14 × 68 ㈣ 111 × 10

（《國立中央圖書館拓片目錄》，頁 195）

遂請錦堂協助，於 7 月 24 日前往一觀。著錄四種，包括兩方畫像、包世臣題記和「漢射陽石門畫像」標題拓本。此一拓本頗有殘缺，拓工亦較史語所藏者為粗糙。其中有孔子見老子圖一幅，拓痕線條模糊，紙背無拓製應有之凹凸痕，疑為印本而非原拓。

1996.5.17

㉓ 四川新津有「孔子」、「老子」等榜題的畫像石函

　　1995 年 7 月 24 日，我第一次在臺北國立中央圖書館（今改稱國家圖書館）善本室看到這個著名石函的拓本（央圖拓片編號 3245）。這個拓本長 199 公分，寬 60 公分。左下角有「四川博物館藏」朱印。拓本十分清晰完整。「孔子」、「老子」榜題都可確認無疑。聞宥釋為「倉頡」的「倉」字不清；「頡」字類「誦」。「東海太守」的「太守」二字甚清，「即墨少君」四字皆不夠清晰；「□子」之□，難以辨認。「神農」之「農」字不清。承盧錦堂兄幫忙，當時曾以傳統黑白膠捲拍攝每一榜題及畫像的局部照片（圖 23.1–23.2、23.11 (1)–23.11 (7)）。

　　就在同年 8 月 1 日我遠赴成都，希望看看四川的畫像磚和畫像石，更希望了解這個早經著錄的新津石函是否還存在。8 月 1 日晚拜訪鑽研四川畫像多年，著述和收藏皆富的高文先生。據他見告原石函已佚。在他家得知高先生除收藏漢畫，也收藏紙幣，十分豐富。8 月 2 日上午參觀四川大學博物館，看到不少畫像磚和畫像石棺，但經詢問，知石函不在川大。2 日下午參觀四川省博物院，看見展出中的新津石函拓本，和央圖所見幾無二致，竟然也看見新津石函原物（圖 23.3）！可惜那時博物館規定不准拍照。日記中僅記錄見到這件有孔老等榜題的石函。不知為何高文先生說原石函已佚？難道展出者為複製品？高文主編 2000

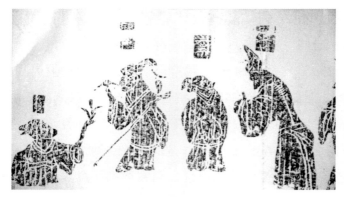

圖 23.1　中央圖書館拓本左段

圖 23.2　中央圖書館拓本右段　右下角有「四川博物館藏」印

年出版的《中國畫像石全集 7》四川卷，收錄有四川新津
石函畫像，但在圖 200 的圖版說明中注明「原函已毀」（頁
63）；2014 年王培永出版《孔子漢畫像集》，也說「原函已
毀」（頁 60）（圖 23.4–23.5）。可是四川省博物院展出的斷
為三截，經重新拼置，斷裂處有明顯刻意鑿斷的打孔痕跡，
並不像是複製件。2009 年施品曲在川博拍到照片並送給

我，本文得以借用，不勝感謝。1995 年我曾對四川大學林向教授提到不久前我在臺北中央圖書館見到的拓本，林教授推測央圖所藏有四川省博物院藏印的拓本，或為馮漢驥先生任四川省博物院院長時所拓。

　　8 月 3 日上午參觀成都市博物館。這裡有新都和曾家包所出畫像磚和畫像石數十方。中午搭經高速公路的「豪華巴士」赴重慶。這條高速公路新通車不久，原以為數小時即可抵達，不意號稱「豪華」的巴士沿途拋錨數次，339公里走了六小時才到。休息一晚，在重慶市博物館館長劉豫川先生家中吃晚飯，住入一家小旅店。第二天劉先生引導我參觀重慶市博物館。這裡所藏的畫像磚基本上已收入1957 年文物出版社出版的《四川漢畫像磚選集》。這回終得看到，對四川畫像磚製作之精美細緻，有了全新的體會。此外承劉先生好意，有緣在博物館庫房見到張大千早年的畫作。這裡收藏有很多他的畫，劉先生熱心展示。我告訴劉先生家母為四川人，習國畫，抗戰時曾在重慶工作多年。到臺灣後因習畫，參加川康渝同鄉會活動，也認得大千先生。張大千曾親來參觀母親的畫展。劉先生一聽，十分高興，又命庫房人員將四川出土的「祕戲磚」取出一示，大開眼界。此磚有內容不同的兩方，但其中一方當時送國外展出，未得見。在重慶有許多意外收穫，但也確認這裡並沒有和孔子見老子畫像相關的其他石函或石棺。

　　新津畫像石函原物如高文先生所說已佚，目前僅其兩

端和一個側面保存下來。兩端分有伏羲女媧及雙闕圖。閒
宥編《四川漢代畫象選集》圖 43 的說明中沒有說明他收錄
的拓片來歷，但曾明說側面原石斷裂為三。此石拓片此後
在《四川漢代畫像石》(1987)、《巴蜀漢代畫像集》(1988)、
《中國畫像石全集》(2000) 等書中不斷收錄，但我感覺拓
片品質仍以閒宥所著錄者最佳，其後翻印效果反而不如。
王培永編《孔子漢畫像集》(2014) 收錄有縮印的拓片，拓
片及印刷效果極佳，唯拓本是在「即 (?) 墨 (?) 少君」榜
題殘毀之後所拓（圖 23.4–23.7）。

　　1996 年 3 月 15 日讀林明信先生所編〈傅斯年圖書館
藏拓片增補目錄〉，才發現在史語所新裱的拓片中原來也藏
有一份類似這石函的畫像拓片（圖 23.10）。此件拓片長
200 公分，寬 63.5 公分，十分完整清晰。「東海大守」的東
海二字筆劃稍多，但應讀為東海無疑；「即墨少君」疑應作
「郎□少君」或「郎中□君」；總之，第二字上端豎筆出
頭，應非「墨」字。「□子」之「□」不清，可是應非弟子
的「弟」字；「孔子」之「孔」雖殘右半字，但應為「孔」
字無疑。老子二字清晰無可疑。「神農」之神字完整清晰，
農字缺上半部。「□誦」疑應作「汝誦」。汝字的右半「女」
大致可見，左半不明（圖 23.11）。舊題此畫像最左一人為
倉頡，榜題第二字不像「頡」字，畫像也看不出如沂南畫
像石墓中的倉頡有四隻眼。這件拓片目前已收錄在 2002 年
史語所出版的《中央研究院歷史語言研究所藏漢代石刻畫

圖 23.3　2009 年施品曲攝於四川省博物院　左側二石位置已對調到正確位置

圖 23.4　施品曲攝　2009

圖 23.5　採自王培永編《孔子漢畫像集》縮印拓本

圖 23.6–23.7　採自王培永編《孔子漢畫像集》縮印拓本

圖 23.8　《中國畫像石全集 7》，圖 200

圖 23.9　採自聞宥《四川漢代畫象選集》，1951，圖 43

圖 23.10　史語所藏拓本

象拓本目錄》393（拓片編號 26973）。

　　如果比較史語所藏拓的底紋、裂紋、榜題（圖 23.10）
和畫面，可以發現它和新津石函雖十分近似，卻也明顯不
同，絕非同一石。其為不同二石最堅強的證據是底紋斜線
有不少部分不但不同，方向甚且相反。方向之異在榜題上
也可清楚看出。兩年前聽丁瑞茂兄提起，陳秀慧早已注意
到這一差別。我翻查 1995 年 8 月 2 日在成都參訪的日記，
明確記錄：「下午參觀四川省博物院，看到真正大量漢石
棺、畫像石和磚。看見了有『天門』二字題榜的石棺、有

(7)　(14)　(21)

(6)　(13)　(20)

(5)　(12)　(19)

(4)　(11)　(18)

(3)　(10)　(17)

(2)　(9)　(16)

(1)　(8)　(15)

圖 23.11　榜題比較表

(1)–(7)史語所　(8)–(14)央圖　(15)–(21)聞宥　(22)–(28)採自《孔子漢畫像集》

(29)–(35)原石（2009 年施品曲）

『孔子、老子、倉頡、神農』新津出土之石函。昨天高文說四川已無拓片，原石已佚。顯然有誤。」寫日記的前一天我曾去高文先生家拜訪，因此有此一記。又據聞宥《四川漢代畫象選集》圖 43 的說明拓片高 66 公分，寬 217 公分，和史語所藏拓片大小有差距。史語所的拓本除了兩方史語所金石收藏印，沒有其他收藏印。拓本從何而來？為何如此不同？是不是據新津石函而另刻的複製品？都是有待澄清的疑問。

　　在四川旅行期間，我多方打聽有無其他的孔子見老子畫像，得到的答案都是否定的。因此，新津石函很可能是漢代巴蜀唯一以孔子見老子為主題的畫像石證據。據當地學者告知，所謂石函，不是石棺，因為石函底甚厚，空間甚小，不足以放置屍身。其用處至今不明。

　　將新津石函畫像和山東、河南、陝西等地的孔子見老子圖相比較，立刻可以察覺，新津畫像在構圖上可以說完全獨立，自成格局。第一，孔子、老子和太守之類「當代」的人物以及神農、倉頡（?）之類傳說中的人物在同一畫面中出現。這種情形就耳目所及似僅見和林格爾東漢墓壁畫。其次，新津畫像中沒有項橐。這些內容的差異，使得新津的孔子和老子實際是出現在不同的「故事脈絡」(context)裡，我們以「孔子問禮於老子」這樣的故事去理解新津畫像中的孔子和老子，顯然並不合適。該如何理解呢？由於缺少其他類似的畫像，一時還不易回答。

　　此外，榜題釋讀一直令人困惑，尤其是「即墨少君」、「倉頡」和「□子」，至今難以確定。即墨少君一榜原石已毀，「即墨」之釋明顯不可從，我比較傾向於釋作「郎中□少君」。「郎」字較明確，「中□」過去多看成一字，疑可讀為上下二字。成為皇帝身旁的郎中，是漢士人為官歷練過程的重要一步，漢畫榜題中常見。郎中下一字似應為姓氏，但讀不出。「少君」二字則較可確定。倉頡或應作「汝誦」。誦字從言從甬尚可辨，汝字右側女旁較可辨，左側水旁較難定。汝誦即沮誦，是傳說中倉頡造字的助手。「□子」疑而難定，據原石照片和《孔子漢畫像集》拓片，孔子弟子名中，字形較接近的似只有「曾子」。曾字下半的「曰」尚可辨，上半字因筆劃有殘而不易確認（圖23.11）。這裡只能姑妄言之，待考。

1993.5.18 初稿／2016.8.10 二稿

後記： 曾和楊愛國兄討論高文所說原石已毀，楊兄認為高先生所說並沒錯。所謂原石已毀指原石函已不存，有畫像的兩端和一側則被鑿下，如今保存在四川省博物院。此說有理，特補錄於此。

2017.2 再記

㉔史語所藏董作賓手拓山東臨淄的孔子項橐畫像

　　這是一件在人物和畫面構成上都自有特色的畫像。我原本從芬斯特布霍的《漢代圖像藝術彙目及主題索引》書中，得知這一畫像的存在（圖352）。芬斯特布霍書所收的圖版，翻拍自《通報》穆勒一文附圖 (Herbert Mueller, "Beiträge zur kenntnis der Han-skulpturen," *Toung P'ao*, 14 (1913), pp. 371–386)。此圖印製欠佳，不清楚（圖24.1）。但它的優點是完整未破損。1993年2月19日，我非常幸運在傅斯年圖書館找到兩件史語所前輩董作賓先生於民國二十二年六月三十日和七月一日親手所製的拓本。兩件拓本的左側都有董先生的題記。一曰：「此石兩面有畫，正面作馬戲圖，現存臨淄南關小學校內。董作賓手拓　二十二‧六‧卅」；一曰：「石存臨淄南關小學內，兩面有畫。董作賓手拓　二十二‧七‧一」（圖24.2–24.5）。這一拓本目前正在史語所陳列館中展出，其優點是董先生拓了同一石的兩面，可惜的是拓製時原石已碎裂成五塊，部分畫面已損毀。

　　根據〈董作賓先生年譜初稿〉（《董作賓先生全集乙篇》，臺北：藝文印書館，1977），董先生曾於民國二十二年秋，調查南陽草店的漢畫，後赴山東主持滕縣的發掘工作。這一題記證明董先生還曾在臨淄拓製漢畫，可補年譜的不足。又據石璋如所編《國立中央研究院歷史語言研究所考古年表》（史語所專刊之35，1952，頁3），董作賓於民國二十二年

Abb. 6. Das Han-Relief von Lin-chih-hien, Rückseite.

圖 24.1　穆勒文附圖

圖 24.2–24.3　史語所藏董作賓手拓本

此石兩面皆畫，正面作馬鹿圖，現存臨淄市南小崔莊內。董作賓手拓并識 甲申六廿

圖 24.4　董作賓題字

圖 24.5　孔子見老子部分

七月由上海至濟南轉往臨淄。原打算在此從事發掘，但以範圍太大，內容太雜，未果。同月轉往滕縣。接著於八月經開封到南陽城南的草店，調查漢畫。

　　此石略呈方形，包括邊框，長 93，寬 89 公分，疑原為石槨擋頭。從穆勒文所附的拓本看來，最少在穆勒拓製時，拓本所依據的原石還是完整的。穆勒氏是於 1912 年奉柏林皇家民族學博物館東亞藝術收藏室的委託，到山東收購文物。據其報導，這方畫像的來歷不明，曾經是臨淄縣附近某村廟祭壇的一部分。1910 年，一位臨淄的金石愛好者吳錦祥（譯音）發現，置之於學堂中保護。穆勒曾與山東的金石收藏家孫文蘭、張詠香、濰縣陳介祺、福山王氏、青州李氏等人都有來往。但他發表的拓片，從何而來，報導中未見交待。

　　1933 年董作賓拓製時，原石已殘碎為五塊，並有部分殘缺。1993 年，我曾寫信到淄博市博物館打聽原石的下落，一直沒有回音。我只得根據穆勒模糊但完整和董作賓清晰但殘缺的拓本，請人合而繪製一幅較完整清晰的線描復原圖。

　　董先生對 7 月 1 日所拓一面的內容，未置一詞。我們從人物的特徵，可以確認其下半部即是孔子、項橐與弟子圖。在人物組成上竟然沒有老子！因此很有類型上的意義。又此石畫面分為相等的四格。這種方形四格畫像石依其大小，或者出現在墓室後壁，或者為石槨的擋頭。這一石不

大，應為石槨檔頭部分。上部兩格的內容，右側有人有馬，
左側雙人比武，不必然相互關連，但下部兩格是連續的畫
面，構成同一個內容。下半最左側，是一高大，面向左，
頭戴冠，手持一鳥的人物。因為手中的小鳥，我們可確認
他是孔子。和孔子相對是形成透視效果上下兩排，面朝右，
戴冠曲身持簡在手的弟子八名。有趣的是在眾弟子之前，
有一身形較小，似未著衣，舉一手並仰首面對孔子的人物，
應該就是項橐。此圖在畫面安排上最大特色是分弟子為上
下兩排，前排弟子刻得較大，而後排較小，並居於前排弟
子的間隔處，很巧妙地造成視覺上透視立體的效果。在人
物組合上，沒有主角老子，單獨展現項橐難孔子的場面，
這也只有在武氏祠的石闕上曾見其例。

1996.5.18 初稿／2016.8.5 二稿

㉕德國菲雪 (Adolf Fischer) 藏孔子、老子、周公等榜題的畫像石

　　這方畫像石我最早轉見於芬斯特布霍所編的《漢代圖
像藝術彙目及主題索引》(圖 372)，榜題不甚清楚。1993 至
1994 年到夏威夷大學訪問，在圖書館見到最早於《通報》
上發表的拓片影本及菲雪有關的記述 ("Vortrag Gehalten auf
dem 15ten Internationalen Orientalisten-Kongress in Kopenhagen,"
Toung P'ao, 9 (1908), pp. 577–588)，後來承法國學者杜德蘭

(Alain Tote) 協助，得知沙畹曾收錄這一件畫像拓本在他的
《華北考古記：圖版篇》(*Mission Archeologique dans la chine Septentrionale: Planches*. Paris: Ernest Leroux, Éditeur, 1909, Pl.XCI.) 才赫然發現其上有清楚「顏淵」和「周公」的隸書榜題（圖 25.1–25.2）。顏淵的榜題非僅一見，尚不稀奇；「周公」側身於孔子弟子之列，卻是還不曾見過的例子。子路題作「子露」，唯 1998 年我在法國奇美博物館見到的這一拓本，子露二字較不明晰，僅隱約可識。當時我

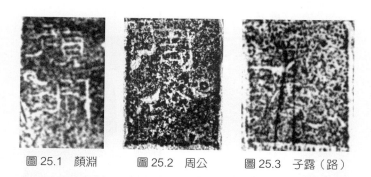

圖 25.1　顏淵　　　圖 25.2　周公　　　圖 25.3　子露（路）

圖 25.4　法國奇美博物館藏畫像石右半拓本

圖 25.5　法國奇美博物館藏拓本左半

圖 25.6　法國奇美博物館藏拓本右半

圖 25.7　拓本右半右側局部

圖 25.8　作者線描圖

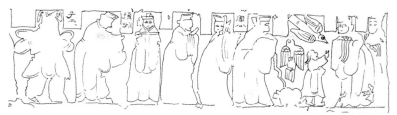

圖 25.9　作者線描圖局部

拍攝了拓本局部並購買了博物館代攝的正式照片。

　　大村西崖《支那美術史雕塑篇》曾著錄此一畫像（圖270），題為「出所不明石」。的確，這石從菲雪的報導來看，似由菲雪親手發掘。報導中說：「經過相當的困難，才能夠把這塊原來為祠堂的畫像石從一個斜坡挖出來。」（頁581）但是他沒有說這個祠堂或斜坡在什麼地方。據大村書所附圖版，進一步發現菲雪一文所附的圖版不完整，只附了原石右端的一半。

　　1995 年 5 月，京都大學人文科學研究所冨谷至君寄下關野貞《支那山東省に於ける漢代墳墓の表飾》一書之影印本。關野書有完整，也更為清晰的拓本圖影。接著又從方若所著《校碑隨筆》（1914，西泠印社聚珍本）見到有關此石較早的中文著錄。《校碑隨筆》在「畫像周公等字題字」項下有簡單的記述：

　　　　像一層，題字隸書六行。近年山東泰安出土，在山
　　　　東濟甯。未見著錄。

周公

顏淵

子露　　路作露

□□

□□

侍郎

□□命乘下

王壯弘作《增補校碑隨筆》，於此碑並無一語增補。方、王注意碑文。對於畫像石的來源說是「近年山東泰安出土」，可惜未明說由何人，如何發掘出土，也完全不提畫像的內容。關野對畫像內容有簡略的記述及考證如下：

> 此拓本我購於濟南府。據《校碑隨筆》其原石為近年山東泰安出土，先移置於濟寧，後為德人 Adolf Fischer 所購，於明治四十年 (1908) 運往德國。
> 此橫石之上半部有和工科大學所藏孝堂山下小石祠畫像所見相似之雲紋。其下半部有一列車馬人物圖像。其右端有左向站立，袖中藏鳥，執贄的孔子。和他相對的是扶曲杖，站立的老子。中間有小童，從孔子手中接過鳥。這樣的圖樣也見於濟寧州學明倫堂孔子見老子畫像石。此石老子的後方同樣有十二位站立的人物，蓋為孔子之弟子。其中戴雄雞冠，

　　張臂的是子路。老子身後的一人上方有榜題「周
　　公」。此榜題甚難解釋，或為後人所加吧。又榜題有
　　「顏淵」和「子露（路）」。這些人物之左方有左向
　　的馬車，其左有兩人，有「侍郎」榜題。兩人左又
　　有一袒身相向，若對談者一人，其間有飛鳥為填飾。
　　其上有榜題「□□命乘下」。此石左端一人坐床上，
　　一人跪於其前，如在供養坐在床上的人。（頁 129–
　　130）

關野提到畫像石於 1908 年運往德國。可是此石如今在德國
何處，我多年來多方打聽，至今仍然沒有結果。

　　這方畫像石長 2.35 公尺，寬 0.43 公尺。關野的描述較
為簡略。我們以畫面人物的向背，可將全幅畫像分為兩部
分，大致以中央左向的馬車為界：馬車左端為一部分，右
端為另一部分。右端共十六人，主要表現的是孔子、老子、
項橐、周公和子路等眾弟子的故事。孔子和老子二人雖都
沒有可辨的榜題，可是從老子手中的曲杖，老子與手中有
鳥的孔子拱身相對，項橐居中仰首舉手面對孔子，身後有
玩具車的造型和布局看來，這是典型的孔子見老子畫面。
最令人費解的是老子身後多了他處所不曾見的周公。關野
猜測「周公」二字為後人所加。從字體看，似宜仍假設為
原刻。我們沒有理由認定後人會在此加上周公二字。衣著
旁張大袖，頭戴雞冠的子路，在造型上和他處所見相同，

只是榜題作「子露」，較為特殊。這為漢代「露」、「路」二字通假提供了證據。顏淵右向曲身拱手朝向一正面朝前捧簡冊的人物。有正面朝前的弟子也是他處所不曾見。其餘弟子戴進賢冠，捧簡冊拱身相對，在造型上都十分平常。總體來說，這半邊畫像引人注意的是：

　　(1)所有明確為孔子的弟子如顏淵、子路都安置在老子的身後，而不像通常安置在孔子的身後。這是有意為之或無意的錯誤？值得考究。

　　(2)周公出現在弟子之列。這應如何理解？結合其他畫像上出現的晏子，我們應如何去理解這些人物在漢人心目中真正的面目以及這些人物之間的關係呢？這是不易回答，卻不能不問的問題。

　　(3)顏淵並沒有像通常一樣緊跟在孔子的身後，而項橐的玩具車也沒有像通常一樣安排在其身前，而在其身後。在身後者常為拉的鳩車，惜畫面有殘，無法分辨。

　　畫像左半的內容，因有「侍郎」榜題，可知描述的和右半是兩回事。左半畫像的關鍵在和侍郎相對的人物為何，又最左端坐著的人物是何身分。因無其他材料可以比照，一個大膽的猜測是：和侍郎相對的是一位盤膝坐在樹下，有飛鳥圍繞的神仙。在造型上，這一坐著的人身形較瘦，似裸身，和漢畫像中的神仙相近，唯一較難解釋的是背上無羽。關野說其左有一跪著的人，從拓影上甚難辨識。最左端坐著的人物背後應是一個屏風。這個人我懷疑就是已

升仙的墓主。侍郎等坐在馬車來祭拜。其前畫著一個神仙，無非表示其身後的墓主與他同在仙界，而侍郎和其右端的所有人物都在凡俗的人間。這當然只是一個尚少旁證的臆測，提出來以待日後進一步推敲。

1996.5.17

㉖德國柏林倭霍 (E. Worch) 藏孔子見老子畫像

和前兩件畫像一樣，我還沒有機會見到這件倭霍所藏的孔子見老子畫像的原石或拓片。我是從芬斯特布雷的書中得知此畫像的存在（圖 371）。1993 至 1994 年到夏威夷，才在夏大圖書館見到有關此石的原報告及原圖版 (L. Reidemeister, "Eine Grabplatte der Han-Zeit," *Ostasiatische Zeitschrift*, N.F.7, 1931: 164–169)。賴登梅斯特 (L. Reidemeister) 在報告中沒有說明這一畫像石於何時何地出土，如何到了德國，僅提到由柏林的倭霍收藏。經輾轉打聽，據柏林亞洲藝術博物館 (Museum für Asiatiche Kunst) 館長魏特 (Willibald Veit) 透露，倭霍已於第二次世界大戰前移民美國。他去世後，遺孀曾被迫出售不少他的收藏品。這方畫像石是否亦在出售之列，而今又在何處，不明。

報告中說這方畫像石的質料為石灰石，高 162 公分，寬 100 公分（圖 26.1–26.2）。由於材質和畫像的內容、風

畫外之意

格和嘉祥武氏祠的十分接近，賴登梅斯特推測它應是西元
150 年左右，山東地區的產物。他很細心地注意到此石上
端的三角斜面，左側較右側長，而左側斜面上有一個可與
屋頂相接的榫頭。他又據西王母畫像的位置，參考其他祠
堂的方位，很正確地指出此石應是一個祠堂的西牆。

　　如果我們將此牆的高寬和孝堂山祠堂（山牆高約 200 公
分，寬 200 公分）、武氏祠之武梁祠（山牆高約 175 公分，寬
170 公分）、前和左石室（山牆各約高 220 公分，寬 200 公分）
比較，可知這一祠堂較為低矮，整個規模要比孝堂山或武

圖 26.1　石祠西壁全石

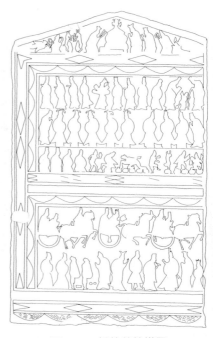

圖 26.2　楊依萍線描圖

氏祠的各室都要小很多；但又比蔣英炬所復原山東嘉祥宋山的幾座小祠堂稍大。蔣英炬曾根據殘石，復原四座小祠堂。蔣在復原報告中說：「祠內為平頂，單開間，間寬 1.2米，高 0.69–0.73 米，進深 0.64–0.68 米。」❶這一祠堂畫像石為漢代祠堂的大小，提供了武氏祠、宋山和徐州白集祠堂等之外，另一較小規模的類型。

這一畫像石頂端的山牆上為西王母圖。西王母戴勝，居中端坐；右側有三人弓身拱手向左朝拜，最右側似為一神獸，不很清楚。左側有右向手持三珠樹者一人，其後有一對搗藥的玉兔，最左側似有一有背羽的仙人和一鳥。

西王母圖之下，畫像共分五層，第三、四層之間以三層花紋裝飾分隔。從上而下，第一層即孔子、老子及弟子畫像。老子在最右側，戴冠，持曲杖，左向弓身拱手；其左有弓身拱手相對的孔子；孔、老之間為昂首面向孔子，一手上指，一手持輪狀玩具的項橐。孔子身後左側為或面左，或面右，戴冠持簡冊的弟子九人。其中位居中間，頭戴雞冠，大袖旁張的一位是標準造型的子路（圖 26.3–26.4）。

第二層為戴冠拱手，或朝左或朝右的人物十人。由於此層人物的冠式和第一層的孔老弟子不完全一樣，絕大部分沒有捧簡冊在手，他們是不是孔、老弟子不能十分肯定。

---

❶　蔣英炬，〈漢代的小祠堂——嘉祥宋山漢畫像石的建築復原〉，《考古》8 (1983)，頁 741–751。

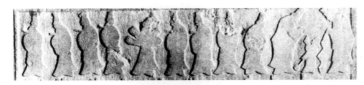

圖 26.3　第一層　孔子、老子及弟子圖

圖 26.4　前圖局部

圖 26.5　前圖最底層

　　第三層右端在十二個盤上，有表演倒立或其他動作的舞人七人；左端則有朝右端坐的觀眾四人。

　　第四層為朝右前進的馬車三輛。右端兩輛一車各一馬，車上各有兩人；最左一輛有兩馬，有一人騎在馬上，車上有兩人。

　　最下一層又是一排或朝左，或朝右戴冠的人物，共十一人。這十一人以人物向背而言，似可分左右兩組；右端

圖 26.6　據云出自安陽曹操墓之畫像石

圖 26.7　前圖局部

六人為一組，左右各三人相向而揖，左端五人為一組，左側四人朝右，右側一人向左而揖。這兩組人物以人物間的關係而言，似乎是在描繪兩個不同的故事。右端一組，右起第三人佩劍，和他相對朝右者正舉匕首自刎。自刎者身後一人下裳僅及膝，露出雙腳，雙腳有腳鐐。左端一組朝右的四人中有兩人服飾不同，下身著褲及膝，但僅有一足，另一足斷，斷足明顯刻畫在畫面中（圖 26.5）。

類似的構圖和人物也見於河南安陽所出（據云出自曹操墓）一方畫像石的最上層（圖 26.6–26.7）。最上層的上半截殘，榜題也缺失，但仍可見有人自刎，有人斷足而持一杖。畫中有人刖足，有人自刎，甚或有人帶腳鐐，這是什麼故事？一時未得其解，姑錄備考。

2016.8.22 初稿／2017.7.17 二稿

㉗瑞典斯德哥爾摩遠東博物館藏武氏祠畫像石

2005 年美國普林斯頓大學由 Cary Y. Liu 領導，集合好幾位美國學者，經長年努力出版了一部極具分量，重估武氏祠畫像的大書 *Recarving China's Past: Art, Archaeology, and Architecture of the "Wu Family Shrines"*。在出書之前更曾在普大推出和武氏祠畫像石相關的展覽並舉辦會議。展品中有一件有建和元年題記的方座圓石柱借自德國柏林民族學博物館。蔣英炬先生曾以為此石「不知

下落」，如今展出，必令到普大參加會議和參觀展覽的蔣先
生感到欣慰吧。

　　過去二十年我一直想追索流散到歐美的漢代畫像石。
至今成果極小。2016 年走訪海德堡大學，結識曾在柏林及
曼漢姆 (Mannheim) 等地博物館工作數十年，熟悉中國考古
和文物的韋莎婷 (Jeanette Werning) 女士。她代我各處查詢，
仍無結果。據云二戰時柏林飽受轟炸，極多文物毀於戰火。
戰後又被蘇聯及美國拿走不少。如今要追索戰前舊物，尤
其是私人收藏，其難可以想見。

　　不意 2012 年，學棣劉欣寧博士因隨冨谷至等日本學者
到瑞典調查漢晉簡，偶然在斯德哥爾摩的遠東博物館
（圖 27.1）拍攝到一件畫像石。我一看，赫然發現竟然是
流失已久，黃易編號為武氏祠「左石室一」的一石。據蔣
英炬考證，左石室有可能是武斑祠，所謂的「左石室一」
石，包括其左段的「王陵母畫像」石，其形制像是橫貫祠
堂後壁的長條石。此石雖然無關孔子見老子，我也不曾親
見，但想附記一筆，讓更多的同好知道。傅惜華《漢代畫
象全集》二編曾著錄此石，並謂原石在山東省嘉祥縣城南
28 里武宅山下武氏祠堂內。他編書時可能並沒有經過實地
調查，這一石其實已不知在何時流到國外。不過《漢代畫
象全集》的確曾記錄有些畫像石在瑞典博物院和巴黎盧佛
博物院（例如重編本《山東漢畫像石匯編》，濟南：山東畫報出版
社，2012，頁 199，200，226），因為和本書主題無關，這裡

圖 27.1　瑞典斯德哥爾摩　遠東博物館

不多說了。

　　由於欣寧是不經意拍下,照片光線和角度都非最佳,但已足以辨識畫面內容。以前只曾見過畫面中心破損的拓片(圖 27.2–27.3),看到照片後方知原來在破損部分的中心有一被後世再利用而鑿穿的圓洞。此石下落已明,也因照片得知拓本和原石的差別,算是意外的收穫吧。普林斯頓大學展覽極為用心,讓柏林一石出現在眾人眼前,大功一件;然而未能注意到左石室這一石,則不無小小的遺憾。

2016.8.22 初稿 ／ 2017.3.22 二稿

圖 27.2　「左石室一」畫像石

圖 27.3　史語所藏拓本

28 江蘇徐州清山泉鎮白集東漢祠堂孔子見老子畫像

　　以上讀畫過眼錄寫於多年以前，雖時有增補，仍多遺漏。這些年來各地所出孔子見老子畫像石刻和壁畫頗為不少。其中以 2014 年王培永所編《孔子漢畫像集》收錄各地文博單位及民間私藏的孔子見老子畫像石七十餘種為最新，規模可謂最大。所錄頗多我不曾見過，有些真偽難辨，有些是否宜視為孔子見老子畫像還可斟酌。以下不打算一一述及，僅僅記錄 1998、2010 年若干親自見到的（如平陰縣博物館、徐州白集漢墓博物館、徐州石刻藝術博物館所藏），以及因好友之助而獲得照片或拓本電子檔的孔子見老子畫像石。以下幾節都寫於 2015 至 2016 年間。

　　1998 年 9 月 10 日，由獅子山楚王陵公園管理處處長邱永生先生陪同參觀白集漢墓博物館。早上八點半包了一部麵包車，花二百五十元，由徐州南郊賓館向北到 40、50 公里外的白集。白集屬清山泉鎮，此地博物館無人參觀，大門深鎖。幸好管理員在，而得入內。墓在原地保留成為博物館。我們循墓道而下，因墓底滲水，以磚墊上木板，我們走在踏板「橋」上進入各基室（圖 28.1–28.4）。

　　白集漢墓是 1965 年發現，1970 年左右由南京博物院的尤振堯先生等發掘。墓有前、中、後室，前、中室門有多面體方立柱，用石條疊成長方形平尖頂。石柱、梁、牆畫像極為精美豐富。此墓一大引人注目之處在後室分左右

圖 28.1　白集漢墓　前室至中室　墓底積水　　圖 28.2　白集漢墓中室　羊形底座方立柱　後室有窗

圖 28.3　後室及頂部　　　　　　　　圖 28.4　中室一角

二室，但不對稱，左大右小，明顯表現夫婦同穴而待遇不同。另一特點是後室左室石壁有鏤空刻出窗櫺的窗子。後來在徐州漢畫像石藝術館也看到不少類似的，可見這是此地漢墓室石刻較普遍的特色。

可能為了便於展示，石祠尚保留十分完整的東西兩壁被放置在墓道門入口處兩側，地上放置著刻成瓦的祠頂殘石。石祠東壁即刻有孔子見老子畫像（圖 28.5–28.6）。石壁高 157 公分，寬 122 公分。這一祠堂略略大於後文將提到的邳州占城出土祠堂，都屬於小型祠堂。

白集祠堂所刻孔老畫像與他處頗有不同。老子持曲杖在右側，孔子在左側。通常孔子持雁為贄禮，但此石是老子持雁為贄。二人中間有小童項橐，手持雙輪玩具鳩車，但不披髮，正面朝前，頭戴山形冠（圖 28.7），有點像周公輔成王畫像中的成王。另一奇異處是老子身後一人似左右手各抱一嬰兒。其右又有一人似為雞首人，雞喙和圓眼都還算清楚。其右一人頭上有雙角，似為牛首人。雞首和牛首人在山東濟寧和徐州等地畫像中都不乏其例，陝北更是常見。但他們出現在孔老弟子行列中，以耳目所及，實為僅見。這背後有什麼典故？令人納悶又好奇。

一個猜想是：當時工匠刻寫故事，或別有所據，為我等今人所不知。漢代老子的形象頗為神祕，西漢晚期，隨著讖緯之學興起，孔子的面目也變得奇異神祕。雞和牛首人本身的確意義至今不明，他們和孔、老結合出現，在那

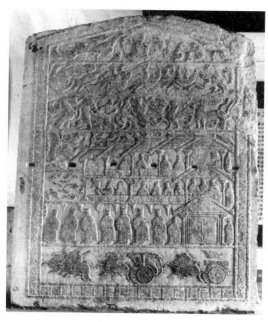

圖 28.5　祠堂西壁

圖 28.6　祠堂東壁

圖 28.7　前圖局部　右起第二、三人分別為雞首和牛首人，牛首人左右手分抱有嬰兒?

圖 28.8　前圖局部

樣的時代或許不是不可想像。但那時的人是如何想像的？
我們失去了認識的線索。在陝北成對的雞首和牛首人似乎
取代了東王公和西王母，但在白集祠堂兩壁頂部另有東王
公和西王母，並沒有取代關係。另一個可能是這樣的畫面
根本沒有特別的意思。僅僅是當時的工匠頗為自主地將諸
多格套式的畫像填入所須刻畫的空間，並不在意各組畫像
間的關係。委造者似乎也不見得那麼在意於刻畫的「正確
性」而要求修正。

◇29 山東平陰縣博物館藏孔子見老子畫像

　　2010 年 6、7 月間曾率學棣數人，由研究山東漢畫像
石有素的好友楊愛國兄陪同，奔赴山東各地巡訪畫像。由
於前一年即聽愛國兄提到平陰新發現孔子見老子畫像，而
且有項橐的榜題。聞之振奮，因此特地組團前往，打算一
睹廬山真面目。平陰相當偏僻，如果不是山東省石刻藝術
博物館派車，由愛國兄嚮導，我們大概很難來到此地
（圖 29.1）。天熱，由孔廟改建的博物館根本沒人參觀。博
物館藏品除了少部分保存在大殿內，大部分畫像石、石棺、
石神獸和石碑等即散置在館院之中。

　　在這裡一大意外收穫是見到四方東漢祠堂所用供案石
（圖 29.2–29.3）。據平陰實驗中學漢畫像石出土簡報，它
們都出自實驗中學一座拆用漢畫像石而建造的晉墓中。這

圖 29.1　平陰縣博物館入口　自左至右：楊愛國、劉欣寧、林宛儒、高震寰

圖 29.2　供案石

圖 29.3　前圖局部

種長方形供案石大小略有差別，長約 130、140 公分，寬
70、80 公分，中央凹刻有承置祭物的耳杯和圓盤，盤中刻
有相對的雙魚。供案一側中央有長方形凹槽，槽底有孔，
顯然是供祭爵的酒品流出。類似的供案在嘉祥武氏祠和河
南都曾見到。武氏祠的供案石上有刻出置於盤中的雞和魚。
蔣英炬估計武氏祠前石室的供案石原配置在祠內後壁中央
小龕前（蔣英炬，《漢代武氏祠墓群石刻研究》，濟南：山東美術
出版社，1995，頁 41）。徐州漢畫像石藝術館也收藏有好幾
方供案石（圖 29.4–29.5）。河南偃師所出肥致碑底座上，
也有類似刻耳杯和盤的供案兼碑座二用之石（圖 29.6），這
裡不多敘述。

 畫外之意

圖 29.4　徐州石刻畫像藝術館舊藏供案石

圖 29.5　睢寧古邳出土供案石

圖 29.6　肥致碑　偃師博物館藏

圖 29.7　楊愛國攝原
石右段

圖 29.8　作者攝 2010.6.30

圖 29.9　原石右段上部　老子、太后詫部分

畫外之意

圖 29.10　老子、太后詫局部　　　　　　圖 29.11　　太后詫榜題

圖 29.12　楊愛國攝　右有榜題「老子」　左有榜題「太后詫」

圖 29.13
榜題「太后詫」
正負反轉

圖 29.14　榜題「老
子」

　　大殿室內陳列不少畫像石，或豎或平放在臺子或地面
上。或許由於缺乏人手或管理，大多滿布灰塵。平陰實驗
中學出土的幾方祠堂後壁祠主畫像就保存在這裡。據平陰
縣博物館在《華夏考古》2008 年第 3 期〈山東平陰縣實驗
中學出土漢畫像石〉的報導，共出土十二方。這些畫像石
面光滑，陰線細刻，在灰塵中仍見精彩。因石面很大，平
置地上，站在其旁，只能拍到些局部細節照片。

　　重要的是在地面上看到了那方有項橐榜題和畫像的殘
石（圖 29.7–29.11）。楊愛國以前來拍攝時，殘石尚在室外
（圖 29.7）。我們來時，已移置室內（圖 29.8）。遺憾的是
這石原本斷裂為二，置於室外（圖 29.15），我們去參觀時，
只在室內見到右段的部分。其餘較大的左段部分未見。幸
而楊愛國兄曾慨慷傳下他攝得的照片，附於此，供參照
（圖 29.16–29.18）。據平陰縣博物館喬修罡等人的報導，

在左丘明的左側還有榜題「顏淵」、「閔子」、「伯牛」、「冉仲弓」、「□□」、「子贛」、「冉□□」，另有三人榜題不清。❶❺可惜我們去考察時，沒能據石查核到這些榜題，這些榜題在所能見到的拓本上也都不夠清晰。關鍵性的榜題「太后詫」正巧可以與和林格爾漢墓孔子見老子壁畫中的殘榜「大后橐」參照，可證太（大）后詫即項橐。其詳已見我寫的〈漢代畫像項橐考〉，這裡就不再重複多說。❶❻

圖 29.15　原石左段照片

圖 29.16　平陰出土祠堂畫像左右拼合全石拓本

❶❺　平陰縣博物館，〈山東平陰縣實驗中學出土漢畫像石〉，《華夏考古》3 (2008)，頁 32–36。

❶❻　邢義田，〈項橐手中的鳩車〉，《文史知識》1 (2011)，頁 120–123。另見本書附錄：〈漢代畫像項橐考〉。

圖 29.17　前拓局部正負反轉　榜題自右至左：老子、太后詑、孔子、左丘明

圖 29.18　作者線描圖

㉚徐州漢畫像石藝術館藏孔子見老子及周公輔成王畫像

　　2010 年的山東畫像之旅在微山結束後，我們師生一行

即經劉邦老家沛縣轉赴徐州。沛縣除了不少為觀光刻意製造的假古董，幾已聞不到一絲和劉邦有關的氣息。在徐州因得李銀德先生協助，我們曾一度轉往連雲港市，除參觀連雲港市博物館珍藏的尹灣漢簡，也有幸一遊著名的孔望山石刻群（圖 30.1），大開眼界。

圖 30.1　師生在孔望山前　右起：林宛儒、劉欣寧、邢義田、高震寰、游逸飛

　　最主要的是 7 月 8 日我們參觀了雲龍湖畔的徐州漢畫像石藝術館。這是我自 1992、1998、2001 年後第四度參觀，但這次主展場已改在舊館旁高大寬敞明亮的新館（圖 30.2）。認識已十餘年的老友館長武利華兄親自接待我們（圖 30.3）。武先生是畫像石專家，也擅長經營管理。新

館建設就是最好的證明。在新館門口巧遇北京中央美術學
院的鄭岩兄。他正率團參觀。鄭兄是研究上的同行老友，
在研究的道路上他曾幫助我很多。在這樣的地方相遇可以
說意外，也可以說不意外。

圖 30.2　徐州漢畫像石藝術館外觀　最右戴帽者為鄭岩

圖 30.3　向武利華兄討教

　　畫像石藝術館展出漢代畫像石數百方，館後院子及地下室成堆排放沒展出的還有極多，應該是中國展出最多的地方。本文僅略記和孔子見老子圖有關的三件。第一件是1999年在邳州占城發現的祠堂殘石壁和祠頂。其外型大小和白集所見十分相似。為使觀眾了解祠堂原貌，藝術館做了最低程度的復原（圖30.4–30.8）。從祠頂和所存大致完好的右牆，可知原祠牆寬120公分，牆高145公分，厚26公分。由殘存的右牆和石頂推算原祠堂面闊260公分，進深150公分。右牆畫面分五層。最上層為西王母、玉兔、羽人、雞和牛首人等。

　　其下一層有人物八，從右端三人持劍和立盤（盤中未見有桃）可知是描繪二桃殺三士的故事。再下一層是典型的孔子、老子和項橐相見的場面，弟子有特徵明顯的子路。最下兩層內容疑相互關聯，描述一尚不可知的故事。此石一大特點是下四層人物旁都有榜題，原都有字，可是如今無一可辨識。另一特點是二桃殺三士的畫像竟然出現在孔子見老子畫像之上。這是畫像故事分層布局任意隨機，恐怕沒有因內容而有高下區別的另一例證。

　　徐州漢畫像石藝術館新館展出空間較舊館大增，我得以看到許多過去幾次在舊館不曾見過的新展品。邳州市車夫山東漢墓出土的另一孔子見老子畫像石即為一例（圖30.9–30.13）。此石保存相當完整，長245公分，寬57

圖 30.4　邳州占城祠堂

圖 30.5　祠堂右壁

圖 30.6　祠堂右壁局部

圖 30.7　祠堂右壁孔子、老子、項橐部分

圖 30.8　邳州占城祠堂畫像拓本

圖 30.9　邳州車夫山漢墓畫像原石

圖 30.10　邳州車夫山漢墓畫像拓本

公分，厚 21 公分。畫面有人物十三，右側第三人是佩長劍的孔子，右四居中持雙輪玩具車的是項橐，其左是手持曲杖的老子。特徵都很典型。比較不典型的是原本由孔子手持的贄禮——雁，不在孔子手上，反而出現在項橐手中，項橐腳前還出現似為龍的頭和腳爪。其次是左端第三人，正面朝前，大袖旁張，腰繫綬帶而未繫鞢𩍐，下裳膨大，向兩側飛捲而上。左側一人似手持華蓋於其頭頂。或因此，王培永《孔子漢畫像集》頁 57 認為左端是描繪周公輔成王。可是按成例，成王身材應較矮小，不會如此高大，也不會有如子路那般旁張的大袖。就上半身的造型而言，不能排除他是子路。但他的造型太不典型，難以完全確認無疑。暫誌於此，留待知者續考。

圖 30.11　前圖局部

圖 30.12　前圖作者線描圖

圖 30.13　原石局部　不明人物

　　另一例是王培永《孔子漢畫像集》一書未收，而見於
藝術館展出的以下一石（圖 30.14–30.15）。可惜這一石拍
攝時疏忽，未拍下相關說明。從畫面看，最左側一人持杖，
右有十二人朝左捧簡冊一字排開，為首一人拱身佩刀，拱
手與持杖老者施禮，應該是孔子率弟子見老子畫像。

　　最後要一提這裡藏有邳州龐口村出土漢代石祠構圖別
緻的周公輔成王圖（圖 30.16–30.20）。此石高 107 公分，

圖 30.14　徐州漢畫像石藝術館藏孔子見老子畫像原石

圖 30.15　同上，作者線描圖

圖 30.16　邳州龐口村漢代石祠畫像原石

寬 97 公分，厚 18 公分。上端呈兩披斜頂狀，原應為小祠
堂的左或右壁。石面平滑發黑，純以陰線刻，頗不易觀察。

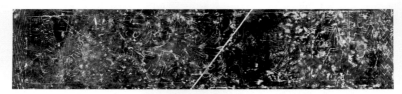

圖 30.17　上圖局部

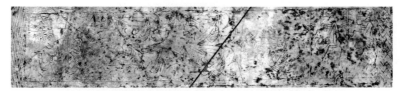

圖 30.18　上圖反白

圖 30.19　上圖局部

圖 30.20　採自《徐州漢畫像石》（北京：線裝書局，2001，圖 20）

畫面上層內容沒有常見的西王母或東王公，卻有高大的堂
室及闕。堂室屋簷之下坐著一位腰繫綬帶，鬍髭旁張，正
面朝前的人物，其左右各有侍者和進謁的人物。場面像是
謁見圖。下一層有一列面朝左，頭戴進賢冠，腰繫綬帶的
人物七位以上。再下一層才是有榜題的周公輔成王圖。腰
繫綬帶的周公和成王面朝右，站立於畫面最左端，成王身
形稍矮。「周公」和「成王」兩榜清晰完整。其前有雙排三
列，共五位頭戴進賢冠，腰繫綬帶，手持笏板，朝成王跪
拜的官吏。在跪吏的右端或後方有兩位站立的吏，手持狀
似節或旄的儀物。最下兩層畫面較不清楚，像是燒灶庖廚

圖。這樣布局的周公輔成王圖實所僅見。它和前文提到東
京博物館東洋館所藏表現周公成王和南公牽虎的場面，都
告訴我們漢世有關周公和成王的畫像與故事恐怕並不單
一，應曾有不少至今仍在我們的認識之外。 **❼**

---

❼ 例如中央研究院歷史語言研究所收藏的畫像拓片中有一件
題為泰安畫像，畫面僅剩原石右半，但有清晰的「周公」二
字榜題。榜題左側戴冠人物頰像一位拱手站立的門吏或官
吏，其姿勢和山東常見周公輔成王圖中的周公不同，惜左半
全失，無法知道原為什麼故事。參文物圖象研究室漢代拓本
整理小組編，《漢代石刻畫像目錄》(臺北：中央研究院歷史
語言研究所，2002)，圖 335，頁 106。本件著錄又見
Édouard Chavannes, *Mission Archeologique dans la chine
Septentrionale: Planches*. Paris: Ernest Leroux, Éditeur, 1909,
Pl.LXXX.

附錄

1. 漢代畫像項橐考

　　漢代畫像孔子見老子圖中經常見一披髮小兒立於孔子與老子之間。學者早已正確指出此小兒應即文獻中提到的七歲神童項橐或項託。雖然如此，卻一直沒有可靠的榜題可以證實這一點。

　　近年因山東石刻藝術博物館的楊愛國先生幫助，得見幾種尚未刊布的山東畫像，又得讀日本京都大學金文京教授精彩的論文〈孔子的傳說——《孔子項託相問書》考〉，❶❽覺得時機已較為成熟，可以榜題為據，較有把握地確認漢代畫像中項橐的身分。

　　關於畫像中項橐身分的考訂，必須從和林格爾東漢墓壁畫中殘存不全的項橐榜題說起。1990 年 5 月當我寫第一篇有關孔子見老子畫像的論文時，曾反對《隸續》、《山左金石志》、《金石索》、《金石萃編》、《漢碑錄文》和《漢武梁祠畫像考釋》等比定畫像中小兒乃《史記・孔子世家》隨孔子適周之萇弘的說法，而贊成近代學者提出的項橐說，卻苦於缺少項橐身分的確證。我在這篇至今未刊的文稿中

---

❶❽　收入《中央研究院歷史語言研究所傅斯年圖書館俗文學學術研討會論文集》，2006.12.8，頁 3–22。

曾說：

> 和林格爾壁畫上的小童有榜題殘跡，可惜壁畫圖版
> 與摹本俱非清晰，不敢斷言為何字。今後如有新畫
> 像出土，相信可以證實以上小童為項橐的說法。

沒想到 2004 年夏，因朋友的幫助得見和林格爾墓壁畫十分
清晰的摹本照片。依據照片和新刊布的原壁畫照片，❶壁
畫小兒旁的殘榜可以確認應有三個字（圖 a.1–a.6）。

這三個字都殘，尤其頭兩字殘缺太甚。第一字只剩一
橫筆的左半部，第二字剩左側部分，唯第三字除上端一角，
基本完整。依據殘劃，仍然無法有把握地和文獻中提到的
「項橐」或「項託」聯繫起來。榜題第三字雖像橐字（省
去下方的木），但文獻提到的名字畢竟只有兩字而非三字。
這是怎麼一回事？仍然令我困惑。

這個困惑直到 2006 年楊愛國先生陸續賜下若干新畫
像石的照片，近日又讀到金文京教授的論文才撥雲見日，
豁然開朗。金教授的前述論文曾十分詳細地考證了幾乎所
有與孔子、老子和項橐相關的歷代文獻，尤其重要的是檢
討了《戰國策・秦策五》「夫項橐」和《史記・甘羅傳》

---

❶ 陳永志、黑田彰編，《和林格爾漢墓壁畫孝子傳圖輯錄》（北
京：文物出版社，2009）。

圖 a.1　老子、項託、孔子部分原壁畫

圖 a.2　項託、孔子摹本

圖 a.3　原壁畫老
子榜題

圖 a.4　原壁畫
大后橐榜題

圖 a.5　大后橐
榜題摹本

圖 a.6　原壁畫孔子頭部
及榜題

「大項橐」的出入，並考證出「大項橐」之說最少在唐代即已存在。此外，他以《淮南子‧說林》、《淮南子‧脩務》和《新序‧雜事五》提到的「項託」和「項橐」為證，證明項託就是項橐，「按託、橐同音，此一人物的原名應為項橐，因『橐』筆劃繁多，後被『託』字所取代」。❷接著他引《論衡‧實知》篇，指出項橐即寫作項託。更重要的是他注意到洪适《隸釋》卷十著錄山東濰州東漢靈帝光和四年的〈童子逢盛碑〉。此碑是為一位十二歲的兒童所立，碑中提到「才亞后橐，當為師楷」，此后橐據洪适《隸釋》卷十引《漢書‧趙廣漢傳》考證，即指項橐。❷《趙廣漢傳》：「又教吏為缿筒」，蘇林曰：「缿音項，如瓶，可受投書」。洪适說：「后、缿偏旁相類，缿有項音，故借后為缿，又借缿為項也」。❷不過，金文京教授沒有說明東漢中晚期的王充既然已經以項託代項橐，為何時代更晚的〈童子逢盛碑〉仍用橐字，稱之為后橐？

　　現在幸而有了更多畫像榜題，可以揭開謎團。楊愛國先生知道我研究孔子見老子畫像多年，十分慷慨地提供了幾種尚未刊布的畫像榜題資料，供我參考。❷經過一年多

<hr>

❷　金文京，〈孔子的傳說──《孔子項託相問書》考〉，頁 8。

❷　金文京，〈孔子的傳說──《孔子項託相問書》考〉，頁 8。

❷　洪适，《隸釋》（北京：中華書局，1985）卷十，頁 114。

❷　承楊愛國先生書示，才知山東平陰實驗中學出土畫像石已刊布，參喬修罡、王麗芬、萬良，〈山東平陰縣實驗中學出土漢畫像石〉，《華夏考古》3 (2008)，頁 32–36，157–161。

的思索，終於讀出這些畫像榜題或者作「太（大）后託」
或者作「大后槖」，它們就是漢末碑銘中的后槖，也就是項
託或項槖。

　　首先請先看山東平陰博物館所藏原石及拓片的局部。
（圖 b-d）這一石最上層右端有十分完整清晰的「老子」
榜題，左側有「太（大）后詫（託）」，接著更有榜題「孔
子」和「左丘明」。這一畫像的布局和人物造型無疑都是東
漢孔子見老子圖的典型之作。姑不論此圖第一次出現了重
要人物左丘明，小兒上端的榜題完整清晰，為我們提供了
最好的證據，證明小兒的身分。

圖 b　平陰博物館藏原石左段

畫外之意

圖c 拓片局部　　　　　　　　　　圖d 原石榜題放大

　　無獨有偶，楊愛國先生提供了十分類似榜題的另一石
拓片（圖 e.1–e.2）。這一拓片據說是山東巨野周建軍先生
的藏品。

圖 e.1　楊愛國提供照片　　　　圖 e.2　拓片榜
　　　　　　　　　　　　　　　題反白放大

　　這石上雖沒有孔子或老子榜題，其布局和人物造型也說明無疑是孔子見老子圖。小兒上方榜題三字，像是「北同橐」、「代同橐」，又像「大同橐」。我一度為此困惑不已。現在知「北」、「代」實應釋作「大」，「同」或為「后」字的誤書，多了右側一豎（這一豎筆也有可能是石面裂紋所造成，因手頭沒有原石照片，還不能完全判定），而下方的橐字正像和林格爾東漢墓壁畫中的橐字，都省去下方的「木」。這應是橐字的省寫。《史記・酈生陸賈列傳》《索隱》引《埤蒼》云：「有底曰囊，無底曰橐。」裘錫圭先生曾分析古文字的省形字，以囊、橐為例。囊、橐等字在篆文裡，形旁都作 ，「象所以盛物時需要縛住兩頭」。「囊有底，其字初文應作 ，象一個束縛上口的有底袋子（商代金文有 字，象盛有貝的囊）」。❷❹漢代石工當然不會有什麼清楚的文字學知識，不免誤將無底的橐字省寫成像囊字的初文。也有另外一個可能，既然畫像榜題三件的橐字不約而同都將下方的構字部件「木」省去而作曺，可能橐字在東漢本來就有這樣的省形寫法。有了這樣的認識，現在幾乎可以確定和林格爾墓壁畫的殘榜就是「大后曺（橐）」三字。

　　換言之，在東漢的碑銘、壁畫和石刻畫像上出現了「后曺（橐）」、「大后曺（橐）」和「太（大）后詑（託）」，在

---

❷❹　裘錫圭，《文字學概要》（北京：商務印書館，2001），頁164–165。

傳世文獻中則有「大項橐」、「大項託」、「項託」和「項橐」
歧異的說法。「託」、「橐」和「后託」、「后橐」的不同寫法
和說法可以說幾乎同時存在。項與后音通，前引洪适《隸
釋》引《漢書‧趙廣漢傳》已加考證。又《說文》卷五下：
「缿，受錢器也，从缶，后聲」。《論衡‧實知》篇：「夫項
託年七歲教孔子」，黃暉曰：「……《隸釋‧童子逢盛碑》：
『才亞后橐，當為師表』，『后、項』、『橐、託』，音近假
借」。㉕這應是項託、項橐又寫成后託、后橐的原因。傳世
文獻中的「夫項橐」則明顯是「大項橐」的訛誤；「太項」
或「大項」的太、大本互通，隋唐文獻中或稱項託為「大
項」(隋《玉燭寶典》四月部分)、「太項」或「太項橐」(金教
授論文引唐吳筠《宗玄集》卷下〈高士詠五十首〉其二十三「太項
橐」條)，證之漢代畫像，可謂都是其來有自。又從敦煌卷
子看，書作項託或項橐的也都有。例如大家熟知的〈孔子
項託相問書〉抄本十餘種書作「託」，但〈讀史編年詩卷
上‧七歲二首〉「謝莊父子擅文雅，項橐師資推聖賢」又寫
作「橐」，㉖可見異寫一直並存，不好說是因橐字太繁，才

㉕　黃暉，《論衡校釋》(北京：中華書局，1990)，頁 1076。

㉖　例如任半塘主編，《敦煌歌辭總編》(上海：上海古籍出版
　　社，2006) 卷三，〈三臺〉十二月「辭卜天壽寫」卷，頁 596；
　　徐俊纂輯，《敦煌詩集殘卷輯考》(北京：中華書局，2000)，
　　〈七歲〉二首，頁 525。其他十餘種敦煌抄本殘件〈孔子項
　　託相問書〉作項託，見王重民，《敦煌變文集》(北京：人民

簡化為託。

　　總之，現在幾乎可以確定不論怎麼寫法，它們都是同
一神童——項託或項橐的異名。

2008.5.8／10.4

原刊《九州學林》六卷 2 期 (2008)，頁 2–8

文學出版社，1957)。

2. 項橐手中的鳩車新考

　　去年 (2009)《文物》第 2 期刊布了陝西靖邊楊橋畔出
土的一座東漢壁畫墓，墓中前室東壁上層左側有十分典型
的孔子見老子畫像。❷較完整的圖版則見於陝西考古研究
院編《壁上丹青——陝西出土壁畫集》(北京：科學出版社，
2009)。前室東壁上層壁畫粉底雖已有不少斑駁脫落，但畫
面大致完好。畫中共有人物七人，線條勾勒細緻，色彩鮮
麗（圖 f–g）。人物眉目容貌和衣飾除局部剝損，大部分清
晰可辨。雖無榜題，從構圖一望可知，老子手持曲杖，居
最左側，孔子在右，拱手與之相對，其後跟隨著手持簡冊
的弟子四人。本文關切的是在孔子和老子之間，有一位小
童——項橐。而最有意義的是項橐手中牽引著一輛描繪極
為清晰的鳩車，進一步證實其他漢畫中項橐所持狀如車輪
之物，的確如同鳩車，乃小兒玩具車之一種。

　　宋代《宣和博古圖》早有漢魏鳩車的著錄，近年也有
實物出土。❷許多學者都推測孔子見老子圖裡項橐所持的

---

❷　陝西省考古研究院、榆林市文物研究所、靖邊縣文物管理辦
　　公室，〈陝西靖邊東漢壁畫墓〉，《文物》2 (2009)，頁 32–
　　43。

❷　參鄭州市文物考古研究所、鞏義市文物保護管理所，〈河南
　　鞏義市新華小區漢墓發掘簡報〉，《華夏考古》4 (2001)，頁
　　33–51；揚子水，〈從《孩兒詩》到百子圖〉，《文物》12

即鳩車，奈何他所持之物，過去在絕大部分畫像中都被簡
單地描繪成一個帶柄的車輪狀物品。到底是不是鳩車，缺
乏更明確的證據。

　　這次靖邊漢墓壁畫中的鳩車形象明確清晰完整，可以
百分之百證明過去的推測是正確的（圖h）。畫中身形較為

圖 f　陝西靖邊楊橋畔東漢壁畫墓前室東壁

圖 g　同上局部，孔子（右）、老子（左）和項
橐（中）

圖 h　同上，局部

(2003)，頁 59–60；王子今，〈漢代兒童的遊藝生活〉，《秦漢
社會史論考》（北京：商務印書館，2006），頁 1–4。

矮小的項橐，身穿紅色衣裳，正面朝前，雙手下垂，左手
以繩索牽引著一隻帶輪的鳩鳥。鳩鳥有喙，有頭，有眼，
有身，有尾，完整而清楚，和河南南陽出土的青銅帶輪鳩
車實物（圖i.1–i.2），完全一樣。

圖 i.1　河南鞏義新華小區出土東漢銅鳩車

圖 i.2　同上

　　無獨有偶，前述楊橋畔墓資料公布之後，2009 年文物
出版社出版的《2008 中國重要考古發現》上，又刊布了陝
西靖邊老墳梁四十二號漢墓出土的孔子見老子壁畫，其上
也有清晰的童子項橐，項橐手中牽著一件造型幾乎一樣的
鳩車（圖 j.1–j.2）。

圖 j.1　靖邊老墳梁四十二號漢墓壁畫

圖 j.2　同上局部

　　老墳梁墓群西距靖邊縣城 25 公里,和前述靖邊楊橋畔鎮相距僅約 1 公里。四十二號墓的時代約屬西漢中晚期至新莽時代,比前述的楊橋畔東漢墓為早。墓壁上有保存大致完整的孔子見老子壁畫。壁畫左側一人面向右,手扶曲杖,其頭部左側有清楚榜題「老子」二字,右側有側身人物拱手向左,無疑是孔子,孔子身後還有一人,惜較為殘缺。重要的是在二人中間有身軀較矮小的小童一人,無榜題,但牽引著一輛玩具鳩車。鳩車有鳩首、車輪和鳩尾,十分完整清楚,和楊橋畔壁畫上的幾乎一模一樣。

　　河南南陽在一方徵集自李相公莊的許阿瞿紀年畫像石上有小兒手牽鳩車的畫面（圖 k.1–k.2）。畫像左側有十分清晰的墓誌紀年為東漢靈帝建寧三年（西元 170 年）。許阿瞿年僅五歲而亡,鳩車必為此夭折的小童所喜,才會出現在畫面中。由此可知鳩車應是從西漢到東漢末都存在的一種小兒玩具車。

　　本文初稿曾請丁瑞茂兄指教。他提醒我還有出土的鳩車實物。河南省文化局文物工作隊的趙青雲和劉東亞在

圖 k.1–k.2　南陽李相公莊徵集　許阿瞿墓畫像中的小兒戲鳩車

〈1955 年洛陽澗西區小型漢墓發掘報告〉中說道，洛陽澗西區漢墓有兩兒童墓 M41 和 M45 陪葬有鳩車，一銅質，一陶質。報告頁 89 最後推測說：「鳩車出自兒童墓，銅鏡多佩於成年者的墓中，疑亦為兩漢時代的葬俗。」

M41 和 M45 陪葬鳩車表

洛陽澗西區 (M41) 銅鳩車	兒童墓	墓 41 銅鳩車與墓 45 陶鳩車形狀類同，在鳥的腹部兩旁，向外凸有圓輪軸，其輪未見	河南省文化局文物工作隊（趙青雲、劉東亞），〈1955 年洛陽澗西區小型漢墓發掘報告〉，《考古學報》2 (1959)，頁 85
洛陽澗西區 (M45) 陶鳩車	兒童墓	墓 45 陶鳩車體為鳥形實腹，兩翼成車輪狀，中有一軸，可拉動，質地屬砂紅陶。形體略似銅鳩車	同上

　　這樣的鳩車玩具也出現在北魏孝子石棺（或稱元謐石棺）畫像中。老萊子作小兒狀，一手也拉著明確無誤的鳩車（圖 l）。

　　由於這一鳩車得以確認，徐州地區邳州龐口村出土的漢代祠堂左壁畫像石上有一小兒手推一車，輪上站立一鳩，鳩車的形狀雖稍有不同，應該也是鳩車（圖 m.1–m.2）。龐口村畫像上的推車者如果是項橐，那麼和他相對，拱手而立，頭戴進賢冠的應是孔子。孔子身後有一弟子，但畫面

圖1　元謐石棺局部

中沒有出現老子。由此可知，孔子見老子圖可以有項橐立
於中間，也可以僅有孔子和項橐出現，卻沒有老子的情形。
僅有孔子和項橐出現的圖或許應該另外命名為「孔子項橐
相問圖」或「孔子項橐問難（辯）圖」。

　　靖邊老墳梁西漢中晚期至王莽時代墓和靖邊楊橋畔東
漢墓類似壁畫的出土，可以說對確認漢代孔子見老子畫像
中的鳩車，和認識孔子見老子畫像的構圖類型，都帶來很
大的幫助。但畫像中小兒所持也有不少有車輪而無鳩，我
們只能認定它是玩具車，不好一律說成是鳩車。此外，過
去在陝西能找到的漢代孔子見老子畫像，僅有現藏於陝西
歷史博物館的一件石刻畫像，現在新出的壁畫可以證實，
孔子見老子這一母題從西漢中晚期開始，不但流行於今山

圖 m.1　邳州龐口村漢代祠堂左壁畫像原石

圖 m.2　採自武利華編《徐州漢畫像石》（北京：線裝書局，2002，圖 19）

東西南和河南地區，在陝北也已出現。這對認識漢畫母題
的區域流播很有意義。這裡暫不多談了。

2010.10.26 三稿

原刊《文史知識》1 (2011)，頁 120–123／2016.10.12 增補
於海德堡／2017.3.5 再訂補。感謝丁瑞茂兄提示我遺漏的
資料。

參考書目

1.史料文獻

〈小兒論〉，延禧大學校東方學研究所 1956 影印康熙四十二年開
　　刊、乾隆三十九年改刊《國故叢刊》第九。

《小兒難孔子》，日本早稻田大學圖書館藏北京打磨廠學古堂印本。

王琯，《公孫龍子懸解》，北京：中華書局，1992。

山東省博物館、山東省文物考古研究所編，《山東漢畫像石選集》，
　　濟南：齊魯書社，1982。

中國美術全集編輯委員會編，《中國美術全集‧繪畫編 18‧畫像石
　　畫像磚》，上海：上海人民美術出版社，1988。

中國畫像石全集編輯委員會編，《中國畫像石全集》，濟南：山東美
　　術出版社，2000。

仁井田陞著、栗勁等編譯，《唐令拾遺》，長春：長春出版社，
　　1989。

內蒙古自治區博物館文物工作隊編，《和林格爾漢墓壁畫》，北京：
　　文物出版社，1978。

文物圖象研究室漢代拓本整理小組編，《中央研究院歷史語言研究
　　所藏漢代石刻畫象拓本目錄》，臺北：中央研究院歷史語言研
　　究所，2002。

方若，《校碑隨筆》，杭州：西泠印社聚珍本，1914。

王先謙補注，《漢書補注》，臺北：藝文印書館景印長沙王氏校刊
　　本，出版年不詳。

王明編，《太平經合校》，北京：中華書局，1960。

王建中、閃修山，《南陽兩漢畫像石》，北京：文物出版社，1990。

王昶，《金石萃編》，臺北：藝文印書館影印清嘉慶十年 (1805) 王
　　氏經訓堂刊本，1967。

王重民等編，《敦煌變文集》，北京：人民文學出版社，1957。

王培永編，《孔子漢畫像集》，杭州：西泠印社，2014。

王綉、霍宏偉，《洛陽兩漢彩畫》，北京：文物出版社，2015。

北京大學出土文獻研究室編，《北京大學藏西漢竹書（貳）》，上海：
　　上海古籍出版社，2013。

北京魯迅博物館、上海魯迅博物館編，《魯迅藏漢畫像（二）》，上
　　海：上海人民出版社，1991。

司馬遷，《史記》，北京：中華書局，1969。

皮日休，《皮子文藪》，上海：上海書店重印 1926 年商務印書館四
　　部叢刊初編 128，1989。

皮錫瑞，《漢碑引經考》（附《漢碑引緯考》），清光緒中善化皮氏刊
　　《師伏堂叢書》本。

任半塘主編，《敦煌歌辭總編》，上海：上海古籍出版社，2006。

朱錫祿編，《武氏祠漢畫像石》，濟南：山東美術出版社，1986。

朱錫祿編，《嘉祥漢畫像石》，濟南：山東美術出版社，1992。

吳則虞編著，《晏子春秋集釋》，北京：中華書局，1962。

宋衷注，秦嘉謨等輯，《世本八種》，臺北：西南書局影印 1957 年
　　上海商務印書館本，1974。

李白，《李太白文集》，臺北：臺灣學生書局影宋刊本，1967。

李林、康蘭英、趙力光編著，《陝北漢代畫像石》，西安：陝西人民
　　出版社，1995。

杜佑，《通典》，上海：商務印書館，1935《十通》本。

武利華編，《徐州漢畫像石》，北京：線裝書局，2001。

河北省文物研究所編，《安平東漢壁畫墓》，北京：文物出版社，1990。

南陽漢代畫像石編輯委員會編，《南陽漢代畫像石》，北京：文物出版社，1985。

洛陽博物館編，《洛陽出土銅鏡》，北京：文物出版社，1988。

洪适，《隸釋》，洪氏晦木齋刻本，北京：中華書局，1985。

胡新立，《鄒城漢畫像石》，北京：文物出版社，2008。

范曄，《後漢書》，北京：中華書局，1965。

重慶市博物館，《四川漢畫像磚選集》，北京：文物出版社，1957。

凌皆兵等編，《中國南陽漢畫像石大全》，鄭州：大象出版社，2015。

徐光冀主編，《中國出土壁畫全集》，北京：科學出版社，2012。

徐俊纂輯，《敦煌詩集殘卷輯考》，北京：中華書局，2000。

班固，《漢書》，北京：中華書局，1962。

翁方綱，《兩漢金石記》，乾隆五十四年南昌使院刻本。

陝西考古研究院編，《壁上丹青——陝西出土壁畫集》，北京：科學出版社，2009。

陝西省博物館、陝西省文物管理委員會合編，《陝北東漢畫像石刻選集》，北京：文物出版社，1959。

馬王堆漢墓帛書整理小組編，《馬王堆漢墓帛書（肆）》，北京：文物出版社，1985。

馬承源主編，《上海博物館藏戰國楚竹書（二）》，上海：上海古籍出版社，2002。

高文編，《四川漢代畫像石》，成都：巴蜀書社出版，1987。

高楠順次郎、渡邊海旭編輯，《大正新脩大藏經》，東京：大正一切經刊行会，1924–1932。

國立中央圖書館特藏組編輯，《國立中央圖書館拓片目錄——金石部份》，臺北：中央圖書館，1990。

國家文物局古文獻研究室編，《馬王堆漢墓帛書（壹）》，北京：文物出版社，1980。

康蘭英、朱青生，《漢畫總錄——米脂綏德神木卷》，桂林：廣西師範大學出版社，2012–2013。

張秀清、張松林、周到編著，《鄭州漢畫像磚》，河南美術出版社，1988。

張彥遠，《歷代名畫記》，上海：上海書畫出版社，1993。

張道一，《徐州漢畫象石》，南京：江蘇美術出版社，1987。

張寶德輯，《漢射陽石門畫像彙攷》，臺北：藝文印書館，1968，金陵叢刻本。

梁啓雄，《荀子簡釋》，臺北：華正書局，1975。

郭在貽、張涌泉、黃徵，《敦煌變文集校議》，長沙：岳麓書社，1990。

陳永志、黑田彰編，《和林格爾漢墓壁畫孝子傳圖輯錄》，北京：文物出版社，2009。

陳永志、黑田彰編，《和林格爾漢墓壁畫孝子傳圖摹寫圖輯錄》，北京：文物出版社，2015。

陳沛箴整理，《山東漢畫像石匯編》，濟南：山東畫報出版社，2012。

陳壽，《三國志》，北京：中華書局，1959。

傅惜華編，《漢代畫象全集》，巴黎：巴黎大學北京漢學研究所，

1950–1951。

湖南省博物館、中國科學院考古研究所編，《長沙馬王堆一號漢
　　墓》，北京：文物出版社，1973。

逯欽立輯校，《先秦漢魏晉南北朝詩》，北京：中華書局，1983。

馮雲鵬、馮雲鵷輯，《金石索》，收入《續修四庫全書》，上海：上
　　海古籍出版社，1995。

黃休復，《益州名畫錄》，收入盧靖輯，《湖北先正遺書》，沔陽：盧
　　氏慎始基齋，1923。

黃易，《小蓬萊閣金石文字》，道光十四年據嘉慶刊本翻刻本。

黃暉，《論衡校釋》（附劉盼遂《集解》），北京：中華書局，1990。

楊伯峻，《列子集釋》，臺北：明倫出版社，1970。

楊伯峻，《論語譯注》，臺北：河洛圖書出版社，1980。

聞宥編，《四川漢代畫象選集》，上海：群聯出版社，1954。

趙成甫主編，《南陽漢代畫像磚》，北京：文物出版社，1990。

黎庶昌輯，《玉燭寶典》，臺北：藝文印書館景印尊經閣藏日本前田
　　家藏舊鈔卷子本，1965。

錢南揚校注，《永樂大典戲文三種校注》，臺北：華正書局，1980。

顏之推著，王利器集解，《顏氏家訓集解》，臺北：明文書局，
　　1982。

嚴可均，《全後漢文》，東京：中文出版社，1981。

嚴可均輯，《全齊文》，東京：中文出版社，1981。

蘇輿撰，鍾哲點校，《春秋繁露義證》，北京：中華書局，1992。

酈道元注，楊守敬、熊會貞疏，段熙仲點校，陳橋驛復校，《水經
　　注疏》，南京：江蘇古籍出版社，1989。

龔廷萬、龔玉、戴嘉陵編著，《巴蜀漢代畫像集》，北京：文物出版

社，1998。

2.近人研究

〈山東長清發現大型漢畫像石墓〉，《中國文物報》，
　　http://www.wenbao.net/wbw_admin/news_view.asp?newsid=390。

《陝西歷史博物館館刊》2002 年第 9 期，頁 33，補白〈孔子問答
　　鏡〉。

刁淑琴，〈洛陽道北西漢墓出土一件博局紋銅鏡〉，《文物》1999 年
　　第 9 期，頁 89。

土居淑子，《古代中国の画象石》，京都：同朋舍，1986。

大村西崖，《支那美術史彫塑篇》，東京：佛書刊行會圖像部，
　　1915。

小南一郎，《西王母と七夕伝承》，東京：平凡社，1991。

內江市文管所、簡陽縣文化館，〈四川簡陽縣鬼頭山東漢崖墓〉，
　　《文物》1991 年第 3 期，頁 20–25。

尤振堯，〈寶應《射陽漢石門畫像》考釋〉，《東南文化》1985 年第
　　1 期，頁 62–70。

尤振堯，〈蘇南地區東漢畫像磚墓及其相關問題的探析〉，《中原文
　　物》1991 年第 3 期，頁 50–59。

王子今，〈漢代兒童的遊藝生活〉，《秦漢社會史論考》，北京：商務
　　印書館，2006，頁 1–18。

王子今，〈鳩車〉，《秦漢名物叢考》，北京：東方出版社，2016，頁
　　334–338。

王元林，〈試析漢墓壁畫孔子問禮圖〉，《考古與文物》2012 年第 2
　　期，頁 73–78。

王利器、王貞珉，《漢書古今人表疏證》，濟南：齊魯書社，1988。

王壯弘，《增補校碑隨筆》，上海：上海書畫出版社，1981。

王叔岷，〈淮南子與莊子〉，《清華學報》新二卷 1 期，1960，頁 69–81。

王叔岷，《史記斠證》，臺北：中央研究院歷史語言研究所，1982。

王叔岷，《莊子校詮》，臺北：中央研究院歷史語言研究所，1988。

王明，〈《老子河上公章句》考〉，《道家和道教思想研究》，北京：中國社會科學出版社，1984，頁 293–323。

王思禮，〈山東畫像石中幾幅畫像的考釋〉，《考古》1987 年第 11 期，頁 1021–1025。

王相臣、唐仕英，〈山東平邑縣皇聖卿闕、功曹闕〉，《華夏考古》2003 年第 3 期，頁 15–19。

王意樂等，〈海昏侯劉賀墓出土孔子衣鏡〉，《南方文物》2016 年第 3 期，頁 50、61–70。

王愷，〈蘇魯豫皖交界地區漢畫像石墓的分期〉，《中原文物》1990 年第 1 期，頁 51–61。

北京大學出土文獻研究所，〈北京大學藏秦簡牘概述〉，《文物》2012 年第 6 期，頁 65–73。

平陰縣博物館，〈山東平陰縣實驗中學出土漢畫像石〉，《華夏考古》2008 年第 3 期，頁 32–36。

《文物》編輯部，〈關於西漢卜千秋墓壁畫中一些問題〉，《文物》1979 年第 11 期，頁 84–85。

石紅豔、牛天偉編，《中國漢畫文獻目錄》，南陽：南陽漢畫館，2005。

石璋如，《國立中央研究院歷史語言研究所考古年表》，臺北：中央

研究院歷史語言研究所，1952。

安丘縣文化局、安丘縣博物館，《安丘董家莊漢畫像石墓》，濟南：濟南出版社，1992。

朱介凡，《中國謠俗論叢》，臺北：聯經出版公司，1984。

朱錫祿，〈嘉祥五老洼發現一批漢畫像石〉，《文物》1982 第 5 期，頁 71–78。

江西省文物考古研究所、首都博物館編，《五色炫曜——南昌漢代海昏侯國考古成果》，南昌：江西人民出版社，2016。

池田溫，〈中國歷代墓券略考〉，《創立四十周年記念論文集 I》，東京：東京大學東洋史文化研究所，1981。

西安市文物保護研究所，〈西安理工大學西漢壁畫墓〉，《文物》2006 年第 5 期，頁 7–44。

佐原康夫，〈漢代祠堂畫像考〉，《東方學報》第六十三冊，1991，頁 1–60。

佐野光一編，《木簡字典》，東京：雄山閣，1985。

何志華，〈採信與駁詰：荀卿對莊周言辯論說之反思〉，《中國文化研究所學報》65 期，2017，頁 1–19。

余英時，《朱熹的歷史世界：宋代士大夫政治文化的研究》，臺北：允晨文化公司，2003。

吳光，《黃老之學通論》，杭州：浙江人民出版社，1985。

吳國柱，〈孔子見老子畫像石評介〉，《濟寧師專學報》1989 年第 3 期。

吳曾德，《漢代畫象石》，北京：文物出版社，1984。

呂思勉，《呂思勉讀史札記》，上海：上海古籍出版社，1982。

呂澂，《中國佛學源流略講》，北京：中華書局，1979。

巫鴻 (Wu Hung), *The Wu Liang Shrine: The Ideology of Early Chinese Pictorial Art.* Stanford: Stanford University Press,1989. 中譯：柳揚、岑河譯：《武梁祠——中國古代畫像藝術的思想性》，北京：生活・讀書・新知三聯書店，2006。

李京華，〈洛陽西漢壁畫墓發掘簡報〉，《考古學報》1964 年第 2 期，頁 107–125、235–242、259–260。

李淞，《論漢代藝術中的西王母圖像》，長沙：湖南教育出版社，2000。

李常松、魏有禮、唐守元，〈山東平邑東埠陰漢代畫像石墓〉，《考古》1990 年第 9 期，頁 811–814、868。

李強，〈漢畫像石《孔子見老子圖》考述〉，《華夏考古》2009 年第 2 期，頁 125–129。

李發林，《山東漢畫像石研究》，濟南：齊魯書社，1982。

李發林，〈孝堂山石室畫像舊拓校勘和墓主問題〉，《考古學集刊》第 4 期，1984，頁 314–320。

李零，《郭店楚簡校讀記》，北京：北京大學出版社，2002 增訂本。

李劍鋒，〈《衝波傳》：一部關於孔子及其弟子故事的志怪小說〉，《魯東大學學報》(哲學社會科學版) 二十七卷 5 期，2010，頁 64–68。

李衛星，〈淺論漢畫像石作偽的有關問題〉，《中原文物》1991 年第 3 期，頁 102–106。

赤銀中，〈老子會見孔子漢畫像的文化意蘊〉，《中國道教》2002 年第 4 期，頁 14–16。

邢義田譯著，《西洋古代史參考資料 (一)》，臺北：聯經出版公司，1987。

邢義田，〈漢代畫像項橐考〉，《九州學林》六卷 3 期，2008，頁
　　210–217。

邢義田，〈「太一生水」、「太一出行」與「太一坐」：讀郭店簡、馬
　　王堆帛畫和定邊、靖邊漢墓壁畫的聯想〉，《國立臺灣大學美術
　　史研究集刊》第 30 期，2011，頁 1–34。

邢義田，〈項橐手中的鳩車〉，《文史知識》2011 年第 1 期，頁 120–
　　123。

邢義田，《天下一家——皇帝、官僚與社會》，北京：中華書局，
　　2011。

邢義田，《畫為心聲：畫像石、畫像磚與壁畫》，北京：中華書局，
　　2011。

邢義田，〈漢畫、漢簡、傳世文獻互證舉隅〉，收入《古文字與古代
　　史》第五輯，臺北：中央研究院歷史語言研究所，2017，頁
　　295–328。

林巳奈夫，《漢代の神神》，京都：臨川書店，1989。

河南省文化局文物工作隊，〈1955 年洛陽澗西區小型漢墓發掘報
　　告〉，《考古學報》1959 年第 2 期，頁 75–92。

河南省文物局文物工作隊，〈河南南陽楊官寺漢畫像石墓發掘報
　　告〉，《考古學報》1963 年第 1 期，頁 111–139、171–174。

河南省文化局文物工作隊，〈洛陽西漢壁畫墓發掘報告〉，《考古學
　　報》1964 年第 2 期，頁 107–125。

泗水縣文管所，〈山東泗水南陳東漢畫像石墓〉，《考古》1995 年第
　　5 期，頁 390–395。

金文京，〈孔子的傳說——《孔子項託相問書》考〉，中央研究院歷
　　史語言研究所傅斯年圖書館，《俗文學學術研討會會議論文

集》，臺北：中央研究院歷史語言研究所，2006，頁 3–22。

金文京，〈項橐考——孔子的傳說〉，《中國文學學報》第 1 期，2010，頁 1–19。

金春峰，《漢代思想史》，北京：中國社會科學出版社，1987。

長広敏雄，《漢代畫象の研究》，東京：中央公論美術出版，1965。

信立祥，〈漢畫像石的分區與分期研究〉，收入俞偉超主編，《考古類型學的理論與實踐》，北京：文物出版社，1989。

南京市博物館，〈江蘇高淳固城東漢畫像磚墓〉，《考古》1989 年第 5 期，頁 423–429。

姜生，〈漢畫孔子見老子與漢代道教儀式〉，《文史哲》2011 年第 2 期，頁 46–58。

姜生，〈鬼聖項橐考〉，《敦煌學輯刊》2015 年第 2 期，頁 86–93。

姜生、種法義，〈漢畫像石所見的子路與西王母組合模式〉，《考古》2014 年第 2 期，頁 95–102。

洛陽博物館，〈洛陽西漢卜千秋壁畫墓發掘簡報〉，《文物》1977 年第 6 期，頁 1–12、81–83。

砂山稔，〈道教と老子〉，收入福井康順等監修，《道教》第二卷，東京：平河出版社，1983，頁 5–37。

范克萊 (Edwin J. van Kley) 著，邢義田譯，〈中國對十七八世紀歐洲人寫作世界史的影響〉，《食貨月刊》復刊十一卷 7 期，1981，頁 316–338。

唐長壽，〈漢代墓葬門闕考辨〉，《中原文物》1991 年第 3 期，頁 67–74。

夏忠潤，〈山東濟寧縣發現一組漢畫像石〉，《文物》1983 年第 5 期，頁 21–27。

夏超雄，〈漢墓壁畫、畫像石題材內容試探〉，《北京大學學報》（哲社版）1984 年第 1 期，頁 63–76。

夏超雄，〈孝堂山石祠畫像、年代及主人試探〉，《文物》1984 年第 8 期，頁 34–39。

孫作雲，〈洛陽西漢卜千秋墓壁畫考釋〉，《文物》1977 年第 6 期，頁 17–22。

容庚，《漢武梁祠畫像考釋》，北平：燕京大學考古學社，1936。

殷汝章，〈山東安邱牟山水庫發現大型石刻漢墓〉，《文物》1960 年第 5 期，頁 55–59。

祝平一，《漢代的相人術》，臺北：臺灣學生書局，1990。

陝西省考古研究院、榆林市文物研究所、靖邊縣文物管理辦公室，〈陝西靖邊東漢壁畫墓〉，《文物》2009 年第 2 期，頁 32–43。

高句麗文化展實行委員會編，《高句麗文化展：麗しの古代美》，東京：高句麗文化展實行委員會，1985。

高亨，〈史記老子傳箋證〉，《老子正詁》，北京：中國書店，1988，頁 153–187。

國家文物局主編，《2008 中國重要考古發現》，北京：文物出版社，2009。

張家山漢簡整理組，〈張家山漢簡《引書》釋文〉，《文物》1990 年第 10 期，頁 82–86。

張學海、蔣英炬、畢寶啟，〈山東安丘漢畫象石墓發掘簡報〉，《文物》1964 年第 4 期，頁 30–38、73–74。

聊城地區博物館，〈山東陽谷縣八里廟漢畫像石墓〉，《文物》1989 年第 8 期，頁 48–56。

郭沫若，〈洛陽漢墓壁畫試探〉，《考古學報》1964 年第 2 期，頁 1–7。

陳秀慧，〈滕州祠堂畫像石空間配置復原及其他地域子傳統〉，臺北：臺北藝術大學美術史研究所碩士論文，2002。

陳昆麟、孫淮生等，〈山東東阿縣鄧廟漢畫像石墓〉，《考古》2007年第 3 期，頁 32–51。

陳明達，〈漢代的石闕〉，《文物》1961 年第 12 期，頁 1–2、9–23。

陳東，〈漢畫像石「孔子見老子」其實是孔子助葬圖〉，《孔子研究》2016 年第 3 期，頁 50–61。

陳金文，〈孔子傳說中的「巧女」故事〉，《齊魯學刊》2004 年第 4 期，頁 9–13。

陳槃，《古讖緯研討及其書錄解題》，臺北：國立編譯館，1991。

陳劍，〈《上博（六）・孔子見季桓子》重編新釋〉，收入復旦大學出土文獻與古文字研究中心編，《出土文獻與古文字研究》第二輯，上海：復旦大學出版社，2008，頁 160–187。

揚子水，〈從《孩兒詩》到百子圖〉，《文物》2003 年第 12 期，頁 59–60。

曾布川寬，《崑崙山への昇仙——古代中国人が描いた死後の世界》，東京：中央公論社，1981。

曾昭燏、蔣寶庚、黎忠義，《沂南古畫像石墓發掘報告》，上海：文化部文物管理局出版，1956。

森雅子，〈西王母の原像〉，《史學》五十六卷 3 期，1986，頁 61–93。

湯用彤，《漢魏兩晉南北朝佛教史》，長沙：商務印書館，1938。

程繼林，〈泰安大汶口漢畫像石墓〉，《文物》1989 年第 1 期，頁 48–58。

馮友蘭，《中國哲學史》，九龍：太平洋圖書公司，1970。

馮友蘭，《中國哲學史新編》，北京：人民出版社，1984 第二版。

黃進興，《皇帝、儒生與孔廟》，北京：生活・讀書・新知三聯書店，2014。

黃進興，《優入聖域：權力、信仰與正當性》，臺北：允晨文化公司，1994；西安：陝西師範大學出版社，1998；北京：中華書局，2010。

楊愛國，《幽明兩界——紀年漢代畫像石研究》，西安：陝西人民美術出版社，2006。

楊樹達，《漢代婚喪禮俗考》，臺北：華世出版社，1976。

楠山春樹，〈邊韶の老子銘について〉，《東方宗教》11，1956，頁41–60。

楠山春樹，《老子伝説の研究》，東京：創文社，1979。

楠山春樹，〈禮記曾子問篇に見える老聃について〉，收入池田末利博士古稀紀念事業會實行委員編，《東洋學論集：池田末利博士古稀紀念》，廣島：池田末利博士古稀紀念事業會，1980，頁345–360。中譯：李今山譯，〈《禮記・曾子問》篇中的老聃——論老子傳的形式〉，收入岡田武彥等著、辛冠潔等編，《日本學者論中國哲學史》，臺北：駱駝出版社，1987。

董作賓，《董作賓先生全集》，臺北縣：藝文印書館，1977。

裘錫圭，《文字學概要》，北京：商務印書館，2001。

解華英、傅吉峰，〈淺談嘉祥縣出土孔子、老子、晏子同在的漢畫像石〉，收入顧森、邵澤水主編，《大漢雄風——中國漢畫學會第十一屆年會論文集》，北京：高等教育出版社，2008。

雷建金，〈簡陽縣鬼頭山發現榜題畫像石棺〉，《四川文物》1988年第6期，頁65。

嘉祥縣文管所，〈山東嘉祥紙坊畫像石墓〉，《文物》1986年第5

期，頁 31–41。

嘉祥縣武氏祠文管所，〈山東嘉祥宋山發現漢畫像石〉，《文物》
　　1979 年第 9 期，頁 1–6。

熊鐵基，《秦漢新道家略論稿》，上海：上海人民出版社，1984。

聞一多，《神話與詩》，北京：古籍出版社，1956。

趙成甫，〈新野樊集漢畫像磚墓〉，《考古學報》1990 年第 4 期，頁
　　475–509、536–543。

趙殿增、袁曙光，〈「天門」考——兼論四川漢畫像磚（石）的組合
　　與主題〉，《四川文物》1990 年第 6 期，頁 3–11。

劉屹，〈論老子銘中的老子與太一〉，《漢學研究》21:1，2003，頁
　　77–103。

劉志遠、余德章、劉文杰，《四川漢代畫像磚與漢代社會》，北京：
　　文物出版社，1983。

劉培桂，〈試談漢畫像石中的孔子〉，《中國文化月刊》189 期，
　　1995，頁 82–110。

劉培桂、鄭建芳、王彥，〈鄒城出土東漢畫像石〉，《文物》1994 年
　　第 6 期，頁 32–36。

劉敦楨，〈山東平邑縣漢闕〉，《文物參考資料》1954 年第 5 期，頁
　　29–32。

劉增貴，〈漢魏士人同鄉關係考論〉，《大陸雜誌》84:1，1992，頁
　　14–24；84:2，1992，頁 81–96。

蔣英炬，〈漢代的小祠堂——嘉祥宋山漢畫像石的建築復原〉，《考
　　古》1983 年第 8 期，頁 741–751。

蔣英炬，〈孝堂山石祠管見〉，《漢代畫像石研究》，北京：文物出版
　　社，1987，頁 204–218。

蔣英炬，〈晏子與孔子見老子同在的畫像石〉，《中國文物報》，1998
　　年10月14日，第3版。

蔣英炬、吳文祺，〈試論山東漢畫像石的分布、刻法與分期〉，《考
　　古與文物》1980年第4期，頁108–114。

蔣英炬、吳文祺，〈武氏祠畫像石建築配置考〉，《考古學報》1981
　　年第2期，頁165–184。

蔣英炬、吳文祺，《漢代武氏墓群石刻研究》，濟南：山東美術出版
　　社，1995；修訂本，北京：人民美術出版社，2014。

蔣英炬、吳文祺、信立祥、楊愛國，《孝堂山石祠》，北京：文物出
　　版社，2017。

鄭州市文物考古研究所、鞏義市文物保護管理所，〈河南鞏義市新華
　　小區漢墓發掘簡報〉，《華夏考古》2001年第4期，頁33–51。

鄭岩，〈壓在「畫框」上的筆尖——試論墓葬壁畫與傳統繪畫史的
　　關聯〉，收入范景中、鄭岩、孔令偉主編，《考古與藝術史的交
　　匯》，杭州：中國美術學院出版社，2009，頁82–104。

鄭岩，〈墓主畫像的傳承與轉變——以北齊徐顯秀墓為中心〉，《逝
　　者的面具——漢唐墓葬藝術研究》，北京：北京大學出版社，
　　2013，頁195–218。

鄭岩，〈視覺的盛宴——「朱鮪石室」再觀察〉，《國立臺灣大學美
　　術史研究集刊》第41期，2016，頁61–144。

鄭建芳，〈論漢畫像石中的孔子見老子〉，收入顧森、邵澤水主編，
　　《大漢雄風——中國漢畫學會第十一屆年會論文集》，北京：
　　高等教育出版社，2008。

錢穆，《先秦諸子繫年》，香港：香港中文大學，1956。

錢穆，《兩漢經學今古文平議》，臺北：三民書局，1971。

戴應新、魏遂志，〈陝西綏德黃家塔東漢畫像石墓群發掘簡報〉，
　　《考古與文物》1988 年第 5、6 期，頁 251–261。

濟寧地區文物組、嘉祥縣文管所，〈山東嘉祥宋山 1980 年出土的漢
　　畫像石〉，《文物》1982 年第 5 期，頁 60–70。

繆哲，〈孔子師老子〉，收入巫鴻、鄭岩主編，《古代墓葬美術研究》
　　第一輯，北京：文物出版社，2011，頁 65–120。

謝祥皓，〈略談莊子中的孔子形象〉，《齊魯學刊》1985 年第 5 期，
　　頁 86–90。

鍾肇鵬，〈論黃老之學〉，《世界宗教研究》1981 年第 2 期，頁 75–
　　98。

鍾肇鵬，《讖緯論略》，瀋陽：遼寧教育出版社，1991。

羅哲文，〈孝堂山郭氏墓石祠〉，《文物》1961 年第 4、5 期，頁 44–
　　55、117。

羅振玉、王國維，《流沙墜簡》，上虞羅氏宸翰樓影印，1914。

關野貞，〈後漢の石廟及び畫像石〉，《國華》第 19 編，1909，頁
　　189–199。

關野貞，《支那山東省に於ける漢代墳墓の表飾》，東京，1916。

蘇健，《洛陽漢代彩畫》，鄭州：河南美術出版社，1986。

饒宗頤，《老子想爾注校牋》，香港，1956。

饒宗頤，《選堂集林：史林》，臺北：明文書局，1982。

饒宗頤，〈釋、道並行與老子神化成為教主的年代〉，《燕京學報》
　　新 12 期，2002，頁 1–6。

顧頡剛，《秦漢的方士與儒生》，臺北：里仁書局，1985。

顧頡剛，《顧頡剛讀書筆記》，臺北：聯經出版公司，1990。

Benard, Elisabeth and Moon, Beverly eds., *Goddesses Who Rule*. New

York: Oxford University Press, 2000.

Bulling, A. "Three Popular Motives in the Art of the Eastern Han Period: The Lifting of the Tripod.The Crossing of a Bridge. Divinities," *Archives of Asian Art*, vol. XX, 1966/1967, pp. 26–34.

Cahill, Suzanne E. *Transcendence & Divine Passion: The Queen Mother of the West in Medieval China*. Stanford: Stanford University Press, 1993.

Chavannes, Édouard. *La sculpture sur pierre en Chine au temps des deux dynasties Han*. Paris, 1893.

Chavannes, Édouard. *Mission Archeologique dans la Chine Septentrionale*. Paris, 1913.

Chavannes, Édouard. *Mission Archeologique dans la chine Septentrionale: Planches*. Paris: Ernest Leroux, Éditeur, 1909, Pl.XCI.

Creel, H. G. *Confucius, the Man and the Myth*. New York: John Day, 1949. 重印更名為: *Confucius and the Chinese Way*. New York: Harper, 1960.

Dubs, H. H. "The Victory of Han Confucianism," *Journal of the American Oriental Society*, LVIII, 1938, pp.435–449.

Fairbank Wilma. "The Offering Shrines of Wu Liang Tz'u," *Adventures in Retrieval*. Cambridge: Harvard University Press, 1972, pp.43–86.

Finsterbusch, Käte. *Verzeichnis und Motivindex der Han-Darstellungen*, band 1. Wiesbaden: Harrassowitz, 1966.

Fischer, Adolf. "Vortrag Gehalten auf dem 15ten Internationalen

Orientalisten-Kongress in Kopenhagen," *Toung P'ao*, 9, 1908, pp. 577–588.

Mair, Victor H. *Contact and Exchange in the Ancient World*. Honolulu: University of Hawaii Press, 2006.

Mentzel, Christian. *Kurtze Chinesische Chronologia*. Berlin: Rüdiger, 1696.

Mueller, Herbert. "Beiträge zur kenntnis der Han-skulpturen," *Toung P'ao*, 14, 1913, pp.371–386.

Powers, Martin J. *Art and Political Expression in Early China*. Yale University Press, 1991.

Reidemeister, L. "Eine Grabplatte der Han-Zeit," *Ostasiatische Zeitschrift*, N.F.7, 1931, pp. 164–169.

Seidel, Anna K. *La divinisation de Lao tseu dans le taoisme des Han*. Paris: École franc aise d'Extrême-Orient,1969. 日文版：〈漢代における老子の神格化について〉，收入吉岡義豊、ミシェル・スワミエ編修，《道教研究》第三冊，東京：豊島書房，1968，頁5–77。

Soper, Alexander C. "The Purpose and Date of the Hsiao-T'ang Shan Offering Shrines: A Modest Proposal," *Artibus Asiae*, 36:4, 1974, pp.249–266.

Soymié, Michel. "L'Entrevuede Confucius et de Hsiang T'o," *Journal Asiatique*, 242/3–4, 1954, pp.31–92.

Spiro, Audrey. *Contemplating the Ancients: Aesthetic and Social Issues in Early Chinese Portraiture*. Berkeley and Los Angeles: University of California Press, 1990.

圖片出處

1. 上編：畫像構成與意義

圖 i　　日本早稻田大學圖書館藏北京打磨廠學古堂印本

圖 ii　　中央研究院歷史語言研究所藏拓，原見延禧大學校東方學研究所 1956 影印康熙四十二年開刊，乾隆三十九年改刊《國故叢刊》第九。

圖 iii　　孟哲《中華簡史》1696 年版書影

圖 iv　　https://kknews.cc/culture/9yj988b.html

圖 v　　作者攝 2013.8.11

圖 vi　　《高句麗文化展：麗しの古代美》，東京：高句麗文化展實行委員會，1985

圖 1　　作者攝於山東省博物館 2016.8.17

圖 2.1–2.2　　《2008 中國重要考古發現》，北京：文物出版社，2009

圖 3.1　　〈海昏侯劉賀墓出土孔子衣鏡〉，《南方文物》2016 年第 3 期

圖 3.2　　〈海昏侯劉賀墓出土孔子衣鏡〉，作者曾經利用原刊圖版拼綴

圖 3.3　　《五色炫曜——南昌漢代海昏侯國考古成果》，南昌：江西人民出版社，2016

圖 3.4　　作者線描圖

圖 3.5　　《五色炫曜——南昌漢代海昏侯國考古成果》

圖 4.1　　中央研究院歷史語言研究所藏拓本

圖 4.2　　作者線描圖

2. 下編：畫像石過眼錄

圖 19.13–19.14　《中國出土壁畫全集 6》，北京：科學出版社，
　　　　　　　　2012，頁 43

圖 20.1　〈新野樊集漢畫像磚墓〉，《考古學報》1990 年第 4 期

圖 20.2–20.3　《南陽漢代畫像磚》，北京：文物出版社，1990，圖
　　　　　　　56、169

圖 20.4　施品曲攝 2009.9.26

圖 21.1　作者攝 2004.7.13

圖 21.2–21.3　作者攝 2012.8.8

圖 21.4　《南陽漢代畫像磚》

圖 21.5　〈洛陽西漢壁畫墓發掘報告〉，《考古學報》1964 年第 2
　　　　　期，頁 115，圖 7

圖 21.6–21.7　作者攝 2010.7.6

圖 21.8　作者攝 2016.8.17

圖 22.1–22.6　中央研究院歷史語言研究所藏拓片

圖 23.1–23.2　作者攝 1995.7.24

圖 23.3–23.4　施品曲攝 2009

圖 23.5–23.7　《孔子漢畫像集》

圖 23.8　《中國畫像石全集 7》，圖 200

圖 23.9　《四川漢代畫象選集》，上海：群聯出版社，1954，圖 43

圖 23.10　中央研究院歷史語言研究所藏拓本

圖 23.11　(1)–(7)：中央研究院歷史語言研究所藏拓片
　　　　　(8)–(14)：作者攝 1995.7.24
　　　　　(15)–(21)：《四川漢代畫象選集》
　　　　　(22)–(28)：《孔子漢畫像集》
　　　　　(29)–(35)：施品曲攝 2009

圖 30.4–30.7　作者攝 2010.7.8

圖 30.8　《孔子漢畫像集》

圖 30.9　作者攝 2010.7.8

圖 30.10　《孔子漢畫像集》，頁 57

圖 30.11　作者攝 2010.7.8

圖 30.12　作者線描圖

圖 30.13–30.14　作者攝 2010.7.8

圖 30.15　作者線描圖

圖 30.16–30.19　作者攝 2010.7.8

圖 30.20　武利華編，《徐州漢畫像石》，北京：線裝書局，2001，
　　　　　圖 20

3.附錄

1.漢代畫像項橐考

圖 a.1–a.6　《和林格爾漢墓壁畫孝子傳圖輯錄》，北京：文物出版
　　　　　社，2009

圖 b　作者攝

圖 c　楊愛國先生提供

圖 d　作者攝

圖 e.1–e.2　楊愛國先生提供

2.項橐手中的鳩車新考

圖 f–h　《壁上丹青——陝西出土壁畫集》

圖 i.1–i.2　作者攝 2004

圖 j.1–j.2　《2008 中國重要考古發現》

圖 k.1–k.2　《中國南陽漢畫像石大全》，卷九，頁 196

圖 1　《中國畫像石全集 8》，圖 66

圖 m.1　作者攝 2010.7.8

圖 m.2　《徐州漢畫像石》，圖 19

立體的歷史──從圖像看古代中國與域外文化（修訂二版）

邢義田／著

　　前人為我們留下的歷史材料浩如煙海，除了平面的文字資料外，更有琳瑯滿目、豐富多樣的圖畫資料，如果用兩隻眼睛同時考察歷史留下的文獻與圖畫，我們就能跳脫平面的歷史，進入「立體的歷史」。

　　所謂立體的歷史，是三度空間整體的歷史畫面，由(1)文字和非文字的材料、經(2)歷史研究和寫作者的手，傳遞給(3)讀者，三者互動而後產生。希望讀者們閱讀本書時，能夠看到一些不同於過去、富於縱深的歷史畫面，盡情遨遊於「立體的歷史」中。